《我们深圳》
首部全面记录深圳人文的
非虚构图文丛书

我们深圳

HUAQIANG BEI
MAGIC CUBE

华强北魔方

寻路

◎钱汉江 钱飞鸣 / 著

深圳报业集团出版社

俯瞰封路期间的华强北（钟华登 摄）

封路对于华强北的影响明显。图为2012年的华强北某知名商场（施平 摄）

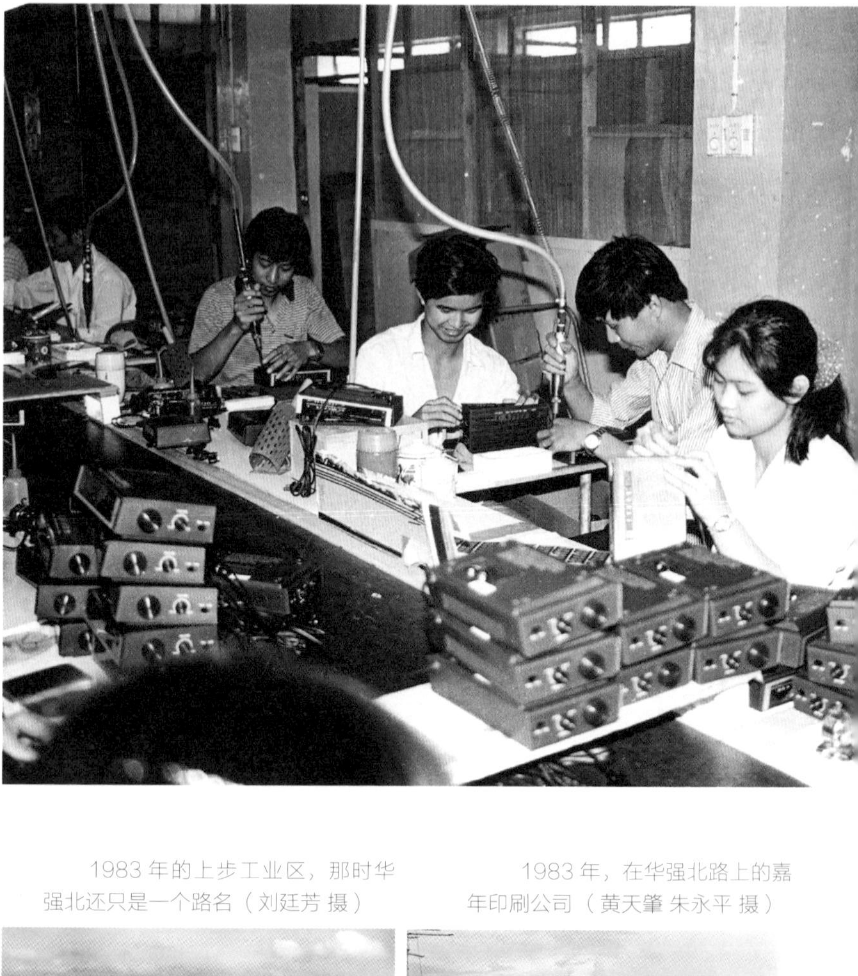

1983 年的上步工业区，那时华强北还只是一个路名（刘廷芳 摄）

1983 年，在华强北路上的嘉年印刷公司（黄天肇 朱永平 摄）

爱华电子大厦内的宝华电子厂，生产的钟控收音机，是当时的紧俏产品（江式高 摄）

1981 年深南路上第一楼——爱华电子大厦（江式高 摄）

1984 年 10 月 24 日，蛇口三洋电子有限公司（许光明 摄）

刚开业时的深
圳证券交易所交易
大厅（刘廷芳 摄）

赛格广场是华强北的地标（廖万育 摄）

2017年1月4日，在封路四年后，华强北盛大开街（廖万育 摄）

开街后的华强北是一条现代化的步行街（廖万育 摄）

华强北的喷泉（廖万育 摄）

华强北南端的地标是赛格广场，北端的地标是群星广场。马福元晚年一直居住在群星广场，这里同时是深圳赛格股份有限公司的注册、办公地址（戴昀启 摄）

深圳赛格电子市场生意火旺。这是 2003 年的一幕：一群美女身背液晶电脑显示器穿行在电子市场内，形成一道靓丽风景（陈文 摄）

赛格广场大楼共 72 层，标高 219.6 米。2004 年新年，深圳在此举办登楼赛。20 岁的市民黎兴以 10 分 46 秒的成绩登顶（吴峻 摄）

023

总序

《我们深圳》

《我们深圳》？

是的。我们，而且深圳。

所谓“我们”，就是深圳人：长居深圳的人，暂居深圳的人，曾经在深圳生活的人，准备来深圳闯荡的人；是所有关注、关心、关爱深圳的人。

所谓“深圳”，就是我们脚下、眼前、心中的城市：是深圳市，也是深圳经济特区；是撤关以前的关内外，也是撤关以后的大特区；是 1980 年以来的改革热土，也是特区成立之前的南国边陲；是现实的深圳，也是过去的深圳、未来的深圳。

《我们深圳》丛书，因“我们”而起，为“深圳”而生。

这是一套“故园家底”丛书，它会告诉我们：深圳从哪里来，到哪里去，路边有何独特风景，地下有何文化遗存。我们曾经唱过什么歌，跳过什么舞，点过什么灯，吃过什么饭，住过什么房，做过什么梦……

这是一套“城市英雄”丛书，它将一一呈现：

在深圳，为深圳，谁曾经披荆斩棘，谁曾经独立潮头，谁曾经大刀阔斧，谁曾经侠胆柔情，谁曾经出生入死，谁曾经隐姓埋名……

这是一套“蓝天绿地”丛书，它将带领我们遨游深圳天空，观测南来北往的鸟，领略聚散不定的云，呼叫千姿百态的花与树，触碰神出鬼没的兽与虫。当然，还要去海底寻珊瑚，去古村采异草，去离岛逗灵猴，去深巷听传奇……

这是一套“都市精灵”丛书，它会把美好引来，把未来引来。科技的、设计的、建筑的、文化的、创意的、艺术的……这座城市，已经并且正在创造如此之多的奇迹与快乐，我们将召唤它们，吟诵它们，编织它们，期待它们次第登场，一一重现。

这套书，是都市的，是时代的。

是注重图文的，是讲究品质的。

是故事的，是好读的，是可爱的，是美妙的。

是用来激活记忆的，是拿来珍藏岁月的。

《我们深圳》，是你的！

胡洪侠

2016年9月4日

目录
CONTENTS

第一章 转折点

改变命运的报告 /023
深圳湾畔建起电子厂 /027
华强北得从出山说起 /031
绕线圈的上屋电业跻身高科 /035

第二章 上步工业区的路

上步工业区的推手是电子工业部 /042
突破“巴统”有了爱华路 /047
083 基地的“窗口企业”筹备组 /050
“中央没有钱，你们自己搞” /054
1984 年的深圳彩车，你还记得吗？ /057

第三章 开山之马

梁湘挖角电子工业部 /067
叫个集团不容易 /072
“骡马会”催生赛格市场 /077
老马有个改革的大心脏 /082
深圳电子工业的“四大基础项目” /086

第四章 “深圳之问”的源头

智力入股始于 1984 年 /094

华为的开局并不美妙 /097

差点散伙的中兴通讯 /105

股票 007 有一个辉煌的起点 /111

“原子弹”成就深圳医械帮 /115

第五章 PC 时代

小平说：电脑要从娃娃抓起 /124

空降的“国家队”举起产业大旗 /131

黄金时代迎来 IBM 产能转移 /136

联想和深圳结缘 28 年 /142

华强北走出的深圳本土电脑 /146

第六章 华强北魔方

一个意外的诞生 /154

自然保护区与龙兴之地 /159

“啃”苹果 /165

“MADE IN SZ”就是山寨 /170

创客的摇篮，创业的天堂 /176

相关文献 /184

相关附录 /188

后记 /222

谈起深圳的电子工业，**华强北**

地标。说起华强北的源头，很

有人会和粤北山区挂钩。试办

口加工区，这是深圳电子工业

源头，也是华强北的源头。在

期的深圳地图上，**华强北是一**

公交站，得名源自华强路：以

南大道为界，**通往笔架山的是**

强北，通往深圳河的是华强南。

第一章

转折点

1978年的年度风云人物，《时代》周刊选择了邓小平。这本美国杂志这样写道：“一个崭新中国的梦想者——邓小平向世界打开了‘中央之国’的大门。这是人类历史上气势恢宏、绝无仅有的一个壮举！”

1979年1月1日出版的《时代》周刊说，邓小平获选为1978年度风云人物是因为邓小平把中国的大门向世界打开了，让中国走向世界，同时让世界走进中国

1978，中国改革开放元年。伟人向世界打开“中央之国”大门的物理支点，正是深圳。那个时候的深圳，只是宝安县一个墟镇的名称。一年后，国务院批准广东省撤销了宝安县，成立半地级的深圳市。1980年8月26日，全国人大常委会正式批准深圳经济特区成立。深圳，由此成为中国改革开放壮举中最生动的篇章。

从“出口加工区”定位起步的深圳经济特区，选择了电子工业作为突破口。时至今日，以电子工业为主体的高新技术产业成为深圳第一大支柱产业，不仅奠定了深圳作为国家科技产业创新中心的地位，也使深圳成为中国制造最具竞争力的代言人。

把时间的指针拨回1978年，那时候的深圳还只是“省尾国角”，全城人口不足3万，街道狭窄而拥挤，只有一幢五层高的楼房。至于电子工业，只有一家宝安县无线电厂，几乎可以用“一片空白”来形容。

小平同志打开国门，大时代的转折便是深圳的起点。

改变命运的报告

蛇口沿山路 21 号，招商局历史博物馆。

一份名为《关于我驻香港招商局在广东宝安建立工业区的报告》的特殊文件是镇馆之宝，这不仅是蛇口工业区的准生证，也是中国改革开放的突破口。

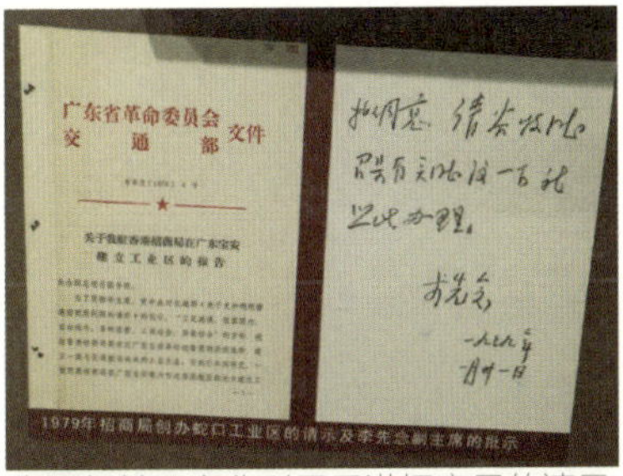

交通部关于充分利用香港招商局的请示

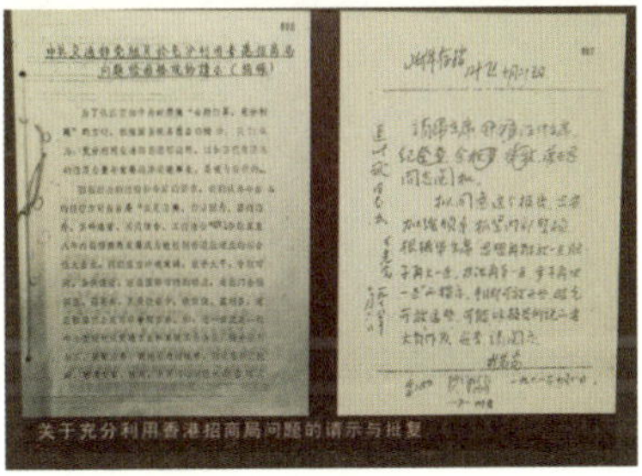

招商局和广东省革委会提交的报告

报告的策划者叫袁庚，时任交通部香港招商局董事局常务副董事长。招商局前身是 1872 年洋务重臣李鸿章创办的轮船公司，是中国创办最早、规模最大的航运企业，曾是我国近代民族工业的骄傲。1978 年 9 月，袁庚受交通部部长叶飞委托，到香港调查招商局的经营状况，结果令他大吃一惊。招商局在香港经营 20 多年，到

1975 年居然沦落为一个“空壳公司”，没有一条船，只有一个破码头与一家修船厂，总资产只有 4000 多万港元，与香港本土的航运企业形成了巨大的反差。

袁庚的目光投向了蛇口。1978 年 10 月，交通部向国务院递交了《关于充分利用香港招商局问题的请示》，提出了建立蛇口工业区的雏形。三天后，《请示》获批。1979 年 1 月 6 日，招商局和广东省革委会在向时任国务院副总理李先念提交的报告中写道：“经我们研究，一致同意招商局在广东宝安境内邻近香港地区的地方建立工业区。这样既能利用国内较廉价的土地和劳动力，又便于利用国外的资金、先进技术和原材料”。回溯中国的改革开放进程，蛇口工业区的请示书的重要性比肩小岗村分田到户的契约书。就时间而言，小岗村的红手印形成于 1978 年的 12 月，而蛇口工业区的报告稍早两个月，小岗村的改革直到第二年的夏天才被上级获悉，而蛇口工业区报告很快获得了批准。

蛇口当时可以要整个半岛

和报告同台展出的，还有一份地图复印件，上面有一条清晰的铅笔印。那是 1979 年的 1 月 31 日，李先念和谷牧听取专题汇报。在袁庚呈上的地图上，李先念在南头半岛的顶端划了一条横线，说：“给你们一块地可以，就给你们这个半岛吧。”向来胆大的袁庚却没敢要整个半岛，只要了顶端的 2.14 平方公里。这便是蛇口工业区的由来，方针是

袁庚

“面向海外，冲破束缚，来料加工，跨国经营，适应国际市场特点，走出门去做买卖”。

据称，那张地图至今保存完好，关于袁庚的选择却是一直争论不休的话题。是错失良机还是稳步推进？历史不存在假设。毫无争议的是，蛇口是改革开放的起源地，是市场经济的启蒙者。1979 年 7 月 20 日，蛇口工业区正式运作，中国改革开放的第一炮在这里打响。

总结深圳的企业成长史，蛇口基因一再被提及。关于深圳的电子工业，尤其是电子通信业，蛇口同样被视为起点。这并不是因为大名鼎鼎

1986 年的标语牌，上面写着"时间就是金钱，效率就是生命"（江式高 摄）

的华为起步于蛇口，而是因为蛇口建起了新中国第一座微波通信站。当时，深圳的电话还不能直拨香港，更不用说直接拨世界其他地区了，极不适应对外开放的时局。1981 年，蛇口工业区安装了一台进口的专用交换机，建了中国第一座微波通信站，在香港招商局与蛇口工业区之间实现了电话直拨。8 月 13 日，蛇口微波通信站竣工，在香港招商局大楼的袁庚接到了蛇口打来的第一个跨海电话。这个电话是蛇口有史以来向境外的第一个直拨电话，这个微波通信站也是新中国第一家由企业兴建的微波通信系统。

深圳湾畔建起电子厂

1979 年初，国务院批准广东省撤销了宝安县，成立半地级的深圳市。同年 7 月 15 日，国务院批转广东、福建两省的报告，同意两省实行特殊政策和灵活措施，在宝安、珠海、汕头和厦门划出部分地区试办“出口加工区”。这个“出口加工区”，便是“经济特区”的前身。

“出口加工区”的确立，揭开了深圳电子工业的新篇章。深圳建市之初，仅有宝安县无线电厂一家电子工业企业，主要生产农用黑光灯、调压器与电子式水下诱鱼器。1979 年，这家厂以来料加工的形式，引进

2005 年 5 月 21 日，康佳集团在深圳举行二十五周年庆典。图中嘉宾在康佳史记上留言（[illegible] 摄）

华侨城前身——沙河华侨工业区。广东省光明华侨电子厂是沙河华侨工业加工区的主要加工厂（杨佐桓 摄）

了波峰焊接机、中心信号源与晶体管示波器，生产双波段收音机，还按港商的要求加工收音机的主板，一年的产值仅 121 万元。

2014 年，《深圳商报》关于深圳科技奖的报道，将这个湮没在时间里的名字推上了前台。深圳科技奖的第一个获奖项目，是 K-H-D 捕虾脉冲机，时间为 1982 年，得主为由宝安县无线电厂改名而来的市无线电厂。历经此后的国企重组，市无线电厂早已成为历史名词，但由此延伸出来的诸多企业还是留下了不少历史性印迹，比如特发黎明凭借为上交所等提供电脑网络而被称为中国证券电脑网络的首创者。至于市无线电

光明华侨电
子厂的中周装配线
（王发瑭 摄）

厂，则为特区其他电子企业培养和输送了大量技术骨干，也被称作特区电子企业的“黄埔军校”。

深圳有低廉的土地与劳动力，还有着一河之隔的地缘便利，这些优势对于香港企业有着巨大的吸引力，于是一种简单易行的引进外资的形式很快就流行起来，简称为“三来一补”。“三来”指的是来料加工、来样加工与来件装配，“补”指的是补偿贸易，也就是外商提供设备，以生产的产品为补偿。这种合作方式是深圳早期开展对外经济活动的主要方式，适合深圳没有技术、没有设备、没有资金的实际状况，而深圳的电子工业正是从“三来一补”中迈开第一步。

最早以“三来一补”方式发展电子业的试水者，是深圳湾畔的光明华侨农场。在深圳地图上，光明农场离海很远，但在特区初创的时候，这块后来叫作华侨城的“城市客厅”就是一个普通的农场。农场是20世纪五六十年代由印尼、越南等国的归侨组建的，职工有5000多人。试办有两个人在其中起了关键性的作用，一个是广东省华侨农场管理局副局长陈贤，另一个是香港港华电子公司董事长林中翘。

林中翘祖籍广东中山县小鳌溪乡，1950年只身到了香港。这一年，从美国回来的伯父给15岁的他带了一部真空管收音机，由此他与电子业结下了不解之缘。1979年，他在深圳创办了港华电子公司，把香港的元器件运到深圳加工。这是深圳最早的“三来一补”的企业，在香港形成了较大的影响。同年12月25日，港华电子公司升级为合资的广东省光明华侨电子有限公司。

广东省光明华侨电子有限公司是我国第一家中外合资电子企业，首期投资4300万港元，粤方占51%，港方占49%，时任国务院侨办副主任的林修德任董事会主席，陈贤任董事长，林中翘任总经理。1980年5月21日，公司的第一条收录机生产线正式投产，生产双声道收音机与录音机机芯，这一天也成为康佳集团成立纪念日。1984年1月20日，公司的第一条电视机整机生产线建成投产，首批14英寸遥控彩电整机正式下线，在机壳上清晰地打着“MADE IN CHINA”的字样。此前，光明华侨电子公司生产的只是彩电机芯，运到香港组装成整机，打的是“MADE IN HONGKONG”字样。这一变化，标志着“中国制造”的产品从深圳的厂房中走向了世界。

华强北得从出山说起

谈起深圳的电子工业，华强北是地标。说起华强北的源头，很少有人会和粤北山区挂钩。

试办出口加工区，这是深圳电子工业的源头，也是华强北的源头。在早期的深圳地图上，华强北是一个公交站，得名源自华强路：以深南大道为界，通往笔架山的是华强北，通往深圳河的是华强南。华强路的得名却和华强电子集团密不可分。

华强集团是广东省属国企，它的前身是来自粤北山区的三家军工厂。假如没有深圳试办出口加工区，这三家工厂或许会在深山中埋名，扎根深圳无疑正是华强的命运转折点。

组成华强电子集团的三家工厂，一家叫国营红权电器厂，一家叫国营先锋机械厂，另一家叫东方红机械厂。“三兄弟”的所在地位于广东西北部，也就是现在称为连州市的连县和连山县。这片区域北邻湖南江华县，西接广西的贺州市，重峦叠嶂、地形险峻、交通闭塞，有“岭南屋脊”之称。

国营红权电器厂当时职工与家属多达 1000 余人，生产“小八一”短波电台。这种电台体积小、重量轻、操作简单、携带方便、防潮又防霉，是我军 20 世纪 70 年代的主要通信装备。但是到了 70 年代后期，红权电器厂的军用品失去了市场，开始转型生产民用产品，1976 年生产铁道电台，1978 年组装收录机，然而效率很低，企业连生存都成了问题。

国营先锋机械厂对外番号是 8571 厂，厂长是正师级的现役军人，连

1984年10月24日，蛇口
三洋电子有限公司（许光明 摄）

县的县长见了也要恭敬地行军礼。这家厂曾为我国首颗通信卫星——东方红生产过配套电器件，是一家功勋卓著的老厂，然而同样面临订单严重不足的困境。相同困境的东方红机械厂，对外番号是8532，虽然有着光荣的历史，但是眼前却是前途黯淡。

出路在哪里？异地搬迁！地点在哪里？深圳！ 1979年9月，广东省政府决定这3家厂迁往深圳，实行战略大转移。1980年，3家厂来到了深圳，组建了华强电子工业公司，其军工使命宣告结束。

在搬迁到深圳的过程中，广东省电子局的一位老干部起了重要的作用。这位老干部名叫刘忠山，参加过抗美援朝战争，曾任54军军长丁盛的警卫员。粤北3个厂是省电子局属下的3家军工企业，其职工都是省电子局的子弟兵。1979年10月，刘忠山带病来到深圳，拄着拐杖选择落脚之地，最后选定了福田的一片山坡作为生产生活基地。这片山坡，就是今天的华强电子集团公司所在地。

当时条件极为艰苦。工厂建在荒凉的山丘上与洼地上，工人白天在简易厂房里为日本三洋装配收录机赚取加工费，晚上回到四面通风的草棚安身，晴天一身土，雨天一身泥。最为可怕的是，1980年的8号台风正面袭击深圳，狂风将草棚吹塌，草棚里的工人在暴雨中无处躲避，形成了“孩子惨叫、妈妈痛哭”的惨状。这种状况深深地刺痛了刘忠山，他为此提出省政府必须拨出经费，兴建最基本的生产与生活设施。

在华强集团，流传着这样一个故事：刘忠山向省政府申请经费485万元，多次上报后没有结果。这位老军人做了一个常人不敢为的惊天举动。1980年下半年的一天，他身带一根绳子，系在腰间，来到主管工业的副省长办公室，说明来意，然后亮出绳子，说出了石破天惊的一番话：如果再不拨款，就吊死在他的办公室。故事真假难以考证，但485万拨款却起到了立竿见影的效果。华强公司建起了厂房，盖起了职工宿舍，告别了大棚时代，生产与生活条件有了很大好转。紧接着，华强电子公司开始与日本三洋合作，生产收录机与收音机，三洋对其加工的产品“一律免检”。此后，学到技术的华强研发出自己的产品“华强牌”收录机，在深圳闯出了一条生路。后来，刘忠山出任华强电子公司的第一任董事长、总经理与党委书记。

2014 年 4 月 8 日，华强集团在深圳宣布“华强云谷”正式成立。35 年前，华强集团从粤北出山，安家华强北（陈文 摄）

绕线圈的上屋电业跻身高科

从最普通的加工起步，再到展现中国制造的质量，并最终成为创新的代言人，深圳的电子工业是一部精彩的草根逆袭演义。

谁是深圳最早的三来一补企业？这个问题估计没有多少人能够第一时间给出答案。根据深圳史志办的记载，这个首家叫上屋电业厂，成立于 1978 年 12 月 18 日。这个日子，恰好是十一届三中全会召开的时间。上屋电业厂的前身是香港怡高实业公司，创办之初利用宝安县石岩公司上屋大队不足两百平方米的办公楼，开办起来料加工装配车间。当时工人不足 30 人，生产设备是脚踏、手摇或简单的电动机械，产品是电热吹风机的发热线圈。1979 年，上屋电业厂的加工费收入是 30 万港元。

10 年之后，上屋电业厂搬到了上屋工业区永和路，工人也增加到 400 多人。1993 年，上屋电业厂改名为“深圳上屋电业厂”，其主打产品有电吹风机、咖啡壶、多士炉，到 2002 年拥有了 5000 多名职工，年产值高达 5 亿元。从那以后，上屋电业厂进入转型升级阶段，把香港的研发部门全部搬到龙岗。企业的公开招聘信息显示，上屋电业厂从 2001 年开始，投资 3000 万美元在深圳市原大工业区出口加工区内买地和购置新设备，建立起一座现代化的大型厂房，正式成立“全能电业科技（深圳）有限公司”。2003 年 6 月，全能电业开始投产，并于三年后取得深圳市高新技术企业认定证书。企业公开信息还显示，全能电业在国际上最先开始自主研发、设计机电一体化高新技术的咖啡饮料机和食品烤箱、焗炉系列产品，畅销于国际市场。深圳史志办编写的《深圳改革开放纪事

1980 年，深圳沙河工业区的电子厂
收录两用机的装配车间（中新社 摄）

1978-2009》特别收录上屋电业厂作为一个章节，称这家企业光咖啡壶就有 200 多种产品。

“三来一补”企业成长为高新技术企业，和外资共舞的先行者也在成长，印证“市场换技术”的可行性。

1983 年，深圳迎来了第一家世界 500 强，日本三洋电机株式会社在深圳蛇口工业区成立了“三洋电机（蛇口）公司”。这是第一家日本大企业在深圳投资的企业，也是第一家国际大财团在深圳成立的独资电子公司。1984 年，日本三洋与深圳华强电子公司合资，成立了华强三洋电子公司。这是华强电子公司发展史上的一起有重要意义的事件，也是深圳电子工业引进外资的一起重要事件。华强电子公司以厂房作价为600多万元，而三洋公司以资金入股并提供先进的设备和技术，双方各占50%股份。华强三洋生产当时中国稀缺的彩电、音响与录放像机，仅彩电就有14至33英寸的25种型号，收录机有81种型号，录放像机有三种型号。当时，华强三洋能组装电子产品而不能设计，日本三洋的设计费是彩电每台收3.5美元，录像机每台收5美元，音响收录机则是出厂价格的2%。华强三洋的主要原材料，如彩管、高频头、高压包等从境内采购，而核心部件如机芯与芯片等，则由香港三洋公司代为采购。通过合资，华强三洋在很短时间内形成了很大的生产能力。1986年，华强三洋彩电年产150万台，录音机年产200万台，录放像机年产15万台，产品有一半以上外销。

组装彩电与收录机很快沦为普通的加工业，利润越来越低，到20世纪90年代中叶，组装一台彩电只盈利5美元左右。深圳华强电子公司以变应变，引进了三洋公司的优势项目和高新技术产品，其中之一就是收录机与录像机的核心部件——激光头。激光头是三洋公司最具优势、最有竞争力的产品，占到世界市场的40%。在1993年，华强电子公司引进了三洋激光头项目，成立了合资的深圳三洋华强激光电子有限公司，并在深圳的梅林工业区建立了全国最大的激光头生产基地。三年后，三洋华强激光公司生产的激光头达到1015万只，年产值达15亿美元，产量占到世界市场的10%。此后，华强与三洋合资成立深圳三洋华强能源有限公司，在坂田工业区生产高能电池，双方又合资从事微型马达以及软盘驱动器等产品的生产。

华强在与三洋的合作中也在增强自己的技术实力，标志性事件就是1996年成立了华强三洋技术设计有限公司，双方的合作由产品生产进展到产品的开发设计层次。华强与三洋随后合资成立的“技术开发中心”，被国家经贸委认定为国家级技术开发中心。

无论是振华、振兴，还是华强、华富，志向远大的路名记录了年的豪情。**这既是产业报国的怀，也是一个个活生生的创业事。**那个时候的深圳，还没有后在深圳湾畔崛起的高新区，没有孕育出华强北的雏形——格电子市场，**上步工业区是深工业的第一张名片。**

第二章

上步工业区的路

1983 年的上步工业区，那时华强北还只是一个路名（刘廷芳 摄）

谈起华强北，很少会有人注意到和中国电子第一街平行的，还有华富路、华发路；与之交错的，还有振中路、振华路、振兴路；比例更为精细的地图上，还有着中航路、爱华路、京华路等支路小街。

这些深圳早期确定的路名和电子工业的发展密不可分。20 世纪 80 年代的深圳市区地图，上海宾馆是一个天然的城郊分界线。先期开发的罗湖是有着具备口岸的便利，而福田的主体部分便是这片日后被统称为华强北的上步工业区。

无论是振华、振兴，还是华强、华富，志向远大的路名记录了当年的豪情。这既是产业报国的情怀，也是一个个活生生的创业故事。那个时候的深圳，还没有日后在深圳湾畔崛起的高新区，也没有孕育出华强北的雏形——赛格电子市场，上步工业区是深圳工业的第一张名片。

1985 年，深圳市经济特区工业产品陈列馆在这里正式开馆，展示接待的第一位国家领导人就是时任全国政协主席邓颖超。1987 年，陈列馆更名为深圳工业展览馆，目前安身于深圳市民中心的黄色塔楼。但这个起步只有 500 平方米的展馆，却是观察中国的重要窗口。1986 年，柬埔寨西哈努克亲王在留言中写道："深圳发展起来所取得的这些成就是很少有的，值得敬佩的，也是一个生动的例子。"为此，他进一步预言："我们在这儿看到了很多在其他国家尚未看到的产品。由于中国领导人的英明决策和四化建设的政策，中国人民以及中国共产党，在很短的时间内，将中国置于世界先进的、尖端的科技国家行列之中。"

上步工业区的推手是电子工业部

1980年3月，电子工业部在广州三元里的矿泉宾馆召开了一次有着重要意义的会议，会议决定利用深圳“出口加工区”的特殊政策，调集精兵强将，在深圳兴办一个大型电子产品出口基地。常务副部长刘寅提出了一个鼓舞人心的计划，要在深圳建立一个有5万人的大型出口加工基地，规模要超过北京的酒仙桥，一年为国家创汇5亿美元。

5亿美元，这是一个大数目。1975年，全国外汇只有5亿美元，1978年也只有7亿美元。这一年，邓小平到美国纽约参加联合国大会，回国时想给孙女买几块巧克力，因为没有外汇而不能如愿。到1979年，全国的外汇才达到7.5亿美元。为了实现宏图，刘寅专程到深圳考察，画了一个大蓝图，将深圳南起深南路、北至笔架山的一大片土地圈下来，作为出口加工区用地，总面积达55万平方米。1981年，刘寅与深圳市委书记梁湘进行商讨，认为电子工业是新兴产业，是朝阳产业，是工业现代化的重要推进器，对各行各业都有引领作用，深圳应重点发展电子工业。梁湘同意划出30万平方米，建电子工业区，委托电子工业部统一规划。这块土地，便是上步工业区，后来发展为深圳电子业的摇篮，成为向全国辐射的源头。

三元里会议上，电子工业部做出了一项重要决定，就是成立中国电子进出口公司深圳分部，其任务是将中国的电子产品销到国外去，同时将国内急需的电子产品引进来。深圳分部由谁来出任负责人？刘寅看中了广州750厂的代理厂长兼总工程师周志荣。出生于江苏金坛的周志荣

2000年12月的华强北夜景。在这片深圳电子工业的"龙兴之地"，电子工业部的元素清晰可见（滨海之光摄）

1983 年的上步工业区，现在的华强北曾是一片大工地（韦洪兴 摄）

1982 年电子大厦竣工 （资料照片）

时年 42 岁，1956 年考入了南京无线电工业学校。这所学校是苏联援助中国时建立的一所无线电学校，也是新中国第一所电子工业中等专业学校。

在电子工业部的蓝图里，深圳分部扮演着重要角色。深圳分部虽是分支机构，但人员编制比总部还要多，总部是 150 人，而深圳分部是 250 人。1980 年 5 月，周志荣来到深圳开始创办深圳分部。深圳分部的所在地就是现在的华强北电子市场，当年只是一片荒丘与水田。一个用石棉瓦盖起来的仓库面积约300平方米，是广东省进出口货物的一个转运站。筹建电子产品的出口加工基地，周志荣很快就找到了突破口。1980年6月，他找到南京无线电厂的负责人黄健芝与香港新华贸易公司的姚建伟，洽谈筹办一家中外合资的电子企业。三方一拍即合，决定在深圳创办一家外向型的电子公司，名为深圳京华电子公司。南京无线电厂是我国著名的电子企业，以生产“熊猫牌”电子产品闻名全国。1981年4月，南京无线电厂派来技术骨干105人来到深圳，开始安装生产流水线，生产收音机与收录机。当时成立中外合资企业不仅要得到国家外资委的批准，还要得到国务院的批准，国务院副总理薄一波对京华公司的合资报告做出批示：“同意合营，请四机部办好这件事。”他还指出：“不要乱花钱，要委派得力的、懂业务的人员参加合营；树立新的作风，不铺张浪费，公私分明，不贪污、贿赂，要切忌办成咸阳厂。”批示里的咸阳厂，指的是咸阳彩色显像管厂，这家厂曾投入了很大的资金，生产国内紧缺的彩色显像管，但质量不过关，令国务院与电子工业部十分不满。

1981年5月1日，中外合营的京华电子公司投入试生产，这是深圳最早投产的合资企业之一。京华的产品质量可靠，源源不断地销往国外。这一年，国务院副总理谷牧前来京华电子公司参观，接着香港总督尤德也来参观，京华电子公司成为深圳市接待中外来宾的常设参观点，因而名声大振。然而就在此时，周志荣在1982年卷入了惊动中纪委的“走私偷税大案”，被指骗取进口许可证，走私电视机等产品金额高达2300余万元。1984年，周志荣以“走私罪”被深圳中级人民法院判处有期徒刑13年，后减为5年，最后以“中电深圳工贸公司副总工程师”的身份退休。

这起案件波及深圳京华电子公司。1982年9月，京华电子公司中止了与香港新华贸易公司的合作，剩下的两个股东又发生争执，生产处于停顿状态，公司面临解体。1983年，中电深圳分部与南京无线电厂决定实行共同投资，而不是共同经营，经营权交给生产与管理能力最强的一方，也就是南京无线电厂。此后，京华慢慢恢复元气，1990 年进入了全国电子 500 强。眼下，京华的生产基地早已迁往龙岗平湖，产品也从录放机升级为数码产品。这棵深圳电子工业的常青树，在上步工业区内留下了了一条京华街。

突破“巴统”有了爱华路

深圳地图上，深南大道南侧有一条爱华南路，与之相伴的还有一个爱华菜市场。

爱华南路的诞生，和一家企业相关。这家企业叫爱华电子公司，成立于 1979 年 12 月 8 日，是深圳第一家重量级电子企业，可以说是产业报国的代名词。令人感慨的是，这家由原电子工业部最早在深圳投资创建的企业几经沉浮，不复创业初期的红火。

2017 年 5 月 26 日，中国商务部发布 2017 年第 28 号公告，为维护国家安全，对指定标准的耙吸式挖泥船、绞吸式挖泥船、斗式挖泥船、吸沙船、自航自卸式泥驳等大型工程船舶实施出口管制，未经许可，任何单位和个人不得对外出口。关于这条新闻的解读，牵扯出一个消失已久的名字——“巴统”。“巴统”的全称是“巴黎统筹委员会”，是“冷战”的产物。这个由美国发起、主要由西方国家参与的组织，专门针对社会主义国家实行禁运和贸易限制，禁运产品包括军事武器装备、尖端技术产品和战略产品等。“巴统”设立有中国委员会，列有中国禁运清单，该禁运清单所包括的项目比苏联和东欧国家所适用的国际禁运单项目还要多 500 余种。1994 年，“巴统”宣告解散，但是西方国家对中国的禁运和技术封锁并没有随之结束。

爱华电子的成立，和“巴统”有着直接联系。1979 年，为了打破“巴统”的限制，电子工业部决定发挥香港与深圳的两地优势，在香港制造集成电路，在深圳组装计算机。经国务院批准，电子工业部于 1979 年 6

月21日下文兴建深圳爱华电子公司，其任务一是利用香港制造的集成电路，组装成成品出口，部分供应国内；二是从香港进口部分国内暂不能生产的关键元器件与微型计算机等电子产品，满足国内需求。

爱华电子公司首届董事会（照片由马福元夫人孙杰提供）

爱华电子公司首届董事会成员合影，中为马福元（照片由马福元夫人孙杰提供）

负责兴建深圳爱华电子公司的是电子工业部750厂。750厂专业生产军用导航设备，是一家设在广州的大型军工企业。12月8日，爱华电子有限公司正式成立，职工编制总人数为800人，工厂性质为全民所有制的国有企业。在深圳电子发展史上，爱华电子具有重要意义，不仅是深圳第一家重量级的电子公司，也是电子工业部在深圳建立的第一家大型国有企业，它的建立标志着深圳“出口加工区”得到了中央政府的首肯与赞同，中国电子业的重心将从内陆地区向沿海地区转移。

在深南大道与上步中路的交汇处，爱华电子获批96亩土地，其中46亩盖厂房，建起的厂房达3万平方米；另50亩建生活区，盖起了3万平方米的宿舍。公司成立后暂时没有成型的产品，为香港装配过彩电，组装过程控交换机、电脑、显示器与软磁片，在来料加工中学习最新的电子技能并熟悉国际市场行情。1981 年，800 多名工人一年创造利润 188 万元，创汇 1103 万港币。1982 年，爱华电子开始装配较为复杂、技术含量较高的计算机，1983 年创造的利润达 378 万元，1984 年达到了 605 万元，成为深圳的明星企业。

尤其值得一提的是，爱华电子是我国第一家实行董事会领导的国有企业。1984 年 6 月 6 日，电子工业部下达了成立爱华电子有限公司董事会的通知。对于这项改革，电子工业部内有不同意见，认为是董事会凌驾于党委之上，党委屈居于董事会之下是否定了党领导一切的根本原则，而公司领导班子内也是纷争不断。电子工业部领导表态支持董事会制，于是董事会开始在全国推行，成为现代企业制度的重要标志。

在创业早期，爱华电子曾创造过多项行业第一，获得国家级与省级的多项荣誉，中英文终端、软磁盘片与商业收款机等产品在国内市场上一度处于领先地位。然而好景不长，爱华电子公司由于规模扩张过快，从 1984 年起开始陷入困境。“企业链条过长、积压产品太多、贷款压力太重”，三座大山压得公司喘不过气来。到 1989 年，爱华电子公司的直属企业、内联企业、合资企业与在全国各地的分公司多达 30 家，负债高达 1.4 亿元，每年贷款利息就达 1000 多万元，而一年的销售额不到 3000 万元。此后，爱华电子公司进入了漫长的调整与组合期，直到 2004 年才摘掉亏损帽子。这一年，爱华电子公司经国资委批准，核销了历史坏账 6579 万元，甩掉了沉重的历史包袱，开始轻装上阵，同时实行企业重组，消灭了亏损企业，走出可行的发展道路。

083 基地的“窗口企业”筹备组

上步工业区有 3 条东西向干道，依次为振兴、振华、振中。如此取名，确实有着“振兴中华”之意。需要说明的是，振华路的得名和企业有关，振华路的西头依然还有着振华大院。这家企业叫振华电子，它的诞生是 083 基地求变的结果。

083 基地现在的名称叫振华科技集团，总部位于贵阳，企业介绍里的市场分部驻地是深圳。这种特殊的格局，还是得从 1979 年说起。那个时候，083 基地是电子工业部直属的大型军工企业，驻地位于贵州都匀，下属电子企业与研究所多达 37 家，技术人员多达 3 万人。关注深圳，和 083 基地的出

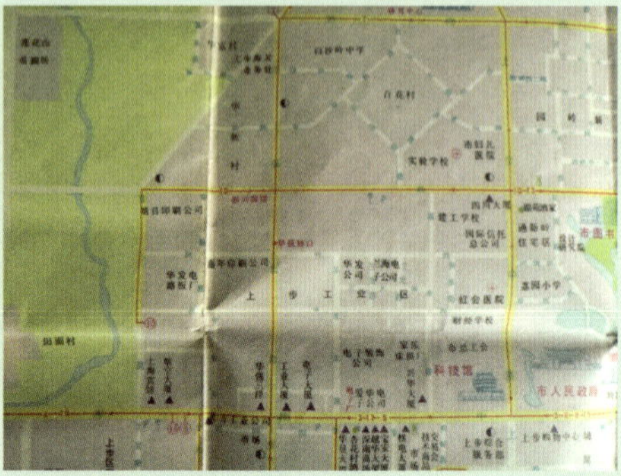

1988 年的深圳市区图，上步工业区已经显现

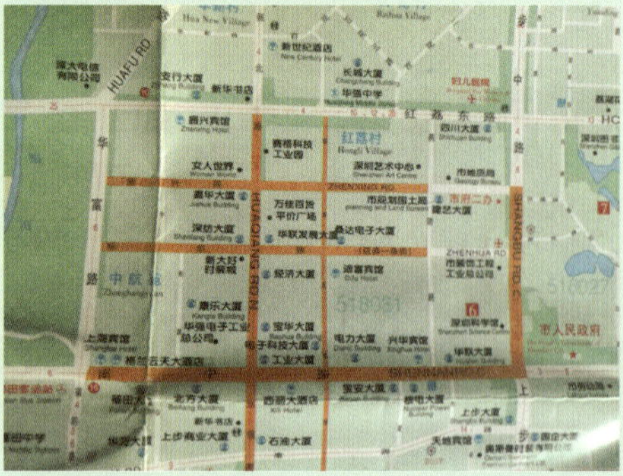

1997 年的深圳市区图，上步工业区发生巨大变化，万佳百货等已经出现

1984 年，深圳市华利电子有限公司新引进的日本“索尼”彩色电视机生产线已投产，年产 10 万台（黄永照 摄）

路有关。彼时，广州 750 厂在深圳办起爱华电子公司，搞得风生水起，粤北山区的 3 家三线厂迁出大山办起了深圳华强电子公司，在近乎绝境中找到了一条生路。083 基地的主任名叫崔振江，曾出任广州 750 厂党委书记。1979 年 083 基地的生产任务严重不足，有些职工因为生活困苦还去偷农民的红薯。为给 3 万电子精英找出路，崔振江想到了深圳。他想：083 有的是人才，如派出力量在深圳找到好项目，就能让闲置的生产力发挥作用，使技术人员有用武之地，可以盘活整个 083 基地。于是，083 基地决定派出精兵强将，到深圳寻找外资与好项目。

1981年的上步工业区和深南大道（资料照片）

083基地选了四个人，组成了一个“窗口企业筹备组”。领头的名叫陆柏平，是083厂的副厂长，时年38岁。1980年4月，筹备小组来到深圳，第一印象并不如意。那个时候的深圳处在草创阶段，生活设施还不及都匀。时隔多年，陆柏平还不忘当年的蚊子。贵州的蚊子很厉害，有“三个蚊子炒碗菜”之说，谁知深圳的蚊子更厉害，晚上成群结队，声音吓人。

四人小组住在中电进出口公司深圳分部的招待所，白天外出联系外商，但是外商在哪里，大家不知道，跑了几天没有一点眉目。住招待所需要钱，四人为了省钱决定离开招待所，租了间农民房。谁知租的民房做过猪圈，猪粪的臭味还没有散去。日子一天天地过去，外商与项目还是没有眉目，身上的钱却是所剩无几，到了弹尽粮绝的边缘。这时，四条汉子决定打工。尽管日后有着诸多内地干部在深圳打工历练的故事，但083基地的筹备组或许才是最早的尝试者。

打工的工厂便是深圳湾畔的光明华侨电子厂。那个时候，这间康佳前身的工厂正和香港合资生产电视机，需要电子技术骨干。四人组灵机一动，一方面在工厂打工赚取劳务费维持生活开销，一方面继续寻找外商。这年夏天，筹备组在中电进出口公司遇到了香港陆氏电子公司董事长陆擎天。陆擎天原是广东高要县的一位中学教员，后来到香港定居，白手起家办起了香港陆氏实业公司，生产国内外都很紧缺的电视机与收录机。他计划将香港的生产基地迁到深圳，而且对083基地的技术力量有所了解，于是双方一拍即合，同意成立一家合资公司，生产电路板。

找到了外商，也找到了项目，083基地遇到了新问题，那就是资金。083基地连维持生计都很困难，没有可能向深圳拨款。083基地做出了一个大胆的决定，就是实行股份制，集资在深圳建窗口企业，每一股10万元，37家企业自愿认股，能认多少，就认多少。这一方案在083基地掀起了大波浪。当时，083基地上上下下都不知道股份制为何物，担心自己的血汗钱投到深圳是打了水漂，有的对外商心存疑虑，认为与外商合资是与虎谋皮，结果是有去无回。最终股份制改革的方案得到支持，083基地自筹710万元，到深圳开办窗口企业，企业名叫深圳振华电子公司。到1981年，振华电子分别办起了深圳华匀电子公司、深匀电子公司与华发电子公司。

谈起深圳的电视机生产企业，大家都会立刻想起康佳、创维、TCL这三巨头。在30年前，排在第二位的却是华发。华发的生产基地早已外迁，厂房也变成了商场以及餐馆，但是上步工业区内一直有条华发路。

当年比华发路更出名的，是华发彩电。1983年夏，时任深圳市政府主抓工业的副秘书长曲华到华发电子公司调研，见到该公司的线路板厂是从香港陆氏公司引进的，心中闪过一个念头：如果把香港陆氏公司的老板陆擎天请过来，商谈一下再办一家合资的彩电厂，岂不是更好？这一想法正好和083基地不谋而合。于是华发电子投资500万美元，引进年产100万台彩电的生产线，深圳由此增加了一家彩电厂。1985年，华发电子公司的彩电年生产量达到了45万台，成为仅次于深圳康佳的大型彩电企业。

“中央没有钱，你们自己搞”

1980年8月26日，第五届全国人大常委会第十五次会议通过决议，批准在广东的深圳、珠海、汕头和福建的厦门设置经济特区。这样，原来的出口加工区升格为经济特区，8月26日这一天被定为经济特区的诞生之日。

对于建立经济特区，中国改革开放的总设计师邓小平说：“中央没有钱，你们自己搞，要杀出一条血路来。”1979年，全国的财政收入仅为1146亿元，而财政支出为1181亿元，赤字达35亿。全国的出口只有211亿元，而进口为242亿元，逆差31亿元。

中央虽然没有给钱，但赋予了经济特区许多优惠政策，主要是税收优惠。为了吸引外资，国务院对经济特区的外商投资企业实行减税，按15%的税率征收所得税，香港的所得税税率为15%，深圳也是15%，而特区以外国有企业的所得税税率为33%，深圳的外资企业所得税大大低于非经济特区，这是国家对经济特区的重大支持。为了扶持外商投资企业，国家对经济特区的外商投资企业实行“两免三减半”政策，也就是企业所得税前两年免征，后三年减半。深圳经济特区内企业的出口产品，除国家限制出口或国家另有规定的外，免征出口关税。实践证明，在经济特区的早期，为吸引外商前来投资，实行优惠的税收政策是必须的，也是正确的，否则就无法形成较为宽松优惠的投资环境，就无法吸引外商前来投资兴业，建立经济特区无异于纸上谈兵。

“你们自己搞，要杀出一条血路。”上步工业区的出现，是杀出一

作为甘肃的窗口企业，兰光成功上市。图为2006年11月，振华路56号兰光大厦（戴的启摄）

条血路的直接成果，而上步工业区的那些路，无疑也见证了深圳经济特区的探寻之路。

天虹商场背后的中航路，是央企的试水。1979 年，航空工业部下属的中国航空技术进出口公司在深圳成立办事处，这家办事处在 1980 年升级为分公司。在这家分公司里，诞生了一批著名的电子企业，比如中航电脑公司。联想公司创办人柳传志当时在中国科学院还没有电脑，正是中航电脑公司赠送了两台，令柳传志激动不已；还比如中航天马微电子公司，后来成为我国生产液晶显示器的骨干企业。

还有一条兰光路，是内陆省份的尝试。1983 年，甘肃省电子工业厅投资深圳，组建了兰光电子公司，这是甘肃省在深圳创建的第一家“窗口”企业。公司成立初期，生产的产品是电子游戏机，到了 1984 年开始生产较为高档的组合音响。1985 年 4 月，甘肃省委书记李子奇到该公司视察时就题词：“外引内联，振兴甘肃。” 1990 年 12 月，16 层的“兰光大厦”A 座竣工落成，成为当时深圳市最高的工业厂房。甘肃省投资在深圳的 3 家企业，也就是兰光、兰天、兰华 3 家公司，也被整合为“深圳兰光电子工业总公司”，此后被国务院经贸办评为“国家大型二级企业”。

1984 年的深圳彩车，你还记得吗？

1984 年的国庆阅兵，你还记得吗？游行队伍中的大学生自发打出横幅——“小平你好”。曾经热播的电视剧《历史转折中的邓小平》，便以此为时间终点。借助 35 周年庆典，走出“文革”的共和国向世界释放了改革开放的政治信号。

1984 年的深圳彩车，你还记得吗？同一个场景里，两辆深圳彩车并行驶过天安门，“大鹏展翅”代表深圳经济特区，“二龙戏珠”代表蛇口工业区。在国家庆典的特殊仪式里，深圳彩车驶过天安门，深圳完成了第一次电视直播亮相。

1984 年的 1 月 24 日至 26 日，小平同志视察深圳，题词：“深圳的发展和经验证明，我们建立经济特区的政策是正确的。”一个月后中央领导同志又指出，建立经济特区、实行开放政策，有个指导思想要明确，就是不是收，而是放。深圳的路，不再有方向的纷扰。

“深圳彩车上北京，是中共中央书记处的决定。”时任深圳市委办公厅副主任古世英称：“时间是那年 4 月，深圳市领导接到通知，中央书记处决定由深圳经济特区和蛇口工业区各制作一台彩车，参加 10 月 1 日的新中国成立 35 周年庆典。”老人回忆称，这在当时是一次例外，因为首都的国庆庆典，此前没有外地的彩车。时任蛇口工业区管委会副主任王今贵是“二龙戏珠”彩车的工作组负责人，他表示：“这是国庆庆典中出现的第一辆企业彩车。”

第一辆外地彩车，第一辆企业彩车，深圳彩车悄悄创下了天安门广场的两个“第一”。古世英曾在2008年第20期《深圳史志》讲述了深圳彩车上京的由来：首都国庆群众游行队伍总体设计方案，中央书记处审查讨论了两次。在两次讨论中，中央领导同志都提出“经济特区要有所反映”。原设计方案拟用两条标语显示，一条标语为“对外开放”，另一条为“对内搞活”。审查方案时认为这样太简单了，反映不出经济特区的面貌和实行对外开放政策的正确性和必要性。于是决定，要深圳经济特区和蛇口工业区各自制作一辆彩车。

电子工业成为深圳彩车的特色。原深圳市委宣传部副部长段亚兵当年刚刚转业报到不久，是深圳工作组的一员。“我对大鹏鸟的眼睛记忆最深，用了激光技术，一动起来就闪烁蓝光，整个大鹏鸟仿佛活了过来。”段亚兵称，当年的国庆彩车有很多，感觉深圳的彩车现代感很强，而且用上了电子显示屏这样的新技术。

1984年的上步工业区，华强三洋的厂房是显著地标（资料照片）

黄祉是深圳彩车的主创人员，他在《天安门见证录》一书中对设计过程有着具体表述。

黄昶说，团队里有人建议按照老思路设计一面大红旗，还有人建议在电子工业上做文章，但大家总是觉得这些思路不够理想。为了启发思路，彩车工作组组织设计者参观深圳的建设工地，而当时创下“三天一层楼”建设速度的国贸大厦工地便是参观对象。大鹏展翅的主体构想就诞生在国贸大厦的楼顶。“随着铁笼子电梯徐徐上升，顿然有一种眼界大开的喜悦。不禁想起毛主席的诗句：鲲鹏展翅九万里，翻动扶摇羊角。背负青天朝下看，都是人间城郭。”黄昶进一步解释称，深圳素有鹏城之称，用大鹏展翅的

1984 年深圳嘉年印刷厂引进联邦德国七彩的印刷设备（黄永照 摄）

艺术形象来展现改革开放，那是再合适不过的选择。黄昶曾向花鸟大师李苦禅学艺，尤喜学画鹰。于是，黄昶在此后的设计中将大师的鹰进一步图案化，从而造就此后的“神来之笔”。

在蛇口彩车上，“时间就是金钱，效率就是生命”的标语亮相全国。在理论界，这被称为“冲破思想禁锢的第一声春雷”。“标语是袁庚同志提议加上的。”王今贵坦言，当时蛇口工业区心中并没底。按照公开出版的《袁庚传》表述，1984 年 1 月 26 日，小平同志前来视察，袁庚特意安排在市区进入蛇口的路上安了块标语牌。袁庚汇报时提到这句口号，陪同父亲的邓榕接话说：“我们在路上看到了。”小平回答说：“对！”

“敢不敢打这句标语，大家是有顾虑的，因为这并不合乎当时的社会氛围。但要体现蛇口精神层面的东西，这又是最响亮的两句。”王今贵笑言，当时的人都说，袁庚是要钱又要命，现在看来再普通不过的口号，当年却是市场意识的启蒙。1998 年，小平同志看过的那块标语牌被中国革命历史博物馆收藏。按照蛇口人的统计，那是这句口号的第四版，至于 1981 年竖起的第一块标语板，据说被一位不识字的工地工人当柴烧了。

精彩亮相后的深圳彩车最后去了哪里？纪念深圳经济特区成立 30 周年时，一家媒体在 2010 年推出的《特区记忆》，提到两辆国庆彩车回到深圳。这是一个值得商榷的提法。2014 年，《深圳商报》就这两辆彩车进行了一次追访。王今贵接受采访时明确表示，蛇口的“二龙戏珠”庆典后就留在了北京，招商局设在北京的公司接收了运输主体的日本货车，而装饰部分只能遗憾地放弃。老人不无惋惜地说：“大家都觉得可惜，但放弃是务实的选择。”

至于深圳的“大鹏展翅”，运输主体的东风汽车也在北京直接处理，彩车造型部分则运回深圳，在工人文化宫做了巡展。古世英接受采访时表示，当年深圳博物馆曾提出要收藏彩车。然而，深圳博物馆在 1988 年方才正式落成，这个快四层楼高的大家伙只能在工人文化宫露天摆放。

一方面是南方春季多雨，装饰材料经不起气候检验；另一方面则是深圳人务实，当年从设计部门借来的建筑模型又被拆下归还原主。于是，神采不存、原貌不复的彩车最终被无奈放弃。

这是一个遗憾。2010年，深圳开展了"深圳经济特区30年100件大事"评选，并在媒体上公布了200件候选大事。画家诸彪在博客上就建议，缺了深圳彩车京城受阅，不知有关部门能否补上？

谈起深圳的企业家，近20年有“
马”之说，讲的是平安的**马明哲**
招商银行的**马蔚华**、腾讯的**马**
腾。但在深圳最早的创业者眼中
“三马”的表述并不完整，准
的表述应当是**“五马”**。被遗
的“二马”，分别是赛格集团
始人**马福元**以及港中旅前总经
马志民。

第三章

开山之马

谈起深圳的企业家，近 20 年有“三马”之说，讲的是平安的马明哲、招商银行的马蔚华、腾讯的马化腾。但在深圳最早的创业者眼中，“三马”的表述并不完整，准确的表述应当是“五马”。

被遗漏的“二马”，分别是赛格集团创始人马福元以及港中旅前总经理马志民。马志民被称为中国主题公园之父，正是在他的经营下，华侨城诞生了“锦绣中华”。至于马福元，这位深圳赛格集团创始人被视为华强北的奠基人，赛格电子配套市场的成立更是“中国电子一条街”的起点。

2010 年，深圳开展“深圳经济特区 30 年 30 位杰出人物”评选活动，马福元以“深圳赛格集团原董事长”身份当选为杰出人物。时任深圳市市长许勤专程到马福元家中看望时说：“当年深圳成立的第一个电子配套市场，是一个创造，突破了我国电子市场计划经济的藩篱，让我国的电子产业走上了高速发展的道路。从这一点说，深圳是中国电子信息产业的发祥地，是先进电子技术的辐射源。马老，您是深圳电子市场的奠基人，是中国电子产业发展的功臣啊。”

2015 年 6 月 8 日，马福元因病去世。深圳商界领军人物之一的王石，在微信朋友圈发了一张与马老夫妇合影的照片，留言称：鲜活的笑容仍在眼前，仍感觉搀扶他留下的余温。王石说，马老是深圳电子工业的主要奠基人，是深圳电子工业杀出一条血路的代表人物。

在媒体的评价里，有着这样一句话：如果真要类比，马福元当年之

马福元照片

于深圳的意义，正如如今马云之于杭州的意义。《深圳特区报》当时的报道称：退休后的马福元，就把家安在华强北群星广场的一个高层单元，一住就是 15 年。“卧室的大窗子都对着赛格广场，对着深南中路。”显然，这是马福元的赛格情结——这里，天天可以看着赛格，放眼望去，一片都是华强北。作为深圳电子工业的开山之马，马福元始终关注着自己钟爱的事业。经济特区成立 30 年，马福元萌发了一个念头，要组织一批老同志编写一本《深圳电子三十年》。在他去世之际，这本电子工业史已经编写完成，并在 2017 年由深圳报业集团出版社正式发行。

梁湘挖角电子工业部

在某种意义上，马福元是深圳“挖角”的结果。在这个“挖角”的过程中，直接关系到两位“大人物”。一位是当时的电子工业部部长，另一位则是时任深圳市委书记梁湘。

深圳电子工业初期，最大的助力来自电子工业部。2017 年 9 月，深圳市规划国土委发布《关于公示深圳市历史建筑名录（第一批）的通告》，在 45 处历史建筑名单中，20 层高的电子大厦旧楼位列其中。历数深圳高楼，有国贸大厦，有地王大厦，还有登上十九大邮票的平安中心，但是深圳第一楼的称号却是从 1983 年落成的电子大厦开始。电子大厦的开建，便是电子工业部扎根深圳的标志。

马福元和深圳的结缘，也始于 1983 年。这年 6 月，电子工业部部长委派办公厅主任马福元率领一个考察组到深圳蛇口调研，考察组一致认为电子工业部应当审时度势，把握时机，尽快动员人力、物力、财力，组织一支精干的队伍，在蛇口建立发展基地，为电子工业的发展、新技术的引进和电子产品的扩大出口做出贡献。

一个月后，电子工业部应广东省省长梁灵光的邀请，再次组团来到深圳，编制深圳电子工业的发展蓝图。这次派出的规划组的规模更大，会同了广东省政府、深圳市政府的部门负责人，共 57 人。出任组长的，还是马福元。在深圳期间，马福元代表电子工业部，与深圳市政府签订了多个协议，一是联合组建“深圳电子产品质量检测中心”，由电子工业部、国家商检局、深圳市政府三方出资组建，使深圳有一个权威的电

华强北南端的地标是赛格广场，北端的地标是群星广场。马福元晚年一直居住在群星广场，这里同时是深圳赛格股份有限公司的注册、办公地址（戴的后摄）

马福元在电子工业部的工作证。南下深圳时，他已任职办公厅主任

子产品质量检测机构。这个检测中心对提高深圳电子产品的质量起到了很大的作用。二是建立深圳电子人才培训中心，培养能适应改革开放新形势的人才。这个培训中心，就是后来的赛格培训中心，成为深圳历史最为悠久、时间最长的培训中心。

1983 年 12 月，电子工业部的部务会议在部领导主持下召开，决定成立“电子工业部驻深圳办事处”，统一规划并管理电子工业部在深圳的企业。办事处代表电子工业部，管理部属企业在深圳、珠海、汕头利用外资兴办的企业与内联企业，协调办理各省、直辖市、自治区在深圳所开办的电子企业的规划与建设。部领导特别强调，驻深圳办事处是电子工业部派出的全权代表机构，处理相关事宜，为了提高办事效率，增加其权威性，特批驻深圳办事处可刻制一枚与部里印章标记略有不同、但具有同等效力的公章，这枚公章就是“中华人民共和国电子产品进口审批专用章”。有了这枚公章，深圳办事处就可以在深圳审批电子产品的进出口业务，不用事事到北京等候批文，办事处的权威与工作效率大为提高，因此，深圳办事处有“小电子部”之称。1984 年 1 月 16 日，电子工业部驻深圳办事处在深圳电子大厦举行成立大会。

1985年的深圳电子工业朝气蓬勃，企业达到了178家，产品形成了一定的规模，占了深圳工业总产值的一半。然而，新的问题也随之而来：178家电子企业是多方投资、多方审批、多头领导，隶属关系是五花八门，而且都有一个通病，就是技术力量薄弱、企业规模小、产品批量少、投资回收周期长，过个小康日子是绰绰有余，但要参与国家的重大项目，与国际大财团平等合作，显得力不从心。深圳要又好又快地发展电子工业，必须有效地整合资源，成立一家大型的电子集团企业，使之成为行业的龙头，全面提高电子业的档次，这就成为深圳的当务之急。解决这一问题，深圳急需一位电子业的领军人物，这位领军人物要有这样的素质：具有电子专业的背景，有现代企业管理的理论和实践经验，在中国电子行业有较高的威望与统筹能力，有改革创新的精神与勇气。寻找这样的领军人物，时任深圳市政府副秘书长曲华想到了马福元。

敢于"挖角"电子工业部，还有着经济体制大改革的背景。1985年，国务院的经济管理部门开始转换职能，实行政企分离，部属企业脱离计划经济的轨道，转向市场。国有电子企业告别了计划经济的模式，勇敢地投身到市场经济的大潮之中。深圳是我国最重要的经济特区，市场经济的要素相对比较齐全，于是一大批国有企业就将深圳作为二次创业的首选之地，来到深圳找市场，找新产品与新技术。这次变革给深圳的电子工业的发展带来了百年未遇的良机，一大批电子口的转制人员带着资金、带着项目、带着人才来到深圳，兴办电子工业。在深圳的上步工业区，各种各样的电子公司兴建起来，都是各省市电子业在深圳开办的窗口企业。深圳街头，前来深圳寻找市场的人群川流不息，在深圳举办的招商会一个接着一个，北方普通话盖过了深圳的方言。

兼管深圳市工业办公室的深圳市政府原副秘书长曲华和马福元有过深交。在马福元担任电子工业部组长来深调研时，两人相见恨晚。曲华心想，如能动员马福元到深圳来主持深圳的电子工业，深圳的电子工业则大有希望。于是，他与马福元通了电话，表达了深圳的愿望，没有想到马福元一口答应。

要把马福元从北京挖到深圳，并不是件容易的事，首先就必须得到电子工业部领导的同意。曲华把这一情况向市委书记梁湘做了汇报，梁湘当即挥笔给部领导写了一封信，表示了深圳的迫切心情。带着求贤信，曲华到了北京，递交给部领导，晚上又到其家中详谈，部领导欣然同意。1985 年 7 月，马福元南下深圳，出任深圳电子总公司董事长兼党组书记，同时也成为电子工业部驻深圳办事处的第二任主任。

叫个集团不容易

创办赛格集团的马福元工作照

来深圳之前，马福元已经是一名高级官员，时任电子工业部党组成员、办公厅主任，还担任计算管理局局长。

南下深圳，马福元不是没有过衡量。他很清楚，在部委机关当个官员和到深圳组建一家大型电子企业，是性质不同的两种事业。前者是在部委领导层运筹帷幄、出谋划策，后者是冲在一线攻城拔寨、真刀真枪地实干。而且，做企业是一项高风险、高难度的任务，成功的希望固然很大，但失败的风险同样也很大。经济特区成立 30 周年，马福元在接受采访时坦言：“深圳在全国而言，只是芝麻大的地方。真没想到，后来能有那么大的出息！经济特区的建立，宣告中国闭关锁国的政策与计划经济被冲开了一个大缺口，大批有识之士来深圳创业，大量外商携带资金、技术、订单来深圳办企业。所以到深圳后没多久，我就越来越认识到深圳的重要价值，以及它在全国改革开放中的重要地位。”

向市委书记梁湘报到，马福元的第一句话是：“搞集团，生平头一回，我这次到深圳，是破釜沉舟了。”和相熟的《深圳特区报》记者聊天，他也说过：“万一组建集团不成功，我就在深圳开一家个体的饺子馆，连店名都想好了，就叫‘马福元饺子馆’，我相信生意不会很差。”

饺子馆没有开起来，但是组建集团却不容易。能够最终杀出一条血路，不能不说一说马福元的履历。马福元 1931 年出生于黑龙江省哈尔滨市，17 岁就报名参加了中国人民解放军，后被分配到东北军区军工部供给处工作。1952 年，他被任命为东北军工局经理处的副科长，在以后长达 30 多年的时间里，先后在国家第二、三、四工业部与电子工业部工作。1966 年“文革”爆发，他被无端地扣上了“苏修特嫌”的帽子，被投入北京秦城监狱，3 年后被平反释放。当时有一个细节：他回到家中看见养了一只八哥，关在笼子里，触景生情，当即叫孩子打开鸟笼，免了它的囹圄之苦。1977 年春天，他被任命为电子部第十五所（又称华北计算技术研究所）第一副所长，后任所长。其间，他带领职工在“百万次计算机”的研制与生产方面获得重大突破，为承担运载火箭测控任务的“远望二号”测量船提供了重要的技术支持。随后，他走上了电子工业部党组成员、办公厅主任的岗位。

马福元的担心不是信心不足，而是他深知，根深蒂固的传统观念是一种可怕的力量，由此产生的阻力不仅让人生畏，而且会让干事的人产

中国电子领域中第一个新型的企业集团——深圳赛格集团公司，曾拥有 158 家电子企业，产品远销世界各地。图为 1988 年，该集团公司属下电子企业生产线（梁永健 摄）

生力不从心的无奈感。

他遇上的第一道坎，叫“集团”。现在的企业，总公司一级都会有集团之称，但在 30 多年前，想叫个“集团”并不容易。深圳把马福元挖来，是要办一个有统领作用的电子企业。就在企业酝酿起名“深圳电子集团”之际，却有相当多的人持反对意见。在当时的政治语境下，“集团”二字是贬义词，如以“四人帮”为首的“反革命集团”。反对者认为，古有“君子不结党”，当今同志更不搞集团。马福元对“集团”做了一番解释，说“集团”就是“集中与团结”的意思，简称为“集团”。马福元还引用中央领导的话说：“国外没有，为什么中国就不能有？特区就是要特事特办，新事新办，方法全新，立场不变。集团就是集中和团结的意思，把一百多家企业集中起来，团结一致，走向世界，就叫‘集团’。”深圳市政府最终决定，企业就叫集团。

深圳电子集团就这样诞生了，以原深圳电子工业总公司为核心层，联合了深圳117家电子企业加盟。在中国电子行业，深圳电子集团是第一个集团公司。深圳电子集团的源头，便是宝安的无线电厂。1983年，“深圳市电子工业公司”成立时已经拥有3个厂。到了更名为“深圳市电子工业总公司”时，家底已有32个下属企业。

1986年1月6日，深圳电子集团公司正式成立，国务委员谷牧亲临现场剪彩。对于这个新生儿，电子工业部也是全力支持。在深圳电子集团筹建之际，1985年年底，电子工业部领导率团参加了国务院在深圳召开的特区工作会议，接着出席了深圳电子集团的成立庆典，会后在深圳迪富宾馆召开了深圳电子企业座谈会。这是一次重要的会议，是对深圳电子工业的发展产生了重大影响的会议。在会上，部领导坦率地说：“中国有近3000家电子企业，近200万职工，1984年电子工业的总产值才274亿元，而日本三洋公司为40亿美元，东芝为57亿美元，日立公司是78亿美元，人家一个公司就差不多等于咱们全国的总和。”“我国的电子工业的状况是技术落后，无法与外界竞争，产品根本不能出口，去年（指1984年）台湾地区出口额53亿美元，韩国57亿美元，我们呢？才3亿美元，而且还是所有系统加起来的。现在是洋货充斥国内市场，人民群众很不满意。”为了改变这种状况，电子工业部把深圳作为电子工业改革开放的一个点，一个“两头在外”的点，也就是一个原材料在外、产品销售在外的出口基地。

对新成立的深圳电子集团，部领导决定干脆就改为市电子集团。虽是一字之差，内容却大不相同，也就是加入深圳电子集团的电子工业部直属企业，全归深圳市管辖，也就是下放给深圳。马福元说：“这个电子集团，不管是国营的电子公司，还是合资的、独资的公司，还是别的部属的、乡镇的公司等等，都可以根据自愿的原则加入。这个集团公司是属于深圳的，可采取股份制形式，成为一个集体法人。至于企业间的关系密到什么程度，完全取决于协议。可以画几个圈，可以是密集的或松散的，或者干脆说我是打探消息的，只要求得一些信息的都可以。方式应多样，进来了可以退出。”

1988 年 1 月，深圳电子集团更名为深圳赛格集团。赛格既是企业的名字，也是马福元一直倡导的企业精神：赛格，就是“赛国格、赛人格、赛品格、赛风格”。对于“赛格”这个名字，马福元形象地称：“深圳电子集团，生在中国，长在深圳，小名赛格，首先是要赛国格，我是中国人，我有国格。其次是赛人格、赛品格、赛风格。这就是赛格的企业文化。”

“骡马会”催生赛格市场

从告别“骡马会”开始的赛格电子市场，如今成为赛格电子大厦。在 2005 年的报道里，已是亚洲最大的电子市场（陈文 摄）

接受媒体采访，马福元说过：在创建赛格集团时，我们完全用新的理念、新的模式、新的方法制定集团新的发展目标。在经营理念上，明确提出“市场带技术，技术求效益，效益促发展，发展还看市场，围着市场转”，这在当时计划经济体制下是不允许的，只有在特区才能行得通。为了适应市场经济运行，赛格集团于 1988 年成立了中国第一个生产资料市场——赛格电子配套市场。这在当时无异于“杀出一条血路”，是对计划经济的一大突破。

为什么会兴建赛格电子配套市场？马福元提到“骡马会”。这个农耕味很重的词，对计划体制是一个形象的描述。“骡马会”是电子工业部的计划会，生产企业汇报今年要生产多少东西，比如电视机要彩管、录放机要机芯，这些需求经过汇总，然后再由电子工业部分配给元器件生产厂商。说白了，就是政府主管部门实行统筹，对上下游厂商进行配对，这确实有着“骡马会”的味道。

企业生产什么要向电子工业部报计划，作为生产原料的电子元器件由电子工业部按计

《深圳商报》关于赛格电子配套市场的报道

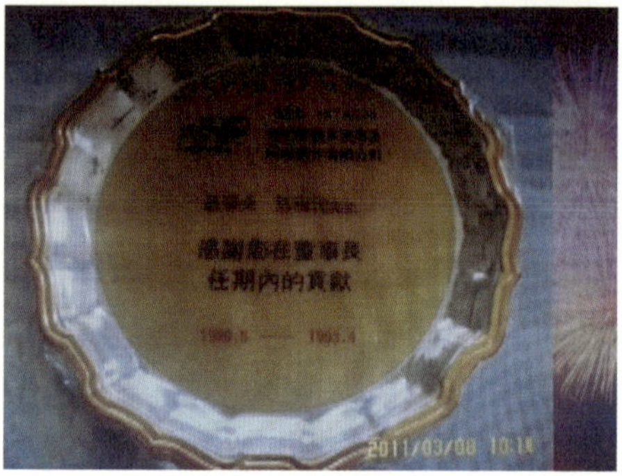

马福元曾担任赛格日立董事长，图为企业赠予的感谢品

赛格广场大楼共 72 层，标高 219.6 米。2004 年新年，深圳在此举办登楼赛。20 岁的市民黎兴以 10 分 46 秒的成绩登顶（吴峻 摄）

划统一分配。这种体制，并不适用于计划外的深圳企业。伴随深圳的电子业进入快速发展期，电子元器件生产不能配套的问题格外突出。当时，企业无法在深圳采购到必需的元器件，常常为了几个诸如电阻、电容之类的小东西，不远千里前往北京、上海。那个时候的深圳的交通与通信还不发达，采购人员费时费力，难以满足需要，付出的成本极高。我国还有许多元器件不能生产，采购人员无能为力，不得不依赖进口，而深圳的电子企业没有进口权，进口必须经过层层审批，手续极为复杂，批文好不容易下来了，等到急需的元器件到了深圳，行情擦肩而过。电子元器件的不配套不仅制约着深圳电子工业的发展，也严重地影响着深圳的投资环境。建立一个对内对外开放的电子配套市场，按供需要求公开交易，就成为深圳赛格集团成员的强烈期盼，也成为深圳电子行业的共同心声。

建一个电子配套市场，现在是一件轻而易举的事，一个街道、一个村庄也能办起一家生产资料市场，但在当时的难度就是“杀出一条血路”。电子元器件是生产资料，按政府的管理权限由市政府属下的物资局经营与管理，深圳赛格集团没有这样的资质与权限。然而，市物资局只管钢材、水泥这些大宗生产资料，偏偏不管这些诸如电阻电容之类的小物件，而市工商行政管理局主要管理肉菜市场，也不管这些小物件。

马福元决定打破常规，不等不靠，以一家企业的身份，兴建一家电子配套市场，利用境内和境外元器件市场的资源，使得境外与境内的两个市场互为补充，提高集团的配套能力。这一计划得到了时任市委书记李灏的支持，于是电子配套市场在 1986 年 7 月 17 日开始筹办，负责筹建的罗道义是位女同志。当时筹建办公室只有 4 个人，办公室加上营业室只有 40 平方米，配备了 4 张桌子和 1 部电话。罗道义一方面组织人员了解需求，另一方面带领员工主动地与全国的元器件厂家联系。办公室没有陈列柜，她借来了 6 个柜子搬到营业室，6 个展柜里陈列了从各地收集来的不同型号规格的电子元器件，达 300 多种。这就是深圳电子配套市场的雏形。

赛格集团对配套市场很重视，将集团办公楼的一楼腾出来，拿出 1400 平方米作为电子配套市场的展销厅。在展销大厅内，设有交易摊位 100 多个，全国有 100 多家元器件厂进场交易，其中有 10 余家来自香港。经过一年多的筹备，深圳电子配套市场于 1988 年 3 月 28 日正式开业，这标志着深圳的电子元器件突破了计划分配的模式，改为按市场供需要求进行运作，并对国内外开放。

谁也不会想到，由赛格电子配套市场起步，华强北成为“中国电子第一街”。在此后的日子，尽管遇到地铁封路等等制约，这条街在若干次被“看低”中始终生命力旺盛。根源在哪里？原因只有一条，这里是市场，不是商场。这也正是财经观察人士将马福元等同马云的原因。赛格建立的是市场，不是商场。看得见的商场会有起落，看不见的市场活力无限。

老马有个改革的大心脏

重温深圳20世纪80年代的改革进程，马福元是一个不能不提的人物。套用当下的俗语，老马有个改革的大心脏。

马福元1985年南下深圳，身上还有一个特殊的角色，叫作深圳市电子行业协会会长，而且是首任。1985年，深圳对经济管理架构进行重大改革，就电子工业而言便是不再设立电子工业局。对于这一改革，很多人都想不通。因为按照上下对口模式，国家有电子工业部，省里有电子工业厅，深圳作为副省级城市当然该设立电子工业局。对于深圳不设电子工业局，成立电子行业协会，马福元表示举双手赞成这种“小政府大社会”模式，而且欣然出任首任会长。时隔多年，他坦言：不靠行政干预，而依靠协会和市场的力量完成对产业的引导，这就是“新”！

马福元的大心脏还体现在对现代企业制度的支持。以现在的认知，大家对“董事会领导下的总经理负责制”没有任何异议，但在1985年，这却是一个极度敏感的提法。当时，深圳市政府决定企业实行董事会领导下的总经理负责制，党组织起监督保证作用。当集团公司向下属企业派董事长时，有人认为这是不要党的领导，将董事会领导和党的领导直接对立起来。反对“党的领导”，这是一个大错误，当时经历过多次政治运动的老人对此有切肤之痛。在企业，党的领导是路线和思想上的领导，并不是经营事无巨细都由党组织出面包办。机械地理解“党的领导”，党政分离的目标根本无法实现。但在当时，很多人不愿意执行“董事会领导下的总经理负责制”，认为这是“不要党的领导”。马福元是这一

深圳经济特区成立30周年，
时任市长许勤前去看望马福元

改革的支持者和实践者。时任深圳市委书记李灏在一篇回忆录中还写道：“1986年10月，《深圳经济特区国有企业股份化试点暂行规定》出台后，市委、市政府将包括赛格集团公司在内的六家市属大型国有企业作为股份制改革试点单位，并向这六家企业派出董事长。在推行试点的六家国有企业中，赛格的马福元是很支持股份制改革的，其他几家却不太愿意推行。”

深圳赛格电子市场生意火旺。这是2003年的一幕：一群美女身背液晶电脑显示器穿行在电子市场内，形成一道靓丽风景（陈文 摄）

老马的市场化改革还体现在赛格集团的管理体制设立。赛格是由117家电子企业联合组建，这些企业成分复杂，有的是中央驻深企业，有的是各省在深窗口，有的是外商投资企业，他们头上都有一个婆婆，没人愿意再多一个婆婆，因此很多人担心赛格就是“拉郎配”的包办婚姻，同床异梦是常态，搞不好甚至分崩离析。马福元力主通过经济手段在成员企业间建立唇齿相依的经济联系，将集团成员打造成“利益共同体”，进而发展为“利益与命运共同体”。他反复强调，新组织的集团不搞权利再分配，不搞行政干预，不变相高度集权，提倡企业本位论，扩大企业自主权。他主持制定的公司章程明确规定，集团是行业型、综合型、外向型的联盟，集团和成员企业都是法人；集团对成员企业不是管起来，而是主动提供服务，以维护企业间互利互助格局；集团对成员企业不是“我领导、你服务”，是既当婆婆又不多嘴，“谁有投资，谁受益，谁有发言权”。

国际惯例是先有母公司，再有子公司，然后成立集团；赛格却是先有子公司，然后再组成集团，马福元用服务使得子公司产生向心力，最后产生集团的规模效应。按照当时深圳的规定，集团或总公司对下属公司可收取千分之三的管理费，赛格照此可在 1986 年收取 300 万，1987 年进一步提高到 450 万，但在实际中从未收取过一分钱管理费。

深圳电子集团组建后使得实力大为增强，而且在国内外的影响力也明显提高，其“规模效应”就显现出来，慕名前来寻求合作与合资的大企业日渐增多，有的还携带着项目、资金与人才前来合作。有的成员势单力薄，无依无靠，资信能力较低，从银行贷款的难度很大，加盟深圳电子集团后则有了依托，融资能力大为增强，人民银行和四大商业银行都高看一眼，因为它们的背后是深圳电子集团。深圳电子集团在 1986 年和 1987 年，为成员共担保贷款 2.5 亿元。集团还联合了国内 15 所高等院校、28 家研究所和多家电子企业，大力开发新技术、新产品，集团成立第一年就开发出新产品 78 项，新增产值 2.5 亿元，第二年又开发出新产品 215 项，新增产值 4.3 亿元。到 1987 年，深圳电子集团的工业总产值达到 20 亿元，销售收入达到 15 亿元，外销收入达到 1.5 亿美元。到 1988 年 1 月，集团的成员企业由开业时的 117 家增加到 158 家。根据需要，赛格集团对申请者设定了较高门槛，以致当时有企业感叹“加入赛格集团比入党还难”。细数赛格集团的成员企业，有着桑达、华强、宝华、康佳等等一连串闪亮的名字。可以说，赛格集团是深圳电子工业的摇篮。

深圳电子工业的“四大基础项目”

电子工业成为深圳的支柱行业，赛格集团功不可没，马福元功不可没。在深圳电子工业史上，马福元留下了四大项目，开创了深圳企业建设重大电子工业基础项目的先河。

在改革开放初期，中外合作合资的重大项目都是国家项目，地方企业只能跑跑龙套敲敲边鼓，就好比重大战役都是正规军当主力，游击队只能做做支援后勤的活。马福元要实现“深圳企业实现国际目标”的宏愿，主持赛格集团期间实施了四大基础性项目。这四大项目，可以说是构成了深圳电子行业的骨架，奠定了深圳在国家整体产业布局中的领先地位，也为深圳的高科技产业发展提供了支撑。当然，在马福元全力推动四大基础项目的当时，不会想到技术的更迭如此迅速，但这些项目无疑给深圳产业赢得了空间。

第一个大项目是中外合资彩管项目。在20世纪的后20年，彩色电视机是国内外的紧缺产品，而彩色显像管正是核心部件，每一个国内城市都想上马相关项目。1989年5月，赛格集团与日立公司合办“赛格日立公司”。项目总投资1.6亿美元，年产量为160万只彩管。这在国内彩电行业是屈指可数的大项目，也是深圳工业鼓舞人心的大项目。在给公司取名时，有这样一个小插曲：日立公司按照“北京松下”先例，提议取名“深圳日立”，马福元对此提出异议。日方再次提议“日立赛格”，理由是日立历史悠久，“日立”当在“赛格”之前，马福元再次反对。马福元的回答是：“赛格虽然成立仅三年，但在合资公司中占股75%，

马福元与孙杰出席小平诞辰 110 周年纪念活动（钟华登 摄）

是大股东；日立占股 25%，是小股东。按照国际惯例，赛格当在日立之前。”最终，合资项目取名“赛格日立”。

在深圳博物馆，陈列着赛格日立生产的第一只彩管。从 1991 年初至 2004 年 7 月，赛格日立累计生产出 54 厘米彩管 3000 多万只。伴随着大脑壳 CTR 显示器让位于液晶面板，赛格日立也在 2007 年停止了最后一条生产线的运营，退出江湖。2008 年，赛格日立工业区由国资部门收购后，确定为深圳市第一批工业区升级改造项目。

第二个大项目是为赛格日立彩色显像管配套的玻壳项目，即赛格参股的深圳中电康力玻璃有限公司。这家公司成立于 1989 年 8 月，总投资达 23 亿元，是当时国内电子工业一次性投资最多、规模最大的电子企业。

马福元与孙杰出席小平诞辰110周年纪念活动（钟华登 摄）

1993年下半年，中康正式开工生产运营。1997年，在中康玻璃基础上分离出赛格三星。和赛格日立一样，赛格三星也未逃离CTR显示器的退幕大潮。2009年11月25日，赛格三星发布公告称，为偿还银行债务，公司计划变卖购置价为30.17亿元的CRT设备，而该资产目前账面净值仅为1.51亿元。此前的11月3日赛格三星停牌重组时，公司的韩方高管已全部退场，员工锐减一半，彩管（CRT）生产线全部停产。

第三个大项目为大功率晶体管项目。1988年2月，深爱半导体有限公司成立。1992年3月，公司后工序封装生产线正式投产。1997年3月，深爱公司第一片功率晶体管芯片走下生产线，终结了深圳半导体芯片依赖进口的历史。目前，深爱是国内规模最大的节能照明功率半导体器件专业生产商，也是深圳市唯一一家具有前、后工序生产线的功率半导体器件制造企业。深爱公司凭借独特优势，在节能照明半导体器件领域一枝独秀，其中节能灯及电子整流器用功率晶体管芯片及其产品产销量居国内首位。

第四个项目是超大规模集成电路项目。1990 年 4 月，国务委员宋健在广东考察时提出设想，希望在沿海地区开发超大规模集成电路。深圳市委书记李灏指示马福元牵头组成项目组，并在短期内取得成效。与全球著名半导体公司——意法半导体公司达成合作协议，意方已同意转让三代亚微米技术。意法半导体集团公司是全球第五大芯片厂商，也是当时世界第一大专业模拟芯片和电源转换芯片制造商、世界第一大工业半导体和机顶盒芯片供应商，并且在分立器件、手机相机模块和车用集成电路领域居世界前列。

令人遗憾的是，出于超大项目投资大、风险大、见效慢的考虑，超大项目决定先行启动后工序（芯片封装）生产线。深圳赛意法微电子有限公司（STS）于 1994 年成立，由赛格集团与意法半导体集团公司合资创办，专业从事集成电路芯片封装、测试等后工序加工业务，是目前意法半导体集团内质量最好、产量最大、生产效率最高的封装测试工厂，也是全球最先进的芯片封装测试基地之一。至 2011 年底，累计投资总额超过 7.5 亿美元，年生产能力超过 80 亿只芯片。至于原设想在香港启动的前工序（芯片制造）建设，一直停留在规划蓝图上。对于马福元来说，错失亚微米芯片这是职业生涯最大的遗憾。目前，中国每年进口的最大宗工业品正是芯片。

2017 年的《财富》榜单上，深
有了六家世界 500 强，分别是**平安**
华为、招商集团、正威、万科
及刚刚上榜的腾讯。如果算上
总部迁入深圳的恒大，这一数
将变成七家。和北京、上海形
鲜明对比，**深圳的世界 500 强**
是“中字号”，更不是“国家队”
而是民营经济的佼佼者。

第四章

“深圳之问”的源头

进入21世纪，一直流传着关于企业的“深圳之问”。

深圳何以能“量产”伟大企业？最为引人注目的“深圳之问”属于世界500强。2017年的《财富》榜单上，深圳有了六家世界500强，分别是平安、华为、招商集团、正威、万科以及刚刚上榜的腾讯。如果算上将总部迁入深圳的恒大，这一数字将变成七家。和北京、上海形成鲜明对比，深圳的世界500强不是“中字号”，更不是“国家队”，而是民营经济的佼佼者。

更早的“深圳之问”，还有着明确指向。深圳的老书记李灏接受采访时曾说过：大约在2000年之后，深圳迎来了一波政府考察团。领队的同志总会问我这样一个问题，那就是为什么深圳会出现华为和中兴。我想了想，这些企业的诞生时间在我退休之前。他们为什么会成功，其实不是政府扶持的结果。说得更直接些，我不认为自己懂经济，但是种庄稼还是会的，该施肥时就施肥，该浇水时就浇水。我想，一片森林里总会长出那么几棵参天大树。

2008年，中国改革开放30周年。《中国企业家》杂志当年推出了一组报道，聚焦深圳企业的集体性崛起，提出了著名的“蛇口基因”。在此后的媒体报道里，“蛇口基因”扩容成为“深圳基因”。深圳企业为什么能够成功？答案有很多，企业层面被一致认可的一个因素是较早建立起现代企业制度。1993年11月，中共十四届三中全会举行。全会通过了《中共中央关于建立社会主义市场经济体制若干问题的决定》，当中提出进一步转换国有企业经营机制，建立适应市场经济要求，产权清晰、权责明确、政企分开、管理科学的现代企业制度。深圳的活力，无疑正是从建立市场经济体制开始，而华为中兴们正是这一历程的受益者。

这是改革开放的先发优势，也是市场化的先发优势。有人通俗地用中国足球来类比：如果能够长期参加世界杯，那么亚洲杯便不是什么高难度任务，至于全国性比赛更是小儿科。

智力入股始于 1984

在老书记李灏的讲述里，提到了华为创始人任正非。李灏说：当时陪同华东某省省委书记前往华为参观，任正非说感谢我给了华为准生证。任正非所说的“准生证”，是深圳市政府在 1987 年 2 月颁布的《关于鼓励科技人员兴办民间科技企业的暂行规定》。按照这个文件，科技人员可以以资金、实物、个人专利、专有技术商标作为投资入股，并可以取得相应的股息和红利。

智力入股，华为并不是第一个吃螃蟹的人。在深圳电子工业的历史上，这一时间还要向前推三年。

1984 年圣诞节的前一天，深圳蛇口港来了几位香港的电子专家，为首的名叫谭文志。他是位英籍华人，1948 年出生于澳门，在香港接受高等教育，1969 年进入了磁头行业，在美国从事过磁头生产，还亲手创办过磁头生产企业，是一位不可多得的磁头专家。目睹了香港在 20 世纪六七十年代腾飞的景象，谭文志坚信深圳也能够实现经济腾飞，有意与电子工业部在深圳创办一家合资企业，生产优质磁记录产品。

1984 年，中外合资通常是外方出资金、出技术与设备，谭文志提出的条件恰恰不是这样。他出的不是资金，也不是设备，而是专门的技术以及开拓国际市场的资源，而且提出要占 36% 的股权。代表电子工业部前来谈判的是 4507 厂。这家军工厂又叫怀化建南机器厂，国家曾投入巨资从国外购买了先进设备，生产计算机的重要部件——硬盘磁头与硬盘驱动器。因为种种原因，这家厂的生产技术没有过关，产品质量也没有过关，赶上

1989 年八卦岭工业区某公司招聘员工，前来应聘的求职者从楼上排到楼下。深圳的活力由此可见一斑（刘廷芳 摄）

国际先进水平的愿望落了空，成为电子工业部的一大心病。有关人士有意引进国外的技术，生产高质量的磁头，将希望寄托在谭文志身上。谈判很快取得了成果，双方确定办一家合资的磁头厂，投资额为 200 万美元，谭文志的技术占 36% 的股份，同时承担产品质量与开拓国际市场的责任，电子工业部下属的计算机管理局投入资金，占股 64%。

外资在合资企业中以知识产权入股，在 1984 年的中国可是破天荒的第一桩。合同的文本从深圳传到了北京，这下可难住了电子工业部。这样的合同如果不批准，一个发展的机会就会擦肩而过，中国的磁头生产还得苦苦摸索。如果批了这一合同，万一在合同中如有重大差错与不实情况，电子工业部将被置于一个很难堪的境地。在电子工业部内部，对这一合同的认识也不统一，决策人的智慧与胆识遇到了考验。1985 年初，当时的电子工业部领导看了合同的草本，没有急于表态。是年 3 月，部领导到怀化建南机器厂实地考察，听了厂长的汇报，加深了对引进技术重要性的认识，支持这家厂引进谭文志的技术，可以折价作股。当时，国家还有一条规定，就是技术入股不能超过 25%。电子工业部突破了 25% 的规定，同意外商占股 36%。电子工业部同意成立合资的深圳蛇口开发科技公司。1985 年 7 月 4 日，蛇口开发科技公司拿到了国家工商行政管理局颁发的营业执照，深圳诞生了第一家“智力入股”的企业，中国的磁记录产业开始了新的一页。

蛇口开发科技公司成立时，只有 50 多名员工和相当于 200 万美元的贷款。原来，电子工业部只是给了 200 万美元的贷款额度，所需的人民币由湖南计算机管理局和电子工业部计算机管理局帮助解决。当时新办的企业规模很小，起步极为艰难，难题一个接着一个，只要一个难题没有解决，企业就会夭折在摇篮之中。200 万美元很快用完，员工的工资经常发不出来，企业求银行贷款，甚至找兄弟单位与个人借款渡难关，还曾经求助于国务院领导。为了将产品打入国际市场，谭文志奔波于美国、欧洲、日本及东南亚各地，推销开发的磁头。到 1985 年底，公司终于得到了第一张来自国外的订单，销售额达 30 万美元，开发科技的磁头终于被国外客户所认可，开发科技走上健康发展的道路。经过 30 多年的发展，开发科技公司演变成长城科技开发公司，成为我国最大的磁头生产企业。

华为的开局并不美妙

2017年世界500强排名，华为位居第83位，营业额785亿美元，利润也超过55亿美元，连续多年位列行业全球第一，坐稳了通信产业龙头老大的位子。2017年华为击败爱立信，首次成为世界最大的电信设备制造商，华为的移动基础设施业务占据了全球份额的28%。

把时间的指针回拨30年，初生的华为开局并不美妙。在《我的父亲

华为公司研发大楼（陈文 摄）

母亲》一文中，华为创始人任正非这样写道：“转入地方后，不适应商业经济，也无驾驭它的能力，一开始我在一个电子公司当经理也栽过跟头，被人骗过。后来我也是无处可以就业，才被迫创建华为的。”《华为真相》一书中则写道：1987 年 9 月，华为以“民间科技企业”的身份正式获工商局核准，注册资本为 21000 元，任正非等六人均持有 1/6 的股份，共有员工 14 人。1988 年正式营业，业务为代理进口香港康力公司的 HAX 交换机。

创办华为那年，任正非 43 岁。无处就业的窘境，意味着华为是背水一战。

2017年2月，西班牙巴塞罗那，2017世界移动大会的华为展区。经过30年努力，华为成为业内龙头（照片来自华为官网）

中国—东盟电信周2005年5月18日在广东深圳闭幕，来自泰国、菲律宾、印尼、马来西亚、越南等国家的与会代表参观了中兴通讯、华为公司。下图为与会代表体验华为公司自主研发的3G手机（陈文 摄）

1944年，任正非出生于贵州省安顺市的镇宁县，其祖籍是浙江省的浦江县。浦江县是金华市管辖的一个县，任正非的祖父就是一个做火腿的师傅。任正非的父亲叫任摩逊，在北京上过大学，新中国成立后在贵州省镇宁县的一所民族中学任校长。母亲叫陈远昭，贵州安顺人，高中文化程度，也是中学教员。任摩逊有七个孩子，任正非是家中长子。在三年困难时期，任正非的父母节衣缩食，坚持让他读书，从小学读到大学毕业。在“文革”期间，学校停课闹革命，他借机把电子计算机、数字技术、自动控制学学完，这些基础学科为他后来研发程控交换机奠定了基础。1968年，任正非从重庆建筑工程学院毕业后入伍，进入工程兵

部队当上通信兵。贵州安顺市有一个飞机制造基地，就是国内有名的“011基地”，我国一系列新型战斗机就产自这个基地，他又被抽调过去参与一项军事通信系统工程的研究，他的技术与勤奋钻研的精神发挥了作用，有了多项技术发明，其中两项填补了国家空白。1978年，他被选为军方代表，到北京参加了全国科学大会，此后又出席了党的十二大。在他的回忆录里，一直受困于历史问题的父亲特意把他与中央领导的合影照片做了个大镜框，挂在墙上引以为豪。

任正非与深圳的结缘始于1984年。1982年，全国军队大裁员，任正非的前妻转业来到深圳南油工业区工作，他此后从部队转业到了深圳南油集团。深圳南油集团后来转型，下属企业各显神通，寻求生路，兴办了一批五花八门的公司，任正非所在的企业转型并不顺利，接连亏损，他的事业与家庭都出现了变故。正如李灏所提的那样，深圳市政府颁布的《关于鼓励科技人员兴办民间科技企业的暂行规定》，让任正非看到了出路。按照文件规定，民间科技企业可独立行使经营管理权，享有其他类型企业的同等权利，其经济活动受政府的管辖和保护。民间科技企业按集体企业纳税，在发展初期可向税务部门申请减免一至三年所得税。民间科技企业可以从国家银行取得抵押贷款、担保贷款或信用贷款。深圳的民间科技企业的门槛很低，股东在两名以上，注册资本只需一万元人民币。

任正非于是投入资金2.4万元，成立了深圳华为技术有限公司。从名称中可以看出他的志向，“华”就是中华，“为”就是要有作为，“华为技术”就是中华民族要靠自己的技术有所作为。华为的初创地点在深圳南山区南油工业区的一栋七层楼工业厂房，有10余间房子，既是办公室，又是仓库，员工白天工作，晚上就住在仓库里，仓库里堆放着各种各样的从香港进来的交换机配件。到了1989年，中国对程控交换机的需求巨大，市场长期被国外产品垄断，价格居高不下，中国有一批企业怀着雄心壮志，力图改变受制于人的面貌，迎头赶上世界先进水平，研发程控交换机。任正非认为像华为技术这样的民营企业，不搞自主开发，那就永无出头之日，搞自主研发才有可能取得成功，一旦成功就可一举改变落后面貌，开辟出一条阳关大道。他横下一条心，决意搞自主开发，但从银行贷款非常困难，华为技术公司只得向大企业借高利贷，年利息高达 20%。这就是民间所说的“滚刀肉”。他借到一笔资金后，开发程控交换机，曾以悲怆的语气说：“这次研发如果失败了，我就从楼上跳下去，你们另谋出路。”到了 1993 年，华为技术公司付出 6000 万元资金的代价，终于开发出 2000 门的 C&C08 程控交换机。

华为的产品是先进的，价格只是国外同类产品的 1/3。但是，中国的电信市场被外国产品所垄断，有些人只信洋货，不信国货，十分可气。华为只得暂时放弃大城市的市场，向农村市场发展，第一目标是浙江省的义乌市。在 20 世纪 80 年代，浙江省义乌市还是一个农业大县，这个县级市还用不起价格昂贵的国外产品，就用华为的程控交换机，但提出了一个苛刻的条件，就是产品赊销，先安装机器，运行正常后再分批付款。华为的员工将这一订单视为公司的翻身仗，公司的命运系于这一战役，员工一连 4 个月都在工地上，终于将设备调试成功。此时的华为已经倾其所有，如果不成功，将被债务压得喘不过气来，很可能无法生存了。1994 年，华为的程控交换机终于在中国农村占据了重要地位。但是，中国的电信市场还是不相信华为，银行也不支持华为。为了缓解华为的燃眉之急，时任深圳市委书记的厉有为亲自出面，说服银行给华为贷款。1996 年，国务院领导到华为视察，看了华为的程控交换机后，心情十分振奋，当场表示要支持华为的发展。至此，华为得不到银行支持的局面才得到彻底改变。从此以后，华为技术公司扬眉吐气，发展势如破竹。到 1998 年 8 月，华为成功开发出完全拥有自主知识产权的全套商用的 GSM 系统。这一年，华为的销售额达到 89 亿元人民币，在国内程控交

换机市场上，市场份额达到了22%，一举超过西门子、朗讯等跨国公司；而在接入网的市场，华为获得了50%以上的市场份额，成为中国第一大电信设备制造商。

谈到深圳民间科技企业的准生证，时任深圳市副市长朱悦宁在一篇回忆文章写道，文件的制定基于两个出发点，一是深圳发展高新技术产业必须要有技术人才的社会积累，二是不能过高寄希望于当时尚未进行体制改革的国有企业，必须依靠多元化的灵活的所有制模式。在这篇文章里，朱悦宁提到了华为：创办两年后，华为销售额达到6000万元，政

深圳华为基地俯瞰。1987 年，华为成立时，藏身于南油一间厂房（照片来自华为官网）

府主管部门的工作人员找上办公室说：让南油（国有企业）介入吧，搞得太大了。我说：你们怎么同我们想的不一样？我们怕搞不大，你们怕搞大。让他搞大嘛，搞大了再说也不晚。近两年，一直不接受采访的任正非有了较多的亮相。在接受新华社采访时，他就直言深圳的一条成功经验就是政府能够坚持市场化原则，不干预企业的经营。在民间的表述里，这一经验形象地被总结为“官不扰民，民不媚官”。

尽管华为经常荣登企业排行榜，富豪榜上却看不到任正非的名字。原因很简单，华为采用了中国企业中史无前例的奖酬分红制度，98.6%

的股票都归员工所有，任正非本人所持有的股票只占了 1.4%。华为创造了一个全新的概念：知本主义。《华为基本法》写道：股权的根本不是按资本分配，而是按知本分配。具体解释为：按劳分配解决的是一般劳动的报酬问题，按知分配解决的是知识劳动的回报问题，而股权分配解决的是将知识回报的一部分转化为股权，从而转化为资本的问题，而股金分配解决的是股权收益问题。华为由此创造了独具特色的价值评价和价值分配系统。华为认为企业活力来自利益驱动，华为的财富是全体华为员工共同创造的。这样，全体员工就应量化占有华为资产，这个“量化占有”就是员工持股。

差点散伙的中兴通讯

谈起华为，必然要谈到中兴。在世界通信产业排名中，华为位居第一，中兴位居第四。分析世界500强，热门种子选手中兴一直徘徊在入口处。更为重要的是，从2G、3G时代的跟跑起步，4G时代实现并跑，5G时代处于领跑，以华为和中兴为代表的通信制造业，是当下中国为数不多能够拥有产业技术主导权的支柱行业。

谈起深圳高新技术产业的发展，同样不能不提到两个规章。第一个是成就华为的那份《暂行规定》，“民间科技企业”的称呼并不存在于

2002年8月，位于深圳高新技术产业园区的深圳中兴通讯公司（李江松 摄）

政府体制中，比如用友软件的王文京在1988年创办“自己的企业”，在中关村拿到的营业执照还只是“工商个体户”。第二个便是《暂行规定》的“转正版”：1993年6月，深圳市以政府规章形式颁布《深圳经济特区民办科技企业管理规定》，对内地科技企业来深圳创办科技企业给予优惠政策，形成了一波创业浪潮。中兴通讯的命运转折点便发生在1993年。不能说中兴的故事和规章“转正版”有着直接联系，但是深圳的政策环境无疑是当中重要的因素。

2004年7月，中兴通讯市值达170亿元（樊甲山 摄）

在1983年，深圳有一批企业以来料加工的方式，生产电子按键电话机，比“摇把子”进了一大步。深圳还有一批企业生产通信器材，如图文传真机、铁道电台与对讲机等。接着又有一批企业，如深圳长虹通讯设备有限公司，开始研发通信产业中的关键设备——数字程控交换机，然而容量不大，大多只有 500 门，但与纵横式交换机相比，一下子进步了 10 年以上。遗憾的是，并没有形成大的产业，有的甚至是昙花一现。而中兴通讯，正是在这一期间成功崛起。

深圳中兴半导体有限公司成立于 1985 年，是航天部 691 厂、香港运兴电子贸易公司和中国长城工业公司深圳分公司三家合营的企业。691 厂是一家地处西安的对外保密军工厂，出任中兴半导体首任总经理的便是 691 厂派出代表侯为贵。侯为贵生于 1942 年，毕业于山东科技大学，在西安的一所中专当教师。“文革”结束后，他所在的学校转入航天部下属的 691 厂，时任航天部副部长的钱学森到 691 厂视察，提出 691 厂做半导体，半导体专业出身的侯为贵迎来了人生转机。1981 年，他第一次走出国门到美国考察，认识到中美在半导体技术方面的巨大差距，回到西安不久就开始游说航天系统的领导，到深圳引进半导体技术。1983 年，侯为贵到了深圳，然而起步并不如意。半导体技术是一个资金与技术高度密集的行业，691 厂无力出资，不甘心空手而回的侯为贵决定留在深圳，做来料加工业务，赚最为辛苦的加工费以维持生计。他先后加工过电子表、电子琴、电话机等产品，同时寻觅合作伙伴。最终，他在香港找到了从事贸易的运兴电子贸易公司，在深圳找到了中国长城工业公司深圳分公司（深圳广宇工业公司）。三家于 1985 年成立了深圳中兴半导体有限公司，投资方分别是航天部 691 厂、香港运兴电子贸易公司和深圳广宇工业公司，其中的“中”代表了中国长城工业公司，“兴”代表了运兴贸易公司，“中兴”就是中国要兴盛之意。公司的注册资金 280 万元人民币，691 厂占了 66%，侯为贵出任首任总经理。

在从事电话机的贸易中，侯为贵发现程控交换机有着巨大的市场，力排众议自主研发国产交换机，决定成立 8 人研制开发小组。中兴半导体公司不做半导体，而是改为研发程控交换机。后来的实践证明，这个非常大胆的决定，是使得中兴成为通信制造业巨头的起点。1987 年，数字程控交换机刚刚从发达国家引入，中兴半导体公司对数字程控交换机的原理知之甚少，一切都得从零做起，边学边干。为了加速研制进程，公司与北京邮电学院程控交换系合作，当年9月就研制成68线的小交换机，迈出了可喜的一步。1987年，产品通过原邮电部测试鉴定，7月取得进网许可证，中兴有了第一个拥有自主知识产权的产品。到1989年11月，中兴自行研制的500线的数字程控交换机——ZX500，在北京通过邮电部测试，在航天部通过了部级技术鉴定，被认定为国内具有自主产权的第一台数字程控交换机。

1986年，中兴半导体公司的股东增加了两个，引进了陕西省国防工办下属的华岳公司与陕西邮电器材厂，691厂仍是第一大股东。当时，中兴半导体公司并未建立现代企业管理制度，在经营机制上采取的是谁出资、谁参加经营管理的方式，大股东出任董事长和总经理，其他股东派出董事和副总经理。企业实行承包责任制，每年必须完成100万元利税的任务，691厂作为控股方承担着经营的主要责任与风险，于是中兴半导体就做出这样一个规定：如果超额完成利润指标，超额部分691厂可以多分30%，如果没有完成，不足部分691厂要赔偿30%。1986年，公司盈利不多，1989年利税增加到81万元，1990年增加到135万元，五方股东对分红没有眼红，也没有多少异议，彼此相安无事。

1991年，是中兴半导体公司实行经营承包的第三年，情况就发生了重大变化。在这一年，中兴半导体公司的数字程控交换机大批量进入市场，经营业绩迅速攀升，销售额达1.1亿多元，利税高达6800多万元，比1990年增长了50倍。所有股东的投资全部收回，公司出现了前所未有的大好形势。面对滚滚而来的财富，有些股东"能同患难而不能同富贵"的本性开始暴露，面对"摘桃子与分桃子"关系紧张。有一家股东节外生枝，想要推翻承包合同，还利用行政手段进行干涉，要把中兴半导体公司划为自家企业的下属公司；港方股东也提出了非分的要求，董事长提出让其儿子担任中兴半导体公司的副董事长。在 1992 年 4 月的第二届第四次董事会议上，各种矛盾就公开化了，焦点集中在对经营承包的评价上。承包方和多数股东认为是成功的，成绩是不能否定的，而提出异议的股东方坚持认为承包经营是失败的，要推翻承包合同，要害是 6800 万元的利税。

1993 年初，兴办民营科技企业的风潮在深圳形成，深圳中兴半导体公司的一批科技骨干出资 300 万元，成立了深圳维先通讯设备公司。1993 年的 3 月，中兴半导体公司的五家股东分道扬镳，两家主要股东航天系统 691 厂、深圳广宇工业（集团）公司，与中兴维先通讯公司共同投资，组建深圳中兴通讯设备有限公司，继续从事程控交换机的研发。这样，中兴通讯公司就从中兴半导体公司中脱胎出来。

新成立的中兴通讯设备公司是国有企业与民营企业的混合体，大股东航天部 691 厂与深圳广宇工业（集团）公司是国有企业，而中兴维先通讯公司是民营企业。如何理顺国有与民营的关系，仍是一大难题，如果处理不好，仍有分崩离析的危险。这时，中兴通讯公司的总经理侯为贵，提出了“国有控股、授权经营”模式：中兴通讯公司是国有控股企业，但授权民营企业——中兴维先通讯设备公司来经营。这种模式很快显示出优势：一方面，中兴通讯公司作为国有控股公司，在取得银行贷款与顾客信任方面，优于民营企业；另一面，中兴通讯公司又是一家由民营企业经营的公司，机制灵活，效率较高，没有多少繁文缛节，又优于国有企业。“国有控股、授权经营”的模式使得国有企业的弱点得以避免，民营企业的经营优势得以发挥。于是，中兴通讯公司的国有股东——691 厂，就书面授权民营企业——中兴维先通讯公司进行经营，用利润指标来考核中兴通讯公司。“国有民营”的模式挽救了中兴通讯公司，推动中兴通讯公司走上了快速发展的轨道。1993 年，中兴通讯公司的 2000 门数字程控交换机投入生产，获得邮电部颁发的首批入网许可证，在当年全国农村电话新增加的容量中，中兴的产品已经占到了市场份额的一半，打破了外国厂商在电讯交换领域的长期垄断。

股票007有一个辉煌的起点

代码007，这个数字在中国股市是一个异类。2017年，深圳证交所的007号股票名叫全新好，不仅屡陷卖壳传闻，而且在此之前是上市公司奇特数字改名的典型。在全新好之前，它的名字叫零七股份，被股民戏称“A股007”，炫耀的是深圳证交所第七只股票的光辉历史。这个“007”，最初的名字叫达声，是深圳市电子企业的第一家上市公司，也是中国电子工业的第一家上市公司。

1992年的1月，邓小平第二次到深圳视察。他了解了深圳股市的情况后指出：“有人说股票是资本主义的，我们在上海、深圳先试验了一下，结果证明是成功的，看来资本主义有些东西，社会主义也可以拿过来用，即使错了也不要紧嘛！错了关闭就是，以后再开，哪有百分之百正确的事情。”对于深圳电子企业来说，1992年是“上市年”。上市的企业除了达声，还有康佳、华发以及次年上市的桑达。在这背后，是以建立现代企业制度为目标的体制改革。这一年，深圳进行股份制试点改革的国有企业多达28家。

1992年4月13日，深圳市赛格达声股份公司的股票在深圳证券交易所上市，代号为007，是深圳证交所的第七只股票，发行总额仅为2123万股，其中流通股不足1000万，是一只袖珍小盘股。说起这家公司的创业史，颇有几分传奇色彩，与其创办人蓝天辅密切相关。在1982年至1992年的10年间，他三起三落，最终抢得上市的“头啖汤”。

蓝天辅是广东惠州人，生于1945年，1968年毕业于华南理工大学无线电系。1981年，蓝天辅在佛山三水的西南无线电元件厂任副厂长，但他一心要调到深圳工作，结果自己摘下了副厂长的乌纱帽，调到了深圳电子工业公司任供销员。蓝天辅的市场嗅觉很灵敏，当时收录机与电视机是紧缺商品，他很快组织了一批投入市场，居然在半年内为公司赚了 23 万元的外汇券，供销部经理不由得对他另眼相看。当过无线电元件厂的副厂长，对办厂有着难以割舍的情怀。半年后，他壮着胆子提出办厂的请求。意想不到的是，主管经理爽快地答应了，但是也坦言："支持你办工厂，但办厂的经费要自己筹措。"这时，蓝天辅是既高兴又傻眼，心想："没有钱，怎么办工厂？"实在是借不到钱，只能抱着试试看的心情找到供销部经理，经过大半天的死磨烂缠，借到了 4 万元。

1983 年初，深圳市达声电子有限公司成立了，蓝天辅任经理。他请了一名工程师与一名会计，三个人租了一层厂房，安装了简易的生产线，为港商搞来料加工。两个月后，达声电子公司开始运作，业务是加工电子手表、钟控收音机与收录机的单板，还争取到组装电视机等较为赚钱的活。辛辛苦苦地干了一年，赚了 100 万元，还清了 4 万元借款，还上缴了 9 万元利润。第一桶金掘到了，他朝着成功的道路迈出了第一步。到 1984 年 6 月，达声电子与广东省经委的下属企业联合，成立了"东联电子有限公司"，达声占股 20%，他出任副总经理，主管生产、经营和销售。公司生产"东联牌"收录机，销路很好，到 1986 年赚了 460 多万元，还购置了新的厂房、宿舍和设备。企业做大了，内耗也开始了，一些合理的经营方法也被视为"路线斗争的新动向"。此时，蓝天辅决定"三十六计走为上"，离开了"东联"又回到了深圳市电子工业总公司。

1988 年，深圳电子工业总公司已经改为深圳赛格集团。蓝天辅找到董事长马福元，谈了恢复达声公司的想法，马福元当即表示："支持你出来重新恢复达声公司！达声拥有东联公司的 20% 股份，资产达 300 万元，由深圳赛格集团接管。赛格集团给你一层 2000 平方米的厂房，免租金 3 年。"1987 年 3 月，深圳达声电子公司恢复运作，蓝天辅从"东联"带来

2000 年 11 月，深圳各界庆祝经济特区建立二十周年。图为在深南路图书城天桥上高挂“20 年勇做‘试验田’，新世纪再当‘排头兵’”的大幅标语，背景为深圳证券交易所大楼（陈文 摄）

了 28 个骨干，开始了他人生的第三次创业。用了短短的 45 天时间，达声电子公司恢复了生产。1987 年，公司盈利 46 万元，1988 年利润变成了 200 万元，1989 年更是达到 300 万元。

1989 年年初，达声遇到一次千载难逢的发展机会，就是实行企业股份制改造。国务院体改委和市体改办的官员到达

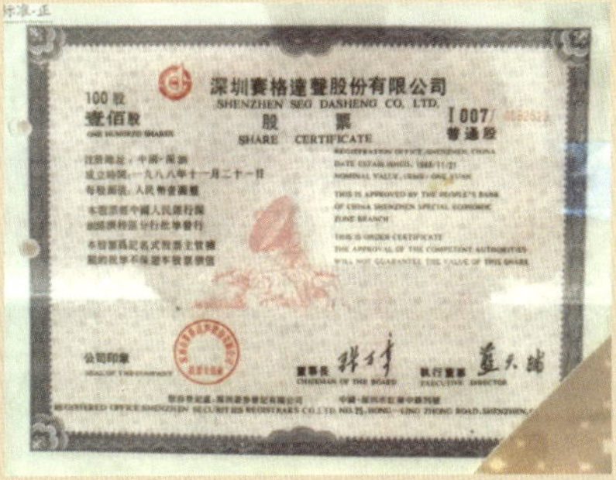

在深交所展示的 007 号股票，最初名称为赛格达声

声调研，宣讲股份化的美好前景，表示准备在深圳找四家企业做股份化试点。当时，蓝天辅不懂什么叫股份制，什么叫股票。但是一听说是先搞试点，他马上意识到是食“头啖汤”，当即表态说“愿做试点！”达声股份化改造的序幕就这样拉开了。公司的资产经评估为300万元，拿出30%即90万股作为职工股，其余为国有股占70%。这时，公司的员工对认购股票不理解，认为股票就是纸一张，弄不好是一张废纸，通过反复的宣传和鼓励，局面才有了改变。蓝天辅身为总经理带头购买几万股，还做了一项硬规定：“中层干部及主要骨干必须购买，还不能低于5000股，如果不买，就是对股份制改造不支持，就不能在达声电子公司做官。”用了半年时间，90万股职工股才认购完毕。

完成股份化改造后，企业出现了人人关心公司、敢于向领导提建议的好局面。1992年4月13日，达声股票在深交所上市，当天的收市价为27元，1元一股的原始股变成了27元一股，财富的神话变成了现实。买了原始股的员工一夜间成了拥有几十万或上百元万的富翁，个个笑逐颜开，人人都说“股票是个好东西”。达声电子公司也出现了从未有过的好局面，进入了快速发展的道路，在全国的主要城市建立了20多个分公司，直接销售自己的产品，销售额达到20余亿元，年利润由100万元增加到3000多万元，累计上缴的税收上亿元，固定资产从初期的100多万元猛增到10亿多元。

在赛格集团日后的股份制改造中，达声电子献出了将近75%股权和接近2.5亿元的资产与现金，1997年又将45%的股份资产注入赛格股份有限公司。伴随着数码技术发展，达声电子的主业——收录机与音响退出了历史的舞台。到2001年，它的东家——赛格集团又将其持有的达声的股份与资产，全部转让给一家民营企业。就这样，达声电子只留下了一个大名以及一个特殊的股票代码——007，而且在日后的更名游戏中彻底被抹去了痕迹。

“原子弹”成就深圳医械帮

如果评选深圳最令人惋惜的高科技企业，安科的得票率肯定会排在前列。一个曾经被卫生部部长称为试爆“原子弹”的企业，成功地和世界最前沿技术实现并跑，却飞快地沦落，甚至一度面临关门的绝境。更令人惊奇的是，这家并不成功的企业却孕育了深圳大名鼎鼎的“医械帮”：深圳一半以上的医疗器械企业的老总出自安科，这其中包括了目前的领军企业迈瑞以及理邦仪器、宝莱特等等上市公司。

早在 1985 年，中国科学院向深圳投资 5000 万元，成立了中国科健公司。这家日后曾以手机名噪一时的企业，第一个明星产品却是医疗器械，而且是世界最为先进的磁共振成像仪。1986 年，中科健和美国 Anaologic（安拿逻辑）公司合作，注册成立新公司，双方各持有 50% 股份。新公司各取双方企业头一个字，起名为安科。三年后，安科研发的 MRI（磁共振成像系统）通过了鉴定，可以上市销售，中国第一台磁共振成像系统正式问世。当时，全球仅有三个国家有此生产能力，而 MRI 面世也不过六年。

媒体的报道记录了这样一个细节：1988 年，安科 MRI 样机研发成功。因为没钱开模，样机的外壳是用木头做的。看到眼前的木头架子，时任卫生部部长的陈敏章哭笑不得：这个就是 MRI？他亲自上阵，做了一次实验。当看到一个尖角成像时，陈敏章笑了，MRI 成了。安科的老人还记得，安科 MRI 通过鉴定，陈敏章的贺电是：“磁共振成像系统的成功，如同在我国医学界成功爆炸了一颗原子弹。”这一产品在 1990 年获中国

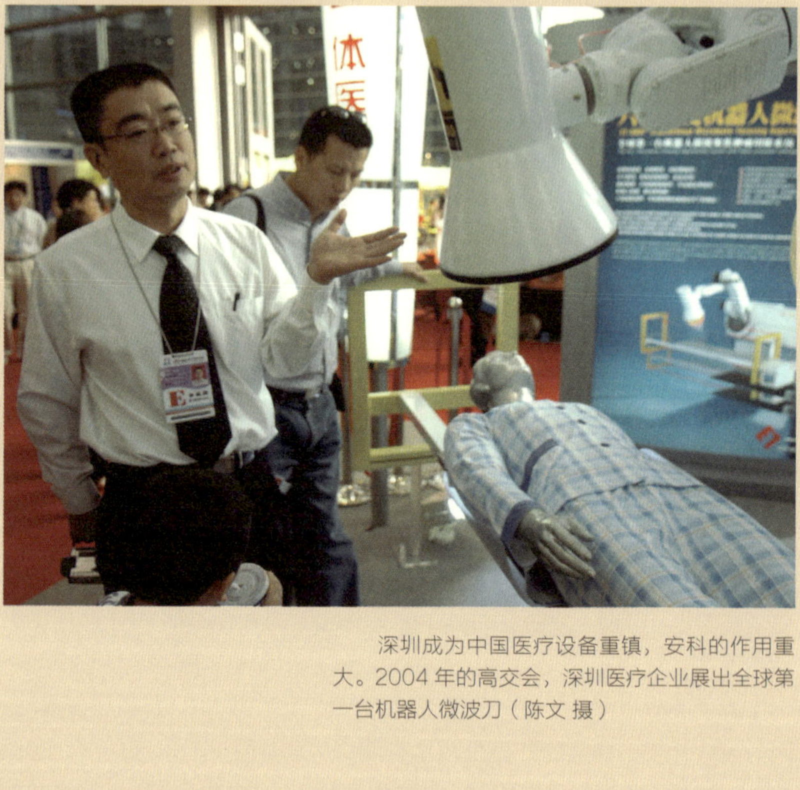

深圳成为中国医疗设备重镇，安科的作用重大。2004 年的高交会，深圳医疗企业展出全球第一台机器人微波刀（陈文 摄）

科学院科技进步一等奖，1992 年获国家科技进步二等奖。深圳安科也被评为深圳市及广东省的第一批高科技企业。

原子弹的比喻并不夸张。这一台磁共振成像设备不是用进口散件组装起来的，更不是用套件拼凑起来的，而是拥有自己知识产权的产品。其中的磁共振部分是中科院高能物理所研发的，软件系统同样也是自己研发的。磁共振成像设备是电子技术、高能技术应用于医疗设备的成果，被认为是 20 世纪的伟大发明之一。安科的崛起对西门子等国外电子医疗设备商产生了实实在在的冲击。用业内的话来说，深圳安科每推出一种新产品，国外厂商就宣布降价 1/3，磁共振成像仪更是从每台 150 万美元降到 50 万美元。

谈起安科的快速成长，不得不谈到政策门槛形成的路径依赖。当时，中国未加入“关贸总协定”，由于进口配额限制，国内很多医院购买 MRI 的需求无法实现，而安科恰好填补了这个缺口。媒体的报道就称，早在木头架子样机展出后，邢台矿务局总医院及河北医科大学第二附属医院等客户的定金就打到了安科的账上。一度，两家医院还为谁是首个客户而争执。1994 年，安科销售额达 2 亿元人民币，顺利实现了成立时的初衷。

还需要声明的，在 20 世纪的 90 年代，国务院有一个机构叫“机电委”，凡是进口机电设备都要得到它的批准。深圳安科是这一机构的成员之一，有很大的话语权，凡是要进口电子医疗设备，都必须得到安科的同意，不同意就不能进口。这一保护使得安科避开了外国同类产品的竞争，处于垄断地位，如同“皇帝女儿不愁嫁”，中国的医院要买磁共振成像仪，只能找安科。因此，安科的销售人员坐在办公室等客上门，年销售额稳稳地维持在亿元左右，且利润空间很大。

2001 年，中国正式加入 WTO，失去保护的安科受到了强烈的冲击。此后，安科的发展陷入迟滞甚至倒退的状态。2006 年底，淡出媒体视野

安科仍是中国重要的医疗设备生产商（照片来自公开报道）

很长时间的安科再度成为焦点，这次的新闻是欠薪被诉，公司处于人走楼空的境遇。分析败局，直接的诱因是大股东中科健抛售股份，大环境因素是失去政策保护，但在安科的老人们看来，安科的败因很大一部分是患上了“国企病”。

对于安科来说，顶着深圳医疗器械行业“黄埔军校”的赞誉，绝对不是桃李满天下的喜悦，而是一种无奈的苦涩。就拿 1991 年成立的迈瑞来说，创始人不是安科的办公室主任便是技术实验室主管，他们的离去时间正是安科的腾飞开始。分析医械帮的形成，中科院背景使得安科能够聚焦大量的人才资源，实现和国际先进技术并跑需要强大技术攻关能力的支撑。为什么会选择离去？在2011年的一篇报道里，一位从安科离职创业的人士分析说："在安科，每次总能做出很好的东西来，但在自己的土壤里不能长大。它只能育苗，不能使其长大。如果都围在安科这样一个圈子里，也许没有机会发挥他们的才能，出去也有好处。"

经历过2006年底的近乎"休克"，安科顽强地挺了过来。在最新的招聘问答里，时不时有应届毕业生问起安科，曾经的安科人的回答很有人情味：它现在不算是一家大企业，却是一家有着历史的正规企业。

2016年10月21日，《深圳特区报》上登出一篇文章，题目叫作《打破垄断，高端CT深圳造》。文章说，1998年深圳安科推出中国首台单排螺旋CT，随后推出移动CT，标志着国产CT首次实现产业化，这使得中国成为继美、日、德、荷之后的世界第五大CT整机生产国，并引发进口CT平均价格降幅约30%，服务价格降低近50%，一举扭转了国内只有极少数大型医院才能买得起、用得起CT机的窘境。

这篇有着广告色彩的文章还透露出安科的最新收获：2013年深圳安科成功推出临床应用型ANATOM 16多层螺旋CT，将独有的创新技术和10余年ANATOM系列CT产品的成功经验集于一身。截至2015年底，全世界只有包括深圳安科在内的几家公司拿到了16层CT注册证。

1986 年的深圳，**已经有九家计**
机生产企业，比如爱华、华明、
赛格、京深等等。产品有长城
列微机、紫金 386 型计算机、
果兼容机、工业控制机、单板机、
中华学习机、灵巧机、中文编
照排系统等。**这些产品与国际**
进水平有较大差距，但却不能
估其意义，**它们是深圳计算机**
业的开拓者。

第五章

PC时代

1982年12月26日出版的《时代》杂志，个人电脑被评选为年度风云人物。《时代》从1927年创刊以来，第一次选择了一个非人类对象作为杂志的风云人物。《时代》预言，“家庭电脑有朝一日会像电视和洗碗机一样普及。在20年后，将会有60%的美国人上网”。

美国《时代》杂志每年都会评选“年度风云人物”，宗旨是“选出对新闻和人们生活影响最为重大的人，不管是好是坏”。当选年度人物者，大多是政界人士，但是1982年的年度评选却是破天荒。这一年，《时代》杂志选择了一台机器——个人电脑。1983年1月3日，杂志封面标题为《年度机器：电脑进万家》，画面是一个纸质人体雕塑，坐在餐桌上的个人电脑旁。

这台机器是IBM于1981年8月12日推出的个人电脑IBM5150，而IBM的命名直接让PC成为主角。PC，就是Personal Computer（个人电脑）的缩写。在此之前，微型计算机已经在市场上销售，乔布斯的第一桶金就来自面向个人的计算机 Apple II。IBM PC 的出现，使得小型企业和消费者能够拥有与 20 世纪 60 年代大型机的处理能力相当的电脑，从而改变了整个世界。新的 IBM PC 不仅能够比以前的机器更快地处理信息，而且能够连接家里的电视机，玩游戏和处理文本。它使世界的运行方式发生了革命性变化。至此，PC 时代正式来临，未来派一直预测的“信息革命”正式到来。

PC 的出现，改变了深圳。对于深圳制造来说，能够脱颖而出有赖于及时地站在了信息革命的潮头。其实，深圳最早确定的工业支柱，正是电子信息产业。PC 时代的深圳制造，既有民族工业的砥砺前行，也有世界范围的转移大势，还有个人英雄的奋斗故事。

小平说：电脑要从娃娃抓起

1984年初，邓小平在深圳考察，留下著名的题词："深圳的发展和经验证明，我们建立经济特区的政策是正确的。"

在这次考察中，小平同志还有一句话被经常提起。这句名言是："电脑要从娃娃抓起。"当时，小平参观中国航空技术进出口公司的电脑公司，用这句话鼓励开发电脑软件的技术人员。此后在蛇口工业区，他听到一家电脑公司开发的软件打进了港澳市场时，心中非常高兴，又说：有一位美籍华人学者告诉我，美国搞电脑软件的人许多都是学生娃娃，中国有那么多学生娃娃，学校重视起来，完全有条件搞电脑软件。

个人计算机由硬件系统和软件系统组成，硬件是指计算机的物理设备如电源、主板、CPU、内存、硬盘等，这些在日后都成为深圳的拳头产品；软件系统是指为方便使用计算机而设计的程序，包括系统软件和应用软件，成熟的应用也使得深圳得以走在全国前列。介绍PC时代的到来，《时代》杂志的《电脑进万家》文章如此写道："鲜红的广告文字以嘲讽的口吻提问：谁能告诉我个人电脑能做什么？广告给出了不止一个答案，而是100个。广告称，个人电脑能够以光速发送信件，诊断患病的狮子狗，在几分钟内定制保险计划，检测啤酒的配方，并给出了大量证据。图森的Michael Lamb证明了个人电脑如何在手术过程中监视麻醉情况；摇滚乐队Earth,Wind and Fire使用个人电脑在演唱会上燃放烟幕弹；加利福尼亚桑尼维尔的Rev.Ron Jaenisch为机器编写了程序，使其能够朗读整个婚礼仪式上的祝词。"

100 个答案，其实正是 100 种软件。迎接 PC 时代，深圳的软件走在了硬件的前面。受到小平赞扬的电脑公司叫华达，总经理邓爱国是深圳软件业的主要奠基人与开拓者之一。邓爱国 1937 年出生于湖南，1962 年毕业于武汉大学数学系，分配到国防科委十五所工作，是我国最早从事电脑软件的工程师，在导弹研发和卫星上天的过程中承担了实时控制软件开发的任务。1972 年，他调到国防科委第十研究院，任信息系统研究所的副所长。20 世纪 80 年代初，信息系统研究所决定到深圳来开办软件企业，在蛇口创办华达电脑公司，邓爱国任电脑部经理。他用 8 个月时间就开发成功了“华达中文系统”，开始销往新加坡和我国的香港、台湾等地，其中销往台湾的一个软件就卖了 3 万美元。此后 4 年间，华达电脑部的软件创造了 800 万元人民币的效益，“华达中文系统”被评为深圳市科技成果一等奖，电子工业部领导亲自批给华达公司 200 台 PC 机的进口批文。后来，华达电脑部改名为深圳华达电脑软件公司，成为深圳软件行业的骨干企业，也是深圳市第一批高科技企业。

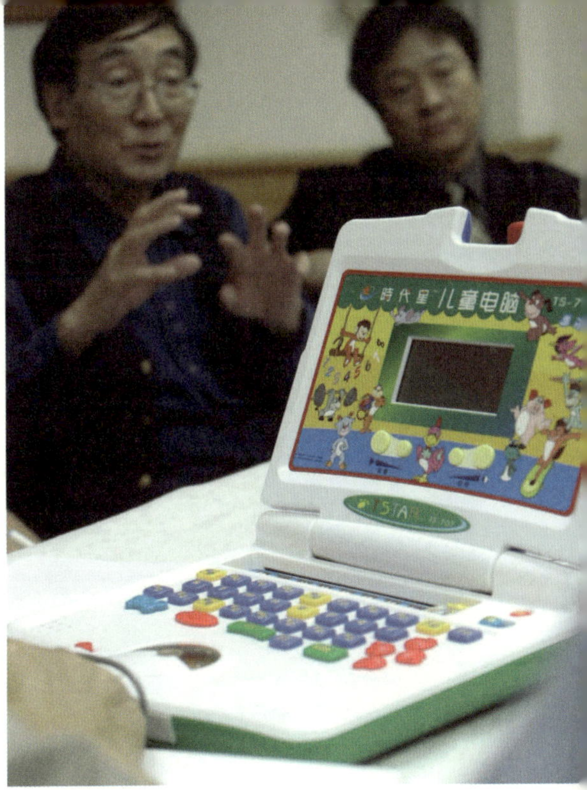

电脑要从娃娃抓起，键盘式儿童电脑在深圳问世。2003 年，深圳企业在“六一”国际儿童节前，共同推出首台键盘式儿童电脑（史利 摄）

刚开业时的深圳证券交易所交易大厅（刘廷芳 摄）

开发软件取得成效的，还有深圳大学。1984 年 11 月，深圳大学中文系主任乐黛云教授提议用软件检索古典文学《红楼梦》《全唐诗》，中文系电脑中心的师生建立了一套检索系统。这是国内外首个全中文的专题电脑检索系统，1986 年在新加坡国际中文计算机会议和 1987 年西德第一届国际中文电脑研讨会上引起轰动，多所大学和多位学者购买了该系统的使用权。这是完全由中国开发并首次销往欧美国家的电脑软件，德国专家称之是“最聪明的人开发出最聪明的系统”。

1988 年，深圳大学成功地开发了管理信息系统。这一软件系统有自行汉化的全套网络软件和 14 个分系统的应用软件，覆盖了行政、党务、教务、财务、科研、图书馆等几乎所有部门和机构，并实现了局域网、程控交换机及远程终端的校内外联网，管理全面实现了网络化与办公无纸化。这被认为是全国高校中第一个全面使用计算机、实用化的校园网络系统，后来被移植到 20 多所大学中。遗憾的是，这些成就都没有写入《中国互联网大事记》。同样在 1988 年，深圳大学的通信技术研究所开发了两个重要软件，一是大容量、多功能无线寻呼中心电脑控制系统，二是 LAKE2-10 数字程控交换机，均创下了“国内第一”。遗憾的是，这两项成果停留在科研阶段，都没有形成产业规模，也没有形成大批量的商品，但这两项成果却为深圳的实业家带来了难得的启发。且不说程控交换机对华为中兴的启示，就以日后的酷派手机创始人郭德英来说，他曾直接参与了深圳大学寻呼系统的开发，后来创办了国家重点软件企业宇龙公司，从传统的寻呼设备供应商过渡到信息系统的客户解决方案供应商，在移动信息终端等领域拥有了自主的技术能力。

深圳的科技巨头，都是软件巨人。比如华为、腾讯，他们其实都是软件企业。分析深圳高科技产业的兴起，发达的电子信息业无疑是呈现百花齐放的沃土。比如数码产品，比如通信制造，比如医疗器械，这些领域的成功都有赖信息技术的支撑。2012 年，国家工信部认定深圳为“中国软件名城”，深圳软件行业由此进入一个发展快车道。2013 年，深圳软件收入 3201 亿元；2014 年增长到 3783 亿元；2015 年再次跃升至 4503 亿元；2016 年则突破至 5197 亿元。深圳软件业以两位数的幅度连续实现千亿级的增长，致力于信息产业化、产业智能化、城市智慧化，深圳软件无疑是提升产业体系整体竞争力的强大助力。

说起软件的渗透力，这里不妨说一说炒股的故事。深圳的软件企业，贡献了最基础的交易系统。

首先要说的是深圳黎明电脑网络公司，这是中国电脑网络的先驱，其前身又可追溯到深圳最早的电子厂——宝安无线电厂。黎明电脑的领军人物名叫邓一辉，祖籍宝安，出生于上海。1987 年，邓一辉调到深圳黎明电子工业公司的下属公司工作，任技术和销售的负责人，继续从事电脑的研究工作。他发现单独的一台电脑作用有限，如同孤零零的一棵树苗，成不了气候，若形成一个网络就能产生群体效应。他为此牵头在国内组织了 30 多次网络技术研讨会，把国外的网络知识首次引进中国，进行增值开发，并在深圳、上海、南京、合肥等地安装了上百套网络系统，推进了网络技术在中国的应用。1990 年 4 月，他离开了黎明电子，在深南大道边的“统建楼”租了三间办公室，用 5000 元买下别人用过的破旧办公桌椅，聘用了五个年轻人，组建了深圳市黎明电脑网络公司，开始了电脑网络的研究与建设。邓一辉在开发过程中引进了一种名叫 Novell 的美国电脑软件，这是世界上第一个支持多种电脑平台的分布式处理软件。很快，邓一辉率先在国内研制成功了“黎明网络汉字共享操作系统”，解决了远程网络汉字高速输送的问题，也实现了小型电脑作为网络服务的网络规模扩充问题。1990 年，新中国第一家证券交易所——上海证券交易所即将开业，国务院要求上交所要尽可能采用国际惯例，买卖成交不用手工操作，而是实行电脑自动撮合、信息即时传输，就是远在天涯海角的客户，也与在上海一样能即时成交。上交所求助一些世界著名的电脑公司，然而得到的答复是：“内地目前要在短期内运用电脑系统来运用证券交易是不可能的，香港证券业发展到今天，也只是电脑显示行情，其交易仍是人工操作。”经过一番周折，上海证券交易所找到了深圳的邓一辉，双方签订了 70 天内完成电脑自动撮合系统的合同。1990 年 12 月 19 日，上海证交所开业。只听见开市钟声敲响，上千股民开始买进卖出，电脑键盘的敲击声与实时成交纪录的打印声响成一片，自动撮合系统的操作顺利，标志着即时成交获得了成功。这是具有历史意义的一天，

深圳成为电脑重镇。1999 年 3 月 10 日，美国微软公司总裁比尔・盖茨在深圳公布与中国合作的维纳斯计划，利用家用电视上网前景广阔

标志着中国证券交易摆脱了手工操作，进入了电脑自动撮合的新时代。这一网络技术的成功使得邓一辉声名鹊起，他被誉为“电脑奇人”“证券交易网络系统的总设计”“中国电脑网络系统集成的开创者”。此后，深圳证券交易所同样采用了黎明的电脑网络系统。

其次，还得说一说老股民最为熟悉的“证券电话委托系统”。这个系统的开发者是深圳“新欣软件产业有限公司”。新欣软件的创办者是成都电子科技大学李智渊教授等一批技术人员，先后开发了香港科技博物馆和香港空间博物馆的 50 多个多媒体展示项目。后来承接台湾台中市博物馆的多媒体项目时，台湾《资讯新闻》曾在头版头条以特大号字体的通栏标题惊呼“大陆偷袭台湾”，称“台中博物馆多媒体标案，被深圳新欣软体公司借代理商辗转标得，震惊了岛内各界”，“大陆软体业已跨过海峡直接到岛内来承包软体相关生意，而且无论在经验、技术、价格方面均极具竞争力，对岛内现有软体业的生存将构成相当程度的威胁”。证券市场兴起之后，新欣软件把软件、数据库、计算机网络、多媒体等多种技术有机地结合起来，开发出了证券业有名的“证券电话委托系统”，在此基础上逐步发展起来一整套覆盖全国的证券交易系统，还通过卫星和多种通信网络实现了全国的大联网，即使边远地区的股民，进行证券交易时的感觉也和在深圳完全一个样，从而大大推进了我国证券业的现代化，也为新欣软件创造了巨大的经济和社会效益。公司只有 100 多人，通过搞纯软件的“实业”，新欣软件达到了年获利数千万元的佳绩，在承接的国外项目上还开创了每人每日收入 250 美元的纪录。新欣软件公司还在蛇口自建了一座“新欣软件大厦”。但遗憾的是，由于体制方面的原因，以及由于缺少严格的监督和制约机制，公司的盈利虽然丰厚，但公司的主要负责人却卷款潜逃国外，至今无影无踪。新欣软件公司也在风光了七年多之后停业，从此一蹶不振。

空降的“国家队”举起产业大旗

2010 年是深圳经济特区成立 30 周年。评选深圳最重要的工业产品，个人电脑处在第一位。这一年，深圳的微型计算机产量达到了 3000 万台之巨，是名副其实的世界电脑制造工厂。即使是手机等移动终端的涌现，预示着 PC 时代进入后半程，个人电脑依然是深圳工业的第一产品。2016 年的统计公报上，深圳当年生产了 2956.76 万台微型计算机，同比下降了 8.6 个百分点。

成为世界电脑制造工厂，深圳离不开四条台柱。排名第一的是长城

2002 年 12 月，IBM 与长城计算机集团的合资企业长城国际表示，得益于深圳良好的投资环境和海关高效监管模式，公司已成为 IBM 全球重要的战略性生产基地

计算机，空降的国家队是主心骨；排名第二的是联想，全球最大的个人电脑生产商和深圳结缘将近 30 年；排名第三的是 IBM，定义 PC 的世界巨头虽然告别了制造环节，但它在深圳的投资却是举足轻重；排名第四的则是以富士康为代表的台资企业，形成了强大的产业配套能力。

1986 年的深圳，已经有九家计算机生产企业，比如爱华、华明、赛格、京深等等。产品有长城系列微机、紫金 386 型计算机、苹果兼容机、工业控制机、单板机、中华学习机、灵巧机、中文编辑照排系统等。这些产品与国际先进水平有较大差距，但却不能低估其意义，它们是深圳计算机工业的开拓者，是值得敬重的先驱。

正在这一时间，深圳迎来了计算机行业的国家队——中国长城（深圳）计算机公司。长城计算机是体制改革的产物。1985 年，我国的经济体制实行大改革，国务院的经济管理部门实行政企分离，部属企业转向市场，率先启动的正是电子工业部。中国长城（深圳）计算机公司原属于“中国计算机技术服务公司”，是电子工业部的直属企业。早在 1983 年，电子工业部计算机局就开发出了长城 0520-B 型机和 A 型机，形成了年产一万台的生产能力。到 1984 年的下半年，全国对计算机还没有形成强烈的需求，长城的微机陷入了“产销脱节、产品积压”的困境，科研、开发与生产之间有很多问题无法解决。这时在电子工业部计算机局担任领导工作的王之，组织起了一个攻关小分队，从计算机局的科研经费中拨款 30 万元，在北京一个招待所的几间房子里开始了攻关工作。1985 年 6 月，中国第一台高级中文微型计算机长城 0520-CH 在北京诞生，这台微机解决了显示汉字问题，其处理水平的性能达到了 IBM 的国际名牌的水准。1987 年初，王之带领 108 人，号称 108 将，南下深圳发展，建立外向型的研发生产基地。这年 5 月 20 日，中国计算机（深圳）公司在深圳正式成立。不到一年的时间，该公司的年生产能力达到相当高的水准，主机年产 3 万—5 万台，显示器年产 10 万台，机箱构件年产 15 万套。到

1987 年 5 月，长城的 286 微机的年产量 2 万台，到 1990 年，长城一度占据了中国国产计算机市场 35% 的市场份额。

中国计算机（深圳）公司的成立是深圳电子工业发展史上的重大事件，深圳有了一支“国字号”的计算机生产主力军。在此后的 30 年里，随着中国计算机公司改名为长城，这支国家队也在深圳打造了赫赫有名的“长城系”，创建了多家以“长城”开头的计算机企业，长城电脑、长城科技等等都是“国家队”旗下“子弟兵”，而且液晶显示器、智能电表、开关电源等多项产品在全球名列前茅。

在联想之前，中国最知名的国产电脑品牌叫“金长城”，正是中国民族计算机产业的开创者。也正是由于长城落户深圳，包括 IBM、微软、英特尔等国际巨头纷纷联手进驻，让深圳的计算机产业成功融入世界产业链，从而占据举足轻重的位置。

进入新千年，中国加入了关贸总协定，关税壁垒基本消除，国外在技术与性能方面占优势的计算机大举进入中国，国产计算机的价格直线下滑，从 3 万元左右降到了万元以下，利润大幅下滑。以计算机发家的深圳长城科技股份公司，及时地提出走“微笑曲线”的道路，要“立足中间，拓展两端”。

“立足中间”是指立足于计算机整机，这是长城科技的基业，不能放弃。“两端”指的是计算机的上端与下端，上端是计算机的关键性零部件，如硬盘、磁头与显示器。这是长城科技的优势产业，已经拥有雄厚的实力与经验，可以与国际强手一决高下。下端是计算机的应用产品，如节能电表、税控产品和其他电子产品，也有了很强的实力。长城科技旗下的深圳开发磁记录股份有限公司是中国唯一的电脑硬盘盘基片的制造商，产品包括铝基片、浸镍抛光盘基片、玻璃盘基片和刻花盘基片，其客户均为世界著名的硬盘盘片生产企业。公司与日本东洋钢板株式会社、日本丸红株式会社联合，共同设立深圳东红开发磁盘有限公司，生产的玻

2004 年 12 月，IBM 公司和中国长城计算机集团共同出资，组建长城国际系统科技有限公司，投资比例分别为 80% 和 20%，新建成的公司总部设在深圳，将专注于服务器产品的制造（张宇 摄）

璃盘基片，在计算机硬盘、移动存储、家电与数码产品中有广泛的应用，经营规模不断扩大，最大月产出达到 950 万片，在国际市场上占有 1/3 的份额。

长城科技旗下的“长城开发科技”，成立于 1985 年，前身就是“开发科技（蛇口）有限公司”。公司自主研发的自动化生产设备，使 90% 的磁头产品实现了自动化或半自动化生产，处于国际同行领先水平。到 2009 年，公司的主导产品硬盘磁头占全球市场份额的 10% 以上，是世界第二大磁头专业制造商。

在下端，长城科技许多产品不仅雄居国内第一，在国际上也有重要地位，如长城的电源居国内第一，智能电表居全球第一。不要小看这些零部件产品，比如电源，看起来很普通，但却是电脑整机的动力之源。长城的智能网络电表在意大利国家电力公司的竞标中，全部中标，产品占到意大利市场的35%。长城科技是中国电表行业标准的制定者之一，自主研制的远程控制电表和防窃电表达到国际领先水平，是中国最大的远程控制电表研发制造商。

在2002年，中国电脑液晶显示业崛起了一颗新星，就是冠捷科技公司。冠捷科技成立于1976年，是一家在香港上市的台资公司。2004年，冠捷科技的电脑液晶显示器销量跃居全球第一，大陆地区市场上每10台显示器中有4.5台出自于冠捷，连续多年居中国市场第一的宝座。到2007年，冠捷的电脑显示器的年产量达到1000万台，占了全球市场的30%以上。到这一年，其净资产达到了37亿美元，其纯利达到了5000万美元。长城科技很关注这家蒸蒸日上的企业，发现它在香港的股价偏低，是收购的大好时机，于是在2009年，收购了冠捷的57045万股，占了股权的27%，成为其第一大股东。冠捷科技的董事会成员有13人，其中7人为长城电脑系统的高级管理人员，拥有了半数以上表决权，形成了对冠捷科技的实质性控制。通过收购冠捷，中国电子和长城科技获益良多，不仅获得了一个近3000人的科研团队，而且实现了产业链的纵向延伸，确保电脑的上端产品——液晶显示器有效供给，同时还能确保应用产品的配套成龙，形成一条完整的产业线，深圳长城科技的实力因此而大增。

黄金时代迎来IBM产能转移

谈起深圳的高新技术产业发展，20世纪90年代被视为起步期。在1990年至1995年，深圳高新技术产业崭露头角，支柱产业逐步形成。1995年深圳工业总产值达900亿元，其中高新技术产品产值达226亿元。从1995年起，深圳高新技术产业成为第一增长点。至2000年，工业总产值达2586亿元，其中高新技术产品产值达1065亿元。这当中，个人电脑无疑是支柱产业中的重要行业。1995年的统计数据显示，在所有电子产品中，增长最快的微型计算机，产量达19.17万台，比上一年增长了2.7倍。

个人电脑的兴起首先是国内需求进入黄金时代。1993年，中国开启信息化工程，也就是大家所说的“金卡工程”“金关工程”“金桥工程”与“金税工程”。信息化工程的第一项是电子货币工程，也称“金卡工程”，是在全国加速开展金融电子化建设，建成现代化的实用电子货币系统，推行电子货币必须使用电子计算机。信息化工程的第二项大工程是“金桥工程”，是国家公用经济信息网工程，建设密密麻麻的信息化基础设施，覆盖整个中华大地。第三项工程就是海关的“金关工程”，是海关报关业务的电子化工程。第四项工程是“金税工程”，是全国税务系统的大工程。境外的电子信息商在中国看到了极大的商机，无一不是怦然心动：美国的微机厂家要抢占中国的市场先机；率先进入产业链的中国台湾商人要渡过台湾海峡；精明的日本商人提出令人鼓舞的报告，说有10多亿人口的大国实施信息化工程，每年需要1000万台电脑及1000万台打印机，还有难以计数的电脑软件，每年的营业额在上百亿美元。这一项大工程至少要10年才能完成，这就意味着中国需要数亿台电脑与数亿台打印机，营业额达1000亿美元。这是世界上仅次于美国的大市场，百年一遇，前景十分诱人。

面对庞大的中国市场，深陷困境的IBM看到了希望。IBM是世界电脑产业的领袖，1984年的营业额就高达260亿美元，但是到了1990年以后，这家老牌企业出现了连续多年的大亏损，其中1993年的亏损高达50亿美元，创下当时美国企业史上第二高的亏损纪录，而且微型机更被挤出国际前三名。1993年4月，IBM公司的新任董事长郭仕纳受命于危难之中，做出了一项令人惊叹的改革，停止IBM在美国所有的电脑生产线，不再在美国生产被称为“时代骄子”的电脑，而是将所有电脑生产厂迁到美国之外地区，IBM一下子成为美国不生产电脑的电脑公司，转而生产更为核心、更为复杂、利润更大的产品——软件。中国是世界最大的电脑新兴市场，对IBM有着极大的吸引力，深圳是中国的电脑生产基地，IBM就将投资的重心选择在深圳。

自1993年开始，IBM在深圳投资超过5亿美元，建立了五家独资、

1999年11月，美国IBM与深圳黎明网络在深圳五洲宾馆签约，双方将为证券交易行业和商务信息网服务（陈文 摄）

合资企业与两个中心。两个中心一是中国采购中心，二是全球服务中心，五家投资企业中的每一家都是深圳高新技术企业，是深圳电脑业的中坚力量。

IBM 在深圳的首家合资企业是万国软件开发（深圳）公司，由 IBM 与深圳大学、香港东亚银行合资经营，首期投资 200 万美元。这是深圳最早的中外合资的软件公司，它为内地、香港和其他地区的客户开发软件。IBM 的汉化部门参与了万国软件开发（深圳）公司的工作，使得英文的操作系统转化为中文操作系统，使中国用户从中受益。深圳万国软件开发（深圳）公司是当时国内优秀的餐饮信息化解决方案领导供应商和服务商，全国有 30000 余家客户使用其软件。

IBM 投资深圳的第二家企业是长城国际信息产品（深圳）公司。这是 IBM 和中国长城计算机集团公司的合资企业，投资为 1000 万美元，IBM 的投资占 80%，成立于 1994 年 2 月。这家企业的投产被认为是中国计算机界的一起大事件，在国际上也是一起令人注目的大事件，被誉为国内与国外两大电脑巨擘的联手，受到多方面的关注。IBM 公司在深圳建立生产基地，使 IBM 能通过深圳迅速进入中国市场，同时使中国用户得到世界一流水准的微机与服务，还可以利用深圳的资源，降低生产成本，减少用户的实际支出。对深圳中国长城集团来说，通过合资能获得 IBM 的技术与帮助，带动中国计算机工业水平的提升，改善生产制造与销售经营的水准。长城国际信息产品（深圳）公司还有一个重要产品，就是中国长城计算机公司的王牌——“金长城”电脑系列，与 IBM 微机放在同一个车间里生产，同样由 IBM 管理专家进行严格的生产质量监督。通过与 IBM 的合作，“金长城”系列微机的品质逐步地向世界水准提升。到 1999 年底，IBM 大幅追加投资，扩大生产规模，深圳成为 IBM 全球重要的个人电脑生产中心。

IBM 投资深圳的第三家合资企业是深圳长科国际电子有限公司，成

IBM 位于福田保税区的生产基地

立于 1995 年 9 月，是 IBM 与中国长城计算机深圳公司、深圳开发科技股份有限公司共同建立的合资企业，总投资 2200 万美元，每年生产数百万张电子板卡，销往欧美和日本、新加坡等地，拥有诺基亚、理光、美能达、富士施乐和 IBM 等国际客户。至 2001 年，销售额连年增加，比成立之初增长了 900%。

IBM 投资深圳的第四家企业是深圳海量存储产品有限公司，是与中国长城计算机深圳公司和深圳开发科技股份有限公司共同建立的合资公司，成立于 1997 年，总投资为 4250 万美元，IBM 占 80% 的股份，长城集团及深圳开发科技各占 10%。公司生产硬盘驱动器中的关键部件——磁阻磁头，年产量可达 3600 万个，产品主要供应 IBM 全球的硬盘机装配厂。2003 年，IBM 转让硬盘业务，海量存储的股份转让于日立环球存储科技公司。

IBM 投资深圳的第五家企业是深圳国际商业机器技术产品有限公司，不过这家不是合资企业，而是独资企业，它成立于 1999 年 10 月。公司位于深圳福田保税区，投资为2000万美元，生产的也是磁阻磁头。

IBM在深圳建立的第六家企业是“中国采购中心”，负责在中国采购电脑配件，以降低生产成本，同时推动中国电脑业的发展。1996年9月，这个采购中心在广州举办IBM有史以来最大规模的国际采购招商会，共有260多家中外知名厂商参加。IBM的国际采购业务在中国获得了极大的发展，1998年的在华采购额达10亿美元，2001年达32亿美元。

IBM在深圳成立的第七家企业是“中国全球服务执行中心”。这是IBM全球第二大服务执行中心，业务规模仅次于印度。这个服务执行中心为IBM的全球客户提供战略性外包服务，包括应用软件开发及管理服务。在1999年，这个服务中心参与广东省南海区信息化城市的建设项目，还积极帮助康佳、TCL等企业集团走上信息化管理之路。IBM在全球有六七十个事业部客户，深圳的华为技术公司是IBM在中国的第一家事业部客户。

IBM是深圳电脑业的最重要的外国投资者，它带来了美国的先进技术与产品，带来了先进的管理理念与经验，对提升深圳的电脑档次与质量起着重大的作用。深圳能成为世界主要的电脑以及关键件的制造基地，IBM的产业转移作用巨大。

和IBM同时落户的，还有美国电脑界的后起之秀康柏电脑公司。康柏电脑的崛起对中国年轻的创业者很有启迪。这家公司成立于1982年，是美国德州仪器公司的三位年轻的工程师组建的，成立时资本只有1000美元。1983年是公司成立的第二年，康柏就推出第一台便携式个人电脑，一年就卖出了53000台，每台的价格只有3950美元，低廉的价格令美国电脑界大吃一惊，美国的电脑大佬再也不敢小觑。到了1987年，康柏奠定了其在个人电脑界的地位，1994年的销售额达到了109亿美元，一跃成为全球最大的个人电脑供应商。康柏电脑公司的发展史堪称世界电脑工业史上最精彩的篇章。1994年6月，美国的康柏电脑技术有限公司与我国的四通集团合资，在华侨城东部工业区投资 520 万美元，成立康柏电脑技术（中国）有限公司，生产三个系列的康柏牌微机和电源，其中微机年产能力 50 万台。

跨海而来的还有台资。且不说富士康一直是苹果电脑的代工者，早在 1988 年就已落户深圳。1994 年 6 月，台湾唯冠科技有限公司投资 1500 万美元，在沙头角保税区成立独资的唯冠科技（深圳）有限公司，年产 500 万台彩色显示器。1994 年 8 月，台湾的另一家电脑公司在深圳成立了才众电脑（深圳）有限公司，生产电脑主机及部件等，月产能电脑主机 8 万余套。台资成为深圳计算机产业的一支重要力量。有了电脑，还必须有配套的打印机，美国的施乐科技公司看中了这一机会，于 1995 年 6 月在深圳的宝安区投资 3800 万美元，成立了富士施乐公司，生产复印机和激光打印机。

2003 年，IBM 为加快产业转移，将电脑硬盘生产业务转给了日本的日立环球公司，日立环球接受后合并成立日立环球储存公司，并转移到深圳成立日立环球储存（深圳）公司。在日立环球公司眼中，中国是一个增长非常迅速的电脑大市场，每年售出 1029 万台个人电脑，以后每年以 9.5% 的速度递增，电脑的购买者主要来自市民、政府、学校和企业。这对硬盘制造商来说是一大喜讯，1029 万台个人电脑必须配备 1029 万块硬盘。到 2003 年，日立环球公司在深圳的员工多达 4500 人，生产多种规格的硬盘存储设备，年产量达到 100 万块。

联想和深圳结缘 28 年

联想总裁杨元庆 2017 年末在深圳演讲（钟华登 摄）

2017 年 2 月，联想在深圳前海的深圳总部正式开工。按照媒体报道，这一项目用地面积近 3 万平方米，总建筑面积超过 20 万平方米，投资超过 90 亿元，计划在 2020 年建成。届时，联想华南营销总部、研发中心、笔记本电脑和服务器生产基地等多个重要业务部门以及 4000 名联想员工，均会在里面办公。根据 2010 年联想和深圳市政府签署的战略合作协议，联想在深圳设立国际总部。2017 年 4 月的联想集团创新科技大会深圳峰会上，联想集团董事长兼 CEO 杨元庆说，联想和深圳结缘 28 年。2016 年，联想在深圳的产值实现 406 亿元人民币。

1984 年，在中国科学院计算机研究所工作的柳传志与 10 名科技人员，认识到了个人电脑必将改变人们的工作和生活，有着无可比拟的发展前景，于是怀揣 20 万元人民币的启动资金，在北京租了一间传达室，创办了一家电脑公司。这家电脑公司后来命名为“联想”。联想的英文为 legend，意思为传奇。联想发明了一种将英文识别系统转化为中文的工具，名为联想汉卡，电脑只要装上联想汉卡就能实现汉字化，让以汉字为母语的中国人运用自如。

联想的早期发展和深圳有着许多故事。比如深圳中航电脑，在早期就向柳传志所在的单位赠送过电脑。而在创立初期，柳传志在深圳的感受也是滋味复杂，广为流传的故事有这么两件：第一件发生在 1987 年春，柳传志从国家体委拿到一笔 12 台电脑的代理订单，从深圳购买了 12 台 IBM 电脑。为了讨回被深圳中介方扣押的利润，他来到深圳，住进红岭北路每夜只收 8 元钱的招待所，和几个陌生人挤在一间房里。12 台电脑的利润不大，他还是用真情打动了对方，讨回了属于自己的钱。第二件发生在 1987 年夏，柳传志第二次来到深圳，同样和钱有关。当时联想汉卡已经开发成功，如果直接从国外进口微机，再插上联想汉卡销售，能赚更多的钱，柳传志就联系了深圳的一个客户，从国外进口微机。他从中科院借了 300 万元，钱打到了深圳，但是这家客户的电话却打不通了，柳传志连夜坐飞机赶到广州，再坐火车到了深圳。到深圳时已经是半夜，旅馆又找不到了，就直接守候在客户的门口。一守就是几天，那个客户终于现身了，见柳传志红着眼一副拼命的样子，就说：“不就是挪用了几天吗，你不也是国有企业吗，用得着这么急吗？”直到对方把微机发往北京，北京方面收到了货，柳传志才离开深圳。

杨元庆所说的结缘，是指 1989 年 9 月，联想在深圳八卦岭成立深圳公司，引进年产 100 万块电脑主机板的生产线。这时的联想有三个生产基地，一个在深圳，另外两个在香港和北京，香港和深圳生产电脑主机板，北京则生产汉卡。到 1994 年 2 月，香港联想公司成功招股上市，市值一下子达到 8.28 亿港元，在这一年的中国电子百强企业排名榜上，联想的年销售额达到了 30 亿元。

1993 年，全球最大的芯片制造商英特尔推出了第五代处理器，命名为 Pentium。Pentium 的中文译名叫“奔腾”，这是电脑史上最为精彩与传神的翻译。进军中国市场，英特尔选择了联想。在 20 世纪 90 年代，微机的价格很高，价格约是 3 万元人民币，这对收入微薄的中国人来说是可望而不可即的障碍。联想与英特尔合作，于 1996 年发动了一场“万元奔腾之战”，将微机价格降到了万元以下，这是中国微机产业的市场革命，微机开始飞入中国寻常百姓家。到 1997 年，联想在深圳福田保税区建立了联想深圳公司，生产高端笔记本电脑与台式电脑。

以收购 IBM 全球微机业务为标志，联想开启国际化之路，并最终成为个人微机最大的生产者。这场收购，也让联想和深圳有了更紧密的关系。IBM 在深圳的个人电脑业务，成为联想冲刺全球第一的重要助力。

2005 年 5 月 1 日，联想正式宣布完成收购 IBM 全球微机业务。根据收购条款，联想支付 IBM 12.5 亿美元，其中 6.5 亿美元是现金，其余的 6 亿美元是联想的股票。对于这项收购，社会各界意见不一。有人认为：IBM 之所以要卖掉微机业务，就是要卸掉包袱。早在 1993 年，IBM 为减小巨额亏损，将美国本土的微机制造业全部转移到美国以外地区，成为在美国不生产电脑的电脑公司，现在又要卖掉微机业务，就是要将一个利润增长无望而又消耗巨大资源的包袱转给联想。如是一只生金蛋的母鸡，IBM 怎么会卖掉呢？联想的创始人柳传志当时如此说：对于国际市场，我们还是一个门外汉，但毋庸置疑，联想必须寻找活路。如果不走出去的话，我们的营业额、利润就将很难增长，投资人也不会满意，所以无论如何，一定要往外走。2003 年，我们与 IBM 洽谈并购，如果以双方的销售业绩合并计算的话，意味着联想的微机年出货量将达到 1190 万台，销售额将达到 120 亿美元，从而使联想的微机业务规模增长四倍，有望成为世界第三大厂商。

完成收购后，联想获得了 IBM 的微机品牌和全球销售网络，还收获了 IBM 的一块重要资产——位于深圳福田保税区的工厂。在联想的介绍里，这里是联想个人电脑全球最大的生产基地——ThinkPad 电脑的工厂，也是联想全球最大的 X86 服务器生产基地。

华强北走出的深圳本土电脑

PC时代的深圳，还不能忽视草根力量，当中的代表便是华强北。在相当长的一段时间里，华强北组装电脑、国产品牌电脑和国外电脑三分天下，不仅个人使用组装电脑，一些企业也使用组装电脑，全国的网吧更是从华强北大批量购进组装电脑。

这或许只是巧合，但也印证了深圳在个人电脑产业链的强大实力。两个从华强北起步的创业者，写下了深圳本土电脑的精彩成长故事。

第一位叫吴海军，1967年生于江苏南通。1989年，他是江苏东南大学的一名研究生，写毕业论文的时候来到深圳，在一家公司搞软件开发，地点就在深圳的华强北电子市场。深圳电子市场给了他创业的冲动与灵感，写完论文后就在赛格电子配套市场买了五台组装的电脑，回到家乡办起了电脑培训班和一家电脑公司。为给家乡的电脑组织配件，他又来到了熙熙攘攘的深圳电子市场，租了一个柜台做电脑配件生意。他惊叹其中的巨大商机，意识到只要抓住其中一个，就有他的一席之地。

到1994年，电脑开始进入寻常百姓家，江苏的电脑配件供不应求。当时，中国的电脑配件大多从香港进口，而华强北又是电脑配件的集散地，吴海军便买下一批硬盘，准备在1995年的春节销售。谁曾想行情比想象得还要火爆，电脑配件的价格扶摇直上，一块100多元的硬盘在那个春节猛涨了300元。在1995年，他凑了25万元，在深圳办起了他的第一家电脑公司，也就是深圳新天下电脑公司。年终盘点发现一年获利达600万元。到了2001年8月，他成立了深圳神舟电脑股份公司。

在媒体报道里，吴海军常说：“我是一个来自农村的孩子，我很明白在中国的中西部还有许多人连温饱问题都没有解决，许多年轻人渴望得到一台电脑，掌握先进的电脑科技并通过电脑了解外面的世界，但电脑一定要让他们买得起。”他还认为，中国的电脑市场潜力巨大，要将潜力释放出来变成现实的市场，首要条件是要将价格降下来，让普通百姓买得起。一台电脑在万元以上时，只有发烧友才买；价格在 8000 元时，只有有钱人才买；到了 5000 元以下时，普通家庭开始接受；到 3000 元以下，则将迎来“市场井喷”。因此，他创立的神舟电脑一问世，就以低于对手 20% 的价格投放市场，神舟笔记本电脑一直降到 2999 元，他开启了一个平价电脑的新时代，也得到一个“价格屠夫”的绰号。

从华强北走出的研祥成为中国特种计算机的巨头（钟华登 摄）

神舟电脑的价格一降再降，有人说微电脑进入了冬天，吴海军却说“微电冬天”之说在为经营不良找借口。微电脑没有进入冬天，那些有核心竞争力的企业不仅渡过冬天，而且活到了收获果实的秋天。他又说：“很多人说做微电脑不赚钱，但我告诉你，我是中国做微电脑赚钱最多的人，我们神舟电脑的毛利大约 10%。10 年前，我两手空空来到深圳，现在有了这么大的工厂，我已经赚了五六个亿。你问我为什么能赚到钱？就是靠实实在在地替消费者做事，做老百姓买得起的平价电脑。”2001 年，神舟电脑更是取得了月销售 5 万台的骄人成绩，年销量达 50 万台，家用电脑的市场占有率仅次于联想，位居全国第二。

另一位叫陈志列，也是江苏人，1963 年出生，毕业于西北工业大学。和吴海军一样，他也是 1990 年毕业走出校门的研究生；和吴海军主打消费级产品有所不同，陈志列盯上的是专业化的特种计算机。

1993 年，30 岁的他在上步工业区里的南光大厦租了一间办公室，开办了一家小公司。办公室才 28 平方米，七八个人在一起干，做的是工业计算机的代理。工业计算机的代理利润很大，有时毛利率高达 2000%，平均有 500%，公司开业半年就赚了 180 万，到 1994 年赚了 1000 万。他决定办一个高科技公司，技术一定要创新，办成“研究的发祥地”，于是给企业取名“研地”。拿着这个名字去深圳市工商局注册，一位科长对他说，“研地”这个名字不好。陈志列问为什么？科长说，这个名字叫研地，如果有人打电话问“你们是谁啊？”你说“我们是研地”，人家没准儿就回答“炎帝？我还是黄帝呢！”陈志列于是欣然改名，还是“研究的发祥地”，不叫“研地”，而叫“研祥”。

做了四年代理之后，研祥在特种计算机领域羽翼渐丰，此时的陈志列不再满足于单纯的代理商角色，开始研发、制造 PC 总线系列特种计算机产品，着手于自创品牌。经过仔细考虑，陈志列把投资自主研发的想法在公司集体会议上公布了出来，意想不到的是，研祥领导团队全部举手通过。在一篇回忆录里，陈志列表示当时仅留下了基本生活费，其余赚的 3000 万元全部用于产品研发投入。他的努力取得了成功。1999 年底，公司开始生产工业电脑的主板，2002 年在国内率先推出第四代工业主板——“祥龙 1 号”，在国内市场的份额以 40% 的速度连年递增。2003 年，集团子公司研祥智能在香港联交所成功上市，一举成为国内特种计算机业唯一的上市公司。自此，研祥成为国内特种计算机行业的龙头。

2008 年，华强北创造了四项全国第一：**电子专业经营市场面积第一、经营电子产品品种型号第一、市场销售额第一、市场辐射影响力第一**。是年 10 月，中国电子商会同意授予华强北**“中国电子第一街”**称号，华强北由此成为珠三角乃至中国电子业的“窗口”。

第六章

华强北魔方

2017年1月4日，在封路四年后，华强北盛大开街（廖万育 摄）

华强北是什么？

一条街，长度930米；一个商圈，方圆1.45平方公里；一个中心，亚洲最大的电子产品集散地；一个象征，山寨的标签和创新的蜕变始终交结。观察深圳，华强北是最受关注的那个窗口。

2017年1月14日，华强北步行街开街。仪式的名称叫“‘街’开新未来”。

此前的四年里，因为深圳地铁7号线的施工，华强北主干道不再通行机动车，由此开始了围挡“阵痛期”。回顾这一时期的报道，

华强北的喷泉（廖万育 摄）

空铺、退租的新闻接连不断，衰退、没落之类的字眼一直和华强北相伴。

“开街”也亮出了华强北的“家底”：如今华强北商圈共有企业 1.8 万个，个体工商户 2.1 万户，从业人员 22 万人，日均人流量约 50 万人次，年交易额超 3000 亿元（其中电子产品交易额占总量的七成）。

2005 年，《深圳商报》曾经报道过华强北当年的家底：这里有着 700 多家商场，日客流量 50 万人次，年销售额 260 亿元，从业人员多达 13 万，经营面积在 1 万平方米以上的大型商场就有 21 家，个体纳税户也达 1 万多户。

华强北的未来会是怎样？没有人会给出清晰的答案。然而，正如深圳的形象从世界工厂上升为创新之城，华强北的未来无疑会行进在同一轨道上。

一个意外的诞生

华强北的起点，是赛格电子配套市场。

华强北所在的区域，是上步工业区——深圳最早的工业区。深圳经济特区成立后，电子工业发展迅速，元器件的供应成了瓶颈。原因无他，元器件是生产资料，计划体制之下的游戏规则是“骡马会”，下游的生产商和上游的配件商实现对接，必须得通过电子工业部的调配。

赛格电子配套市场的诞生，是市场经济突破计划体制的一个意外。1986 年 1 月，深圳电子集团公司正式成立，深圳从电子工业部挖角的马福元出任董事长。深圳电子集团很快改名赛格集团，158 家成员企业几乎就是深圳电子工业的整个家底。深圳电子工业要发展，首先就得突破原材料的制约。建立一个对内对外开放的电子配套市场，按供需要求公开交易，这是共同的心声。1986 年 7 月 17 日，赛格集团开始筹办电子配套市场。1988 年 3 月 28 日，赛格电子配套市场正式开业，赛格集团把集团办公楼的一楼腾了出来，1400 平方米的展销厅设立了 100 多个交易摊位。到 1988 年年底，进入配套市场交易的国内外厂家达 200 余家，当年成交额达 400 余万元。马福元是这样回忆当年的创办经历：“这个事一般都不好批的，这个配套市场是和国家计划经济体制对立的，是对着干的，不允许的，要冒很大风险的。”

体制外的产物，却有着极度旺盛的生命力。1990 年，赛格集团腾出了办公楼的二层，电子市场面积扩大了 1000 多平方米。这是赛格市场第一次扩容。在此后的 30 年间，赛格电子市场的致富故事层出不穷，但很多人都忽视了一点：赛格电子市场是市场，并非商场。在这里交易的电子元件器，是商品，但底色却是生产资料。可以说，华强北 30 年间起起落落，变化发生在商业层面，但生产资料配套市场的地位却没有任何改变。

赛格市场的第二次扩容发生在 1993 年。那一年，马福元退休，王殿甫继任。据说，王殿甫上任那天，上午在办公室做了一个简短的“施政演说”，下午就到楼下的电子市场调研。当时，赛格集团的办公楼里，一二楼是市场，三至七层则是各科室的办公室。王殿甫看到市场里熙熙攘攘，生意火爆，受限于过小的营业面积，很多想要申请柜台的商贩被拒之门外。他坐不住了，决定扩大赛格电子市场的规模，要赛格集团办公室搬家，腾出场地给电子市场。他将公司总部搬到了赛格科技园，将整栋赛格办公楼改造成电子市场，市场面积由原来的 1000 多平方米一下子扩大到 7000 多平方米，后又扩大到 8000 多平方米。

封路对于华强北的影响明显，图为 2012 年，华强北某知名商场（施平 摄）

赛格集团办公楼早已消失，原址上矗立的是赛格广场。深圳电子工业的需求如同魔幻般地增长，8000 平方米的市场很快变得拥挤不堪。1996 年 1 月，赛格集团决定拆掉办公楼，在原址上兴建赛格广场大厦。

1995 年 6 月，在赛格广场工地上，工人们迎着朝阳上班（施平 摄）

大楼高 355 米，上下 75 层，2000 年建成时是仅次于地王大厦的深圳第二高楼。大厦裙楼的一到七层，都用来做电子市场，加上相邻的宝华大厦，赛格电子市场的营业面积一下子扩大到 5 万多平方米，差不多占了华强北电子市场的半壁江山，成为全国屈指可数的大型市场。面积达 17 万平方米的赛格广场，以及规模宏大的电子市场，是赛格集团的两块优质资产。此后，赛格集团成功复制电子市场的经验，在全国办起了多个赛格市场。

赛格电子市场是起点，华强北的兴起缘于深圳的第一波企业外迁。从 20 世纪 90 年代开始，深圳开始确立高科技产业的主导政策，在南山设立了高新区，深圳企业也自发地向用工成本更低的区域流动，不少企业都将制造环节搬到了深圳“关外”以及东莞、惠州。

原本是工业区的上步区逐渐成为市中心，商业价值的抬升逼迫工业区变身转型。谈起华强北当年的风景，“华强三洋”的女工是必然会提

1994 年，万佳百货进驻华强北（黄天肇 朱永平 摄）

2000 年左右，华强北不断有新市场开业（黄天肇 朱永平 摄）

到的细节：当穿着浅蓝色工服的姑娘们如潮水般涌过深南路时，就连汽车也不得不停下。变化悄然发生。翻阅那一时段的报纸，可以看到上步过去的工业一条街，现在成了餐饮一条街、证券一条街。有着赛格电子市场的示范，越来越多的电子专业市场开始在华强北冒头。1995 年，深圳国际电子城开业；1997 年，万商电器城、大百汇商业城开业。

1994 年 7 月，万佳百货租下华联发的厂房，正式进驻华强北。回顾中国的零售史，万佳和沃尔玛总会联系在一起。万佳的成长被视为中国零售和国际零售巨头同场竞争、同步壮大的标志，而且万佳也是中国第一家仓储式平价超市。有着专业市场，有着百货零售，华强北的商圈开始现出雏形。在深圳的商业发展历程中，华强北是一个传奇之地。1995 年开业的女人世界，开创了深圳主题商场的先河；1999 年开业的铜锣湾广场，是中国第一家大型购物中心（Shopping mall）。顺电、新大好、儿童世界、紫荆城、曼哈、茂业百货等一大批商场相继开业，华强北成为一个综合大商圈。谈及这一段的变化，华强北的从业者还会谈到一个有趣的故事：那一时间段，恰好是深圳历史最悠久的东门商业街进行升级改造，华强北恰好利用时间差完成了承接。

在华强北内部，恰恰也有着类似的时间差：正当赛格忙着建广场时，对面的华强集团恰好空出了三洋等几家工厂，由此诞生了一个 6 万平方米的华强电子世界。从赛格一家独大，到赛格、华强两强并立，再到远望数码城、赛博数码城、都会电子城、新亚洲电子商城等等纷纷登场。伴随着深圳成为电子信息产业的世界级重镇，华强北也成为一个足以影响世界的电子大世界。据统计，华强北在鼎盛时期一度聚集了 36 家电子专业市场。

2013 年，华强北因为地铁施工进入围挡期，由此进入阵痛。交通的不利直接影响客流，但是华强北的根基在于生产资料市场。在业内人士感慨风波不再的时候，国际创客们却发现，有着强大配套能力的华强北是硬件天堂。

自然保护区与龙兴之地

关于华强北，有几个经典的说法。

第一个说法来自神舟电脑创始人吴海军。从赛格电子配套市场A218柜台起家的他说："如果民营企业是野生动物，华强北就是自然保护区。"

第二个说法来自华强北商业街管委会办公室原主任邓芬。他说："在赛格电子广场最早开办的1.2米柜台里，从商户最后发展成为亿万富翁的就有50多个。""一米柜台走出50个亿万富翁"的典故，由此开始。

第三个说法来自经济观察人士。在他们的眼中，华强北是深圳高科技产业的"龙兴之地"。这不仅因为上步工业区是起点，诞生了赛格、华强这样的巨头，还因为华为、腾讯、富士康这三家深圳最重要的企业，都与华强北有着密切的联系，更因为华强北的出产里，无论是早期的电脑还是后来的手机，都是最具影响力的深圳制造。

华强北是谁办起来的？组织者是赛格等企业，基本面却是一群商贩。比较中关村和华强北，大家常说，北京中关村是由陈春先、柳传志等一批中科院的科学家们最先办起来的，深圳华强北的兴起离不开个体商贩。1990年，赛格电子市场摊位达1000多个，摆摊经营者名义上是"国内外大型元器件企业和供应商"，实际上大多是潮汕、浙江、福建等地的个体经营者。在这里站柜台的，有闯劲十足的草根阶层，还有着众多揣有高等院校毕业文凭的知识分子。懂技术，会经商，这些"中国的一代新型商人"，很快成为搅动华强北的创富样本。

除了为人熟知的吴海军，华强北还有很多不为人知的创业富豪。

2006 年胡润百富榜和福布斯中国富豪榜中，潘政民、吴春媛夫妇以超过 50 亿元的资产上榜。在华强北，潘氏夫妇的称号叫喇叭富豪。1993 年，潘政民创建深圳远宇，后创立美欧电子，1998 年成为摩托罗拉的声讯器件供应商。此后陆续生产微型受话器、和弦音扬声器、多功能发声器和 ECM 传声器、耳机、扬声器模组等产品，成为戴尔、康柏、西门子、创新、任天堂等国际知名企业的零部件供应商。

2010 年，深圳经济特区成立 30 周年。这年，深圳评选 30 年 30 家企业，美丽集团上榜。美丽集团的创始人叫欧阳学君。2001 年 10 月，20 岁的欧阳学君应聘成为一名赛格电脑城电脑技术员，此前他刚经历了一次创业失败。一次偶然的机会接触电脑 DIY 业务，从此正式从事电脑硬件销售。2002 年 5 月，他开始第二次创业，以 1380 元成立了“深圳市君为科技有

昔日华强北的跨街广告牌（梅戈 摄）

华强北地下通道施工现场（钟华登 摄）

限公司”，从事企业的电脑组装和网络安装业务。2003 年 10 月，整合资源渠道后成立“美迪特电子配件营业部”，从事产品的对外出口贸易，一年之间，业务迅速扩展到欧美、日韩等发达国家和地区。

在华强北如何赚钱？吴海军说过，利润可以分为四块：销售利润、生产利润、研发利润、品牌利润。华强北的致富故事，也与这四个环节相关。除了华强北立身根本的电子元器件，华强北的代表产品从数码时代开始，最初是个人电脑，接着是 VCD、DVD，再接着是 MP3、MP4，然后轮到了手机唱主角，最新的则是智能可穿戴设备。抓住了一波消费电子热潮，有眼光的华强北人至少能开回几辆宝马，买下一套房子，有雄心的则走出华强北开创自己的事业。

这是关于华强北“铺王”的故事：赛格广场一楼的铺位，在 2000 年卖出了 30 万元一平方米的天价。“铺王”是谁？至今还有着许多传说，有人说是温州女商人，有人说是潮汕神秘客。《深圳商报》2005 年的报道里，“铺王”主动现身。铺王名叫姚祖龙，来自温州，是个 1988 年就扎根赛格电子配套市场的“老华强北”。30 万元一平方米的铺王，是赛格电子市场一楼正对大门的铺位。姚祖龙亮出的 2000 年的购买合同上，为了三个顶级铺位，共花了 3000 多万元，每平方米单价 30.1 万元。姚祖龙说："我在美国的朋友听到这个消息都大吃一惊，他们无法相信，华强北铺面的价位竟比纽约的商业黄金街还高！但我经过仔细盘算，认为就算这种天价，以后每年也起码可以赚 10% 以上纯利。"

一米柜台价值万金，体现的正是华强北的销售平台价值。在华强北的创富故事里，第一桶金离不开贸易。吴海军早年的得意之作，在于1995 年年初扫空了香港供应商的所有库存硬盘，春节后情景变成了"全中国的硬盘全在我手上"，甚至连联想都得大批量进货。华强北在线的董事长王老豹 1991 年来到华强北，那年只有 19 岁。在他看来，1995 年前的华强北，大家都在赚差价，而且大家会赌运气，看到香港有什么新东西，想想内地两三年后肯定用得上，就买下来在家里放着。

从贸易起步，是深圳民营企业的最初选择。华为和华强北的交结，并不是因为华为手机的兴起，最初的故事还得从康华说起。康华，是华为创办初期代理的程控交换机品牌。这个香港康华公司在深圳的基地，就在华强北。

富士康和华强北的显性联系，在于赛博数码商城，这是富士康的第一家电子商城。谈起华强北的生产能力，两小时配套圈是一个标志。每一个柜台的背后，都是一家工厂，完成一台电脑、一部手机的组装，配套厂家都在华强北两小时车程之内的区域。作为最大的个人电脑和手机代工企业，富士康的存在其实是华强北最有力的产业支撑。在新千年这个节点上，深圳有计算机、程控交换机、电视、手机等整机产品厂家近1600 家，产品都在全国占据绝对优势地位，电子元器件行业在半导体、显示屏、显示器件、光电子器件、电子元件及组件、印制电路等各方面都有一批实力型企业。高效率、低成本的华强北快速崛起，背后是一条最完整的产业链。

2008 年，华强北创造了 4 项全国第一：电子专业经营市场面积第一、经营电子产品品种型号第一、市场销售额第一、市场辐射影响力第一。是年 10 月，中国电子商会同意授予华强北“中国电子第一街”称号，华强北由此成为珠三角乃至中国电子业的“窗口”。此前的一年，华强北·中国电子市场价格指数正式发布。作为我国唯一的综合性电子市场价格指数，“华强北指数”是研究分析中国电子市场价格动态变化的一种有效工具，也是反映中国市场上电子元器件、手机、数码和 IT 等各种电子产品在不同时期价格水平变化趋势的重要经济指标，从而成为电子行业的“风向标”、电子市场的“晴雨表”。“华强北打个喷嚏，全国电子市场都得感冒。”这个形象的说法，展现了华强北的软实力。

“华强北指数”由五级指数构成，包括一个综合指数和四个一级指数（板块指数）。四个板块指数分别为：电子元器件指数、手机产品指数、

华强北市场里的柜台，每一个背后都是一家工厂（钟华登 摄）

数码产品指数和IT产品指数。通过四个板块指数的加权平均得到华强北电子市场价格综合指数，四个板块指数的权重值顺次为57.4%、15.3%、12.9%和14.4%。“华强北指数”的编制发布在我国电子交易市场发展过程中具有里程碑式的重要意义，它使得深圳华强北电子市场具有“龙头”地位和“价格话语权”，全国电子产品的定价都得参考一下深圳华强北的电子指数。2009年，在工信部的要求下，华强北指数的监测范围扩大到全国，成为全国性指数。2011年7月11日，华强北指数正式登陆中华人民共和国国务院办公厅，成为国家进行宏观政策调控的重要参考数据。

也正是从2008年开始，步入顶峰的华强北面临着何去何从的选择。有转型说，有阵痛说，有消亡说，有涅槃说，华强北思考着自己的未来。其实，主导华强北发展的是市场的力量，拥有自由选择权的商家和企业会做出自己的判断。有人会挣销售的钱，有人会挣生产的钱，同样会有人去挣品牌的钱、挣研发的钱。自然保护区不是温室，在这个多样化的生态系统里，每一个生命都在寻找自己的生存之道。

腾讯一直保留着发家之地。1998年10月，五个年轻人在赛格科技园二栋四楼的一间办公室里，开始了“企鹅帝国”。走出华强北的腾讯，将这间办公室变成了纪念地，不大的空间里只能放得下三四张桌子。在华强北的经历里，这便是关于创新的最佳注释。

《深圳财富传奇——占领华强北》的作者段亚兵用“丛林”一词形容华强北。他说，这里没有鸟语花香，这里无法悠闲散步，这里是优胜劣汰的战场、野蛮生长的丛林。在他看来，华强北不仅仅是金钱和财富的舞台，更是深圳高新技术起步的源头，也是深圳乃至中国电子产业发展的缩影。

“啃”苹果

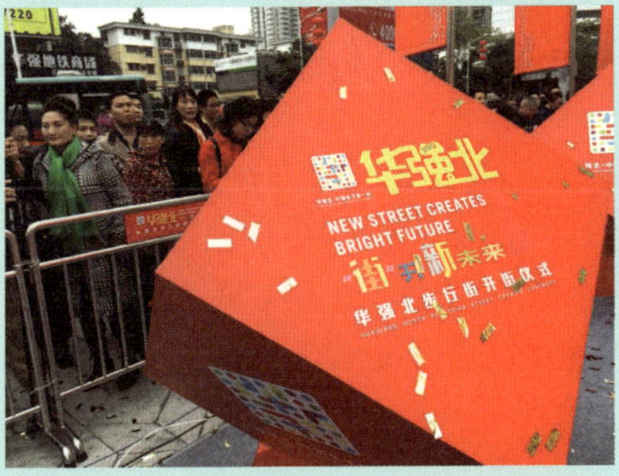

2017 年 1 月 4 日，在封路四年后，华强北盛大开街（廖万育 摄）

2011 年 10 月 5 日，乔布斯去世。两天后，华强北卖起了“乔布斯”：多款 iPhone4 外壳上，印有乔布斯头像、生卒年份或者历程。是“致敬”还是“致富”？有评论称：深圳出现乔布斯头像作外壳的山寨手机，说明山寨机的市场营销和创新能力很强，能抓到点，但同时反映他们的技术创新能力很弱，能从外观上有创新，但无法从内在创新上与 iPhone 一拼。也有评论称：基于消费心理学的微创新以及快速响应是深圳华强北立足的核心素质。

在华强北，这叫“啃”苹果。

最早被“啃”的是 iPod。2001 年，乔布斯拿着扑克盒大小的 iPod，敲开了数字音乐世界的大门：把 1000 首歌装进你的口袋！ iPod 的面世，是对原有 MP3 的重大改进，也开启了数字音乐时代。在华强北的出品中，直接体现为 MP3、MP4 的流行，另一个启示便是音乐手机的出现。

iPod 的终结者是 iPhone。2007 年，苹果宣布 iPod 销量已经突破 1 亿大关，也是在这一年，iPhone 横空出世。iPhone 从诞生起，就已经承担了 iPod 的职能。在苹果官网上，iPod 早已退市，只留下了 iPod touch。除了不能通话，同样在 2007 年问世的 iPod touch，可以视为 iPhone 的精简版。

最精彩的“啃”苹果，便发生在 iPod touch 身上。2010 年 7 月，土豆网发布了一个视频，让那些无法花 5000 多元购买 iPhone 的“苹果粉”兴奋不已。视频中没有旁白和文字介绍，只有一双手在操作。将 iPod touch 装进一个黑色套子后，这双手拨通了中国移动的客服热线 10086，很快，扬声器传来客服人员的声音。这个神秘的黑色外壳就是潘氏兄弟的“苹果皮 520”，能将原本缺乏通话功能的 iPod touch 摇身变成 iPhone。一部 iPod touch 的价格为 2000 元，一部 iPhone 则要 5880 元，“苹果皮 520”只要 500 多元，2500 元就能实现拥有 iPhone 的梦想。因为涉及和苹果公司的一些法律问题，潘氏兄弟不敢大规模生产“苹果皮”，只能在华强北电子市场的一些柜台摆货。不到半年，潘氏兄弟坦言：“苹果皮没有让我们赚到什么钱，华强北很快就出现和苹果皮功能一样的各种各样的皮。”

民间智库“大参考”创办人李易有“中国消费类电子产业链整合第一人”之称，他在 2010 年的 12 月 12 日发布了一篇名叫《山寨创新，中兴创富》的博客。文章提到：中兴在美国推出一款名为“ZTE Peel”的高科技产品，这是一款支持第二代和第三代 iPod touch 的外围设备产品，用户只需简单地将 iPod touch（触摸屏向外）滑进“ZTE Peel”，按下两边直至完全接合，然后按下“ZTE Peel”的电源按钮，即可连接到 Sprint 的 3G 网络。“ZTE Peel”支持两个设备连接，用户可以利用掌上电脑、平板电脑或其他设备进行 3G 数据传输。李易说：“ZTE Peel 就是中兴推出的山寨版苹果皮。”这款产品立即受到美国运营商的肯定，这说明啃苹果已经“啃”出创意。

iPhone 的问世，催生了华强北许多独特的技术服务。在从业人员的眼里，这叫“啃”服务。常见的服务包括解锁，这是针对从国外购回的已入网 iPhone。iPhone 刚出现时，国内还没有正式引进 iPhone，有些用户通过各种途径从英国、加拿大购回有网络服务商限制的 iPhone。还有一种服务叫“越狱”，高峰期几乎每个柜台都会挂出招牌。iPhone 越狱是指解除一些原版固件的限制，最大的好处是可以安装破解的软件。“越狱”之前，用户只能去 Apple 的营销平台 App Store 商店里买程序或游戏；“越狱”之后，用户就可以免费下载 App Store 中的游戏和实用程序，还可以对系统主题进行更换。

有服务，也有小发明。比如 iPhone 没有挂手机链的装置，但是手机喇叭旁有一个小螺丝，如果用特定的螺丝刀拧开螺丝，再拧上配送的小铁环，不就可以吊手机链吗？这样的手机链便是华强北的“小发明”。“小发明”的生存周期或许很短，比如华强北的“剪卡器”。急于尝鲜的“苹果粉”一拿到 iPhone4 手机，第一件事就是揣着手机和 SIM 卡到华强北找人“剪卡”。由于 iPhone4 使用的是专用微型手机卡（Micro SIM 卡），大小约是 SIM 卡的一半，所以在使用前，用户需要进行剪卡处理。华强北的商家不仅立即推出“剪卡”服务，有的商家更是跑在市场前头推出几元的剪卡器。据了解，售价 1.5 元到 5 元的剪卡器，将有虚线的贴纸撕下贴在 SIM 卡背面，使用剪刀沿虚线裁剪，就可得到 Micro SIM 卡；售价二三十元到 70 元的剪卡钳，模样类似订书机，放入 SIM 卡后按下剪卡钳即可。这类工具大多有附赠的卡套，将小卡放入卡套，就能恢复正常 SIM 卡大小。商户透露，第四代 iPhone 推出没多久，华强北的剪卡器就卖疯了，有卖家一天最多时卖出上百个，月销量近 1000 个。

出货量最大的产品是“啃”周边，也就是基础衍生产品，包括外壳、支架以及贴膜等等。iPhone 和 iPad 都是触摸屏，贴膜很重要，很多顾客并不介意在花了 5000 多元购买了苹果产品后，再花几十元甚至近百元贴膜。至于手机壳，眼下在网上销售的产品大多产于深圳及周边地区，原因就在于这里拥有发达的模具工厂。因此，苹果每次推出新机型，华强北都是最敏感的区域。尺寸的大小，耳机的有无，都是商家们提前开始的押注。押准了，便是畅销一时；押错了，唯有自咽苦果。

苹果的产品近乎完美，弱项同样明显。比如电池的续航能力，苹果的弱项成就了深企商机。"苹果很好用，但电池是苹果的弱项。"网友经常讨论 iPhone 和 iPad 的省电秘笈，用户的"痛"往往成为商机，专为苹果设计的移动电源设备应运而生。在 iPhone 的接口处插上一个移动电源，iPhone 的电池就能迅速充满电，这种弥补 iPhone 电源缺陷的移动电源设备是"苹果粉"的必"啃"设备。在华强北电子市场，车载充电器、移动电源、背夹式电源等各种专为苹果设计的移动电源成为各商家柜台内的宠儿，价格集中在 100 元到 600 元。这当中有获得苹果公司授权的，也有很多未经授权的移动电源设备。在商家看来，不管授权与否，产品同样受欢迎，苹果的移动充电设备销量都很不错，这方面的需求、市场和iPhone一样大，移动电源也在不断改进中，从原有像小砖头的外接电源，到现在背夹式电源。

最神奇的"啃"苹果，发生在 iPad 身上。iPad 是苹果 2010 年推出的平板电脑，但是华强北的平板却早于苹果本身。知情的商家如此表述："这一款平板机比 iPad 先上市。当时，谁都不知道苹果的 iPad 长什么样，有人说 iPad 就是 iPhone 的扩大版，随后就有厂家率先生产出这一款平板，扩大版的 iPhone 三代，用的却是 Windows 系统。"在 2010 年，还有一篇文章这样写道："iPad 离你究竟有多远？是距离旧金山欧巴布也那艺术中心的 15000 公里，还是距离全球发布日的 192 个小时？都不是！'深圳速度'早在两周前就把 iPad 样机摆上展台，推向海外。"

在 iPad 问世的 2010 年，深圳产的 ePad 杀进了亚马逊热销榜。在圣诞榜单上，卓尼斯推出的 10 寸平板 ePad 排名第 11。来自华强北的平板，不仅尺寸与苹果 iPad 相当，而且性能并不逊色。至于售价，ePad 产品售价为 259.99 美元，而苹果 iPad 基本款起价就是 499 美元。平板电脑时代，华强北非常幸运有苹果 iPad 这么一位超级明星作为前锋："苹果都敢做平板，我们为什么不敢？"

2017，华强北又出品了一个苹果传奇。前硅谷程序员斯科特·艾伦来到华强北，用从这里买到的各种元器件，"DIY"出了一部 iPhone6s。先从华强北的电子市场买来支持指纹密码的主板，之后又从手机修理店买来旧屏幕，拆开后用新零件重新组装。整个组装过程中花了 300 美元，约合人民币 2000 多元，而当时 iPhone6s 的全新版本售价大概在 3000—4000 元。艾伦上传视频后，全球点击量在一天内就达到了百万。

“MADE IN SZ”就是山寨

华强北最想脱掉的帽子是什么？山寨！

山寨标签，来自2008年6月中央电视台的报道。报道是这样说的：“不知道你注意到没有，我们身边有不少人用的手机，牌子很奇怪，不是诺基亚、三星、摩托罗拉等国际品牌，也不是波导、夏新、中兴等国产品牌，而是我们平常在广告上见不到的各种各样陌生的名字，这些手机被大家叫作山寨机，就是占山为王的山寨。深圳市最繁华的华强北路电子产品市场，过去曾经是以批发销售电脑产品为主，现在这里已经被生意十分红火的手机市场取代，10多个专营手机及其配件的市场，不计其数的手机柜台摆满手机，让人看得眼花缭乱。”

报道称：“国际品牌手机高仿后仅几百块钱就可买到。国际上正在流行的苹果手机，在这里被高仿之后，还被创造性地添加上了比苹果更丰富的内容。一款状似苹果的手机有四个频段，全球可用，真的只有两个频段，多两个比真的功能还强大；电子书真的没有，这里可以双滑；背面双卡，真的是单卡。国际品牌公司还没有在中国市场上市的手机型号，在这里已经开始卖了。”

报道更称：“手机在我们心目中，还是一种高科技产品，可是在深圳电子市场上一看，几乎就像萝卜、白菜一样卖，拼装这些手机的厂商既不是地下加工厂，又算不上正规军，所以它们得了个外号叫山寨机，虽然名头不好听，但这么便宜的价格，让它在市场上极具杀伤力。”

中央电视台的评论说：“光是听一听‘山寨手机’这个名字，人们都能感受到它到底有多么草莽。它就像是手机市场上的‘山大王’，不但不遵守游戏规则，而且滥杀无辜，没有丝毫的底线，有钱便是爹，有奶便是娘。”从这一刻起，“山寨”这个词叫响全国。

社会学家艾君下过这样一个定义：“山寨产品”，实际上是处在市场培育期的发展中国家，由一些有智慧头脑的民间人士，为满足那些受消费能力限制群体对某种欣赏的产品（包括文化产品）的消费欲望，或者因为市场存在着的一种固有的产品因为长久没有创新和换代，而通过“复制、模仿、学习、借鉴和创新改良”的方法，推向市场的一种“快速、满足平民、适销对路、具有多功能性、低价位”的品牌产品。

开街当天，这个小伙子忙着运货（廖万育 摄）

艾君坦言，因为研究“山寨”现象的人少，许多人误解了“山寨产品”的概念，没有搞清楚“山寨”仅仅是个借用的概念，实际“山寨”已经被赋予了许多现代理念，所以造成社会上有人把“黑工厂”“地下工厂”生产的“三无”产品误解成了“山寨产品”，有人将善打擦边球、经常行走

封路期间，商场用优惠吸引客户入驻（钟华登 摄）

在行业政策的边缘的行为当成了“山寨行为”。他说：我们不能将社会存在的造假行为、盗版行为等侵权行为强加到“山寨文化”的范畴。“山寨文化”中的复制并非完全意义上带有盗版、造假等侵权行为的复制。“山寨文化”的复制是一个模仿、借鉴、学习和改良的过程，无论从产品名称、产品内容或者技术的内涵和范畴以及表现出的式样都已经焕然一新，尽管会有相似性，但“像”并非“是”也。已经并非原来意义上的产品了。“相似”并非“就是”，这也是任何国家都无法从法律上对“山寨现象”进行制裁的原因。

分析“山寨”手机的爆发，不能不提到一个政策的变化。2007 年底，手机牌照审批制度改为备案制，使得庞大的“山寨机”一下子浮出了水面。深圳的手机不论产自何地，都有了合法身份，地下游击队变成了有番号的正规军。牌照制的申请门槛最初非常之高，不仅要有2亿的家底，每款手机的测试费用也是百万元以上。在某种程度上，“山寨机”既是被牌照制逼出来的草莽手机，又是一种仿制痕迹很明显的手机。牌照，当时已经沦为寻租资源。所谓的正规军，很多不做技术开发，不做制造，连市场销售也不做，就卖牌照，与那些没有牌照的企业做贴牌生意，贴一台手机收费80元甚至100元，靠牌照坐地收钱，成了卖牌照的皮包公司。有些企业看到这个机会，就走关系、行贿，使出各种手段去有关部门公关申请牌照，申请下来就一本万利。据不完全统计，2007年，山寨手机产量至少有1.5亿部，几乎与国内市场的品牌手机总销量相当。

还有一个不能忽视的大环境：2008年全球金融危机后，国外品牌商开始大举取消订单，深圳以出口为主的生产企业开始转向国内市场。2006年深圳高新技术工业总产值超过6000亿元，首次在全国大中城市排名第一。这一年，深圳手机厂家据说一度多达4000家。大家最常见的玩法是：从系统集成商里拿到国外的元器件做组装，或者按照国外的图纸做一个山寨产品，然后再返销出口。这部分原本被出口消化的产能转向内销，竞争必然加剧。更为重要的，这些主打出口的“山寨机”更适应手机产品技术和市场变化快的特点，对市场更为敏感，产品开发更为快捷。据称，华强北一款山寨手机从开发到上市仅仅需要一个半月，而且“山寨时期竞争最典型的方式就是打价格战，以及百变的外形，你出50款我出100款”。

为“山寨”机说公道话的，是前诺基亚资深战略分析师——简奇·普蔡斯。他在过去10年间一直致力于记录世界各地的技术应用，为此跑遍了全世界。在中国内地一座城市，普蔡斯发现电子市场里的小贩们在兜售着形形色色的手机、笔记本、播放器和平板电脑，而且几乎中国所有城市，包括北京、上海的电子商城，也在兜售这些产品，这些产品基本上都出自深圳华强北。普蔡斯总结说：仿造的手机通常会有些出乎意料的功能，比如正品所没有的摄像头、额外的插口、不常见的连接口等。正规厂商们无法满足的需求，山寨厂商们都给满足了。或许你可能会认为山寨机不可靠，因为它们太便宜了。不过普蔡斯认为，过去几年中发生了一些值得注意的变化：新一代的“超级赝品”通常很难与真品区分开来，而且性能也不错。中国的山寨产品不再是粗制滥造，部分山寨企业家们也开始改进，复制并制造细微差异的方式，也许正是中国企业的一种创新形式。

原深圳市科协主席周路明则认为，山寨是草根创业的一种体现，是需求端的一种创业。在深圳的优势中，华强北背后是快速、小批量的制造能力，这在全世界都是非常独特的一个地方。华强北的从业者感受稍有不同，他们认为产品本身缺乏核心技术是导致被短时间内大量复制的原因。很多曾经在山寨企业待过的人一走出企业大门就开始复制手机，使得山寨手机泛滥成灾、供大于求的现状难以改变。恰恰是这种缺乏道德底线的复制模仿，使得有意进行研发的企业只能被市场推着往前走，无心搞研发，把资金和精力投入另一个复制怪圈中。

中国消费类电子产业链整合第一人李易则对山寨的看法很宽容，他认为山寨的核心就是复制和模仿。有钱、胆子大就是山寨企业的发家本领，“山寨企业并没有要振兴民族企业的雄心壮志，什么赚钱他们就做什么，如果烤红薯的利润高，他们马上就可以改行烤红薯”。

哈工大深圳研究生院教授、深圳市前副市长唐杰总结深圳转型发展路径，称之为“深圳加工—深圳制造—深圳创造”，最终实现了从模仿式、跟随式创新向竞争性创新、自主创新的转变。他在文章中提到，“山寨”，这是一种没有核心竞争力，简单模仿著名品牌的制造方式。尽管 20 世纪 90 年代中期以后，华为、中兴等高科技企业在持续高速成长，但深圳仍然处于模仿式、跟随式创新时期。OEM 代工生产是深圳产业的代表形态，全球代工巨人富士康集团在深圳达到了全盛时期 50 余万人的规模，代工出口产品在国外市场虽印着“Made in China”的标识，但实际上是“Assembled in China”(中国装配)。除了代工外，深圳还有另一个标志“山寨(ShanZhai)”。有人戏称，什么是山寨？山寨就是Made in SZ(Shenzhen)。

创客的摇篮，创业的天堂

外部冲击影响加大，电子商务不断冲击，山寨转型步伐缓慢……梳理国内舆论场里的华强北，乐观的信息并不多。形成鲜明对比的，国际人士眼中的华强北却是另外一番景象。

2015年7月14日，《深圳商报》刊发了一篇文章，题目叫作：华强北"强"在哪，让微软副总裁如此羡慕嫉妒恨……内容说的是半个多月前，深圳市政府代表团参观西雅图微软公司总部，负责微软研究院业务的全球执行副总裁沈向洋，在接待中致辞盛赞深圳华强北。沈向洋的原话是："深圳的硬件生态系统全球绝无仅有。到深圳华强北看看，这里硬件非常齐全，成本低，有一大批做硬件的厂商，加上开放的软件系统，加上云服务，未来，很多了不起的智能硬件可能都会在深圳产生。" 在他看来，"华强北反映了深圳作为世界硬件中心的缩影"。

对华强北的"钟爱"，沈向洋是有实地考察基础的。2014年9月26日，微软公司首席执行官萨提亚·纳德拉首次访深。拜会完市长，沈向洋就带着新上任的"一哥"（微软CEO）去到了华强北。2016年4月，沈向洋又来到深圳。《深圳商报》记者抓住机会问起了当年的细节，沈向洋回忆说："我带CEO去华强北，他激动得不得了，当时还引来很多人围观，说微软的CEO来了。我们去看了很多不同的手机、PC机的不同设计，它们更贴近市场、贴近用户。因为平时我们只是在实验室里做自己的产品，到了华强北看到了顾客在市场上到底买什么，这对我们震撼很大。"

"萨提亚现身华强北"，2014年9月26日当天，"微软中国"官

夜色里的华强北（韦洪兴 摄）

方微博晒出了照片。配文说："作为中国电子产品的流通枢纽，华强北的超强生存能力与创新实力堪称业界传奇。萨提亚亲自访问华强北，既是对深圳创新能力的致敬，也表达了微软对生态圈建设的投入与期待。"

关注华强北的，远不止微软一家。早在2011年5月，诺基亚的总裁斯蒂芬·艾洛普就莅临过华强北"取经"，深圳媒体报道的开头是这样写的——"昨天，华强北的很多手机经营者也许并不知道，柜台前了解手机

华强北成了一条商业街（汪秦生 摄）

销售情况的外国人，就是诺基亚最大的老板——总裁兼首席执行官斯蒂芬·艾洛普。”艾洛普说，通过对卖场的实地考察，他可以亲身感受到诺基亚以及一些竞争对手的销售情况，更加认识到聆听消费者需求的重要性。“我觉得这远比我坐在办公室读销售报告感触更深。”

硬件中心的发现，源于创客。2012年，法国人 Cyril Ebersweiler 把他的硅谷硬件孵化器公司 Haxlr8r 搬到了华强北。HAX 从落户深圳开始就每年定期面向全世界招收创客团队，初时每期10队。除了给每个团队提供2.5万美元的资金资助，还在为期111天的孵化期内为他们提供设计和生产指导、商业推广以及融资方面的培训。从2012年开始至今，

HAX 已经连续举办了六期孵化项目，90% 都能投入商业市场运作。Cyril Ebersweiler 说：“我们之所以选择深圳华强北，因为这里是硬件的硅谷。在这里你可以接触到整个产业链，找到适合生产你产品的合作伙伴。在这里不仅是为了大规模生产和组装，也是为了创建高效便捷的研发中心、调试中心和检测中心。”

Clarity 首席运营官 Hannah Hagen 在媒体上的表述如下：“我来自美国加州伯克利。我来到深圳华强北的第一感觉是这里的速度。在产品开发方面，我们可以很方便地拿到 PCB。如果在美国的话，可能要等两个星期，还要付很大一笔运费。但是在这里我只要下到专业市场，1 小时之内或者只要 15 分钟就可以去到不同的电子元器件公司，找到想要的元器件，节省了大量的时间成本。”

潘昊是当下国内最知名的创客，华强北也是吸引他从北京南下的原因。这位矽递科技创始人说：“华强北是硬件创客的天堂。做硬件要获取必要的物料和元器件，而华强北的专业卖场就充当了创客的仓库。如果还不够，还有整个珠三角的电子工厂。来到华强北，你马上可以获得整个深圳甚至珠三角供应链的货源，你感觉到跟一个庞大的生态系统对接上了。”

在深南大道和华强北路的交汇处，“中国电子第一街——创客的摇篮，创业的天堂”的新招牌赫然立起。这是华强北在 2017 年开街后的一个新变化。在它的两侧，赛格集团大楼和华强电子世界，两大集团分别大手笔投入千万资金在黄金地段设立了首期 5000 平方米的创客中心。华强北为创客提供了平台，创客也为华强北提供了“再出发”的契机。有分析指出：华强北传统的电子元器件交易业务，在“山寨电子产业”退潮、网上交易兴起的大背景下，面临逐步衰退的危机，华强北转型是政府和产业界近几年来关注的热点难点，硬件创新的兴起，创客活动的繁荣，将为解决该难题带来新的历史机遇。机遇在哪里？按照分析人士的说法：

华强北是电子产品的“第一公里”，一个个创客在华强北的“微创新”活动，将打通华强北的创新循环。

2017年1月，踩着开街的时间点，《南方日报》推出了“我来自华强北”系列报道。华强电子产业研究所手机和电子行业分析师潘九堂谈到了华强北的不景气：“华强北的兴旺与中小企业和新兴产业息息相关。如果电子行业不断出现新产品，华强北就会保持良好的发展态势。但如果大量的中小企业艰难求存，华强北也会跟着不好。”电子行业在继手机和平板火热发展后，智能硬件却还都没有做起来，无论是VR/AR、智能手环、智能手表，都没有做出量，这也直接导致了华强北这两年不太兴旺。

在他看来，华强北相当于一个硬件中小企业的孵化平台。特别是很多新兴行业，往往面临没有成熟元器件采购平台这一问题，比如智能手表，其所需零配件无法通过现有供应链支持，很多人都需要到华强北来寻找资源。新的智能硬件需要在华强北试销、批发，一旦产品走量，就会形成完善的元器件供应。依托华强北丰富的元器件以及珠三角的完整产业链，创客在这里可以获得小批量生产、智能硬件供销平台以及创投基金、金融服务、电商推广等全方位支持。

深圳市前副市长唐杰曾经表示，华强北不只是一条街，更是一个巨大的产业链。在网络化的大潮中，也许终有一天，在这一区域不再看得到售卖电子产品零部件的柜台，但这个产业已经根植于深圳的土地上。

早在2008年，深圳市政府就对华强北的未来发展提出了“三个中心”的定位，即高端电子信息服务、展示和交易中心，多元业态混合的高品质商业中心和生产型服务中心。2017年开街，被视作华强北的二次创业。相关的报道透露出未来的方向，华强北将继续打造“国际电子商业名街”以及深圳的“智能硬件创新创业大街”。

华强北的魔方会变化出什么样的新故事？谁也无法给出清晰的答案。不妨听听经济学家樊纲的说法：华强北背后的实质是深圳的一套市场化机制，自由进出，有模仿，也有消化吸收，逐步有创新，再在某些领域走到前沿。

市场化，让赛格选择了电子配套市场；市场化，催生了众多华强北富豪；市场化，也让山寨成为标签；市场化，同样让创客代表未来。

销量已经突破1亿大关，也是在这一年，iPhone 横空出世。从 iPhone 诞生起，就已经承担了 iPod 的职能。在苹果官网上，iPod 早已退市，只留下了 iPod touch。除了不能通话，同样
没有旁白和文字介绍，只有一双手在操作。将 iPod touch 装进一个黑色套子后，这双手拨通了中国移动的客服热线 10086，很快，扬声器传来客服人员的声音。这个神秘的黑色外壳就是潘
因为涉及和苹果公司的一些法律问题，潘氏兄弟不敢大规模生产“苹果皮”，只能在华强北电子市场的一些柜台摆货。不到半年，潘氏兄弟坦言：“苹果皮没有让我们赚到什么钱，华
：中兴在美国推出一款名为“ZTE Peel”的高科技产品，这是一款支持第二代和第三代 iPod touch 外围设备产品，用户只需简单地将 iPod touch（触摸屏向外）滑进“ZTE Peel”，按
就是中兴推出的山寨版苹果皮。”这款产品立即受到美国运营商的肯定，这说明啃苹果已经“啃”出创意。苹果 iPhone 的问世，催生了华强北许多独特的技术服务。在从业人员的眼里，
服务叫“越狱”，高峰期几乎每个柜台都会挂出招牌。iPhone 越狱是指解除一些原版固件的限制，最大的好处是可以安装破解的软件。越狱之前，用户只能去 APPLE 的营销平台 APP ST
，如果用特定的螺丝刀拧开螺丝，再拧上配送的小铁环，不就可以吊手机链吗？这样的手机链便是华强北的“小发明”。“小发明”的生存周期或许很短，比如华强北的“剪卡器”。
进行剪卡处理。华强北的商家不仅立即推出“剪卡”服务，有的商家更是跑在市场前头推出几元的剪卡器。据了解，售价 1.5 元到四五元的剪卡器，将有虚线的贴纸撕下贴在 SIM 卡背面
透露，第四代 iPhone 推出没多久，华强北的剪卡器就卖疯了，有卖家一天最多时卖出上百个，月销量近 1000 个。出货量最大的产品是啃周边，也就是基础衍生产品，包括外壳、支架以
于这里拥有发达的模具工厂。因此，苹果每次推出新机型，华强北都是最敏感的区域。尺寸的大小，耳机的有无，都是商家们提前开始的押注。押准了，便是畅销一时；押错了，唯有
，专为苹果设计的移动电源设备应运而生。在 iPhone 的接口处插上一个移动电源，iPhone 的电池就能迅速充满电，这种弥补 iPhone 电源缺陷的移动电源设备是苹果粉的必啃设备。在
商家看来，不管授权与否，产品同样受欢迎，苹果的移动充电设备销量都很不错，这方面的需求、市场和 iPhone 一样大，移动电源也在不断改进中，从原有像小砖头的外接电源，到
iPad 长什么样，有人说 iPad 就是 iPhone 的扩大版，随后就有厂家率先生产出这一款平板，扩大版的 iPhone 三代，用的却是 Windows 系统。”在 2010 年，还有一篇文章这样写道：
的 ePad 杀进了亚马逊热销榜。在圣诞榜单上，卓尼斯推出 10 寸平板 ePad 排名第 11。来自华强北的平板，不仅尺寸与苹果 iPad 相当，而且性能并不逊色。至于售价，ePad 产品售价为
程序员斯科特·艾伦来到华强北，用从这里买到的各种元器件，“DIY”出了一部 iPhone6s。先从华强北的电子市场买来支持指纹密码的主板，之后又从手机修理店买来旧屏幕，拆开
去世。两天后，华强北卖起了“乔布斯”：多款苹果 iPhone4 外壳上，印有乔布斯头像、生卒年份或者历程。是致敬还是致富？有评论称：深圳出现乔布斯头像作外壳的山寨手机，说
立足的核心素质。在华强北，这叫“啃”苹果。最早被“啃”的是 iPod。2001 年，乔布斯拿着扑克盒大小的 iPod，撬开了数字音乐世界的大门：把 1000 首歌装进你的口袋！iPod 的
亿大关，也是在这一年，iPhone 横空出世。从 iPhone 诞生起，就已经承担了 iPod 的职能。在苹果官网上，iPod 早已退市，只留下了 iPod touch。除了不能通话，同样在 2007 年问世的
绍，只有一双手在操作。将 iPod touch 装进一个黑色套子后，这双手拨通了中国移动的客服热线 10086，很快，扬声器传来客服人员的声音。这个神秘的黑色外壳就是潘氏兄弟的“苹
公司的一些法律问题，潘氏兄弟不敢大规模生产“苹果皮”，只能在华强北电子市场的一些柜台摆货。不到半年，潘氏兄弟坦言：“苹果皮没有让我们赚到什么钱，华强北很快就出现
出一款名为“ZTE Peel”的高科技产品，这是一款支持第二代和第三代 iPod touch 外围设备产品，用户只需简单地将 iPod touch（触摸屏向外）滑进“ZTE Peel”，按下两边直至完全
版苹果皮。”这款产品立即受到美国运营商的肯定，这说明啃苹果已经“啃”出创意。苹果 iPhone 的问世，催生了华强北许多独特的技术服务。在从业人员的眼里，这叫“啃”服务。
几乎每个柜台都会挂出招牌。iPhone 越狱是指解除一些原版固件的限制，最大的好处是可以安装破解的软件。越狱之前，用户只能去 APPLE 的营销平台 APP STORE 商店里买程序或
拧开螺丝，再拧上配送的小铁环，不就可以吊手机链吗？这样的手机链便是华强北的“小发明”。“小发明”的生存周期或许很短，比如华强北的“剪卡器”。急于尝鲜的“苹果粉”
商家不仅立即推出“剪卡”服务，有的商家更是跑在市场前头推出几元的剪卡器。据了解，售价 1.5 元到四五元的剪卡器，将有虚线的贴纸撕下贴在 SIM 卡背面，使用剪刀沿虚线裁
推出没多久，华强北的剪卡器就卖疯了，有卖家一天最多时卖出上百个，月销量近 1000 个。出货量最大的产品是啃周边，也就是基础衍生产品，包括外壳、支架以及贴膜等等。iPho
模具工厂。因此，苹果每次推出新机型，华强北都是最敏感的区域。尺寸的大小，耳机的有无，都是商家们提前开始的押注。押准了，便是畅销一时；押错了，唯有自咽苦果。苹果的
移动电源设备应运而生。在 iPhone 的接口处插上一个移动电源，iPhone 的电池就能迅速充满电，这种弥补 iPhone 电源缺陷的移动电源设备是苹果粉的必啃设备。在华强北电子市场，
权与否，产品同样受欢迎，苹果的移动充电设备销量都很不错，这方面的需求、市场和 iPhone 一样大，移动电源也在不断改进中，从原有像小砖头的外接电源，到现在背夹式电源。
iPad 就是 iPhone 的扩大版，随后就有厂家率先生产出这一款平板，扩大版的 iPhone 三代，用的却是 Windows 系统。”在 2010 年，还有一篇文章这样写道：“iPad 离你究竟有多远？
销榜。在圣诞榜单上，卓尼斯推出 10 寸平板 ePad 排名第 11。来自华强北的平板，不仅尺寸与苹果 iPad 相当，而且性能并不逊色。至于售价，ePad 产品售价为 259.99 美元，而苹果 i
华强北，用从这里买到的各种元器件，“DIY”出了一部 iPhone6s。先从华强北的电子市场买来支持指纹密码的主板，之后又从手机修理店买来旧屏幕，拆开后用新零件重新组装。整
卖起了“乔布斯”：多款苹果 iPhone4 外壳上，印有乔布斯头像、生卒年份或者历程。是致敬还是致富？有评论称：深圳出现乔布斯头像作外壳的山寨手机，说明山寨机的市场营销和
北，这叫“啃”苹果。最早被“啃”的是 iPod。2001 年，乔布斯拿着扑克盒大小的 iPod，撬开了数字音乐世界的大门：把 1000 首歌装进你的口袋！iPod 的面世，是对原有 MP3 的
iPhone 横空出世。从 iPhone 诞生起，就已经承担了 iPod 的职能。在苹果官网上，iPod 早已退市，只留下了 iPod touch。除了不能通话，同样在 2007 年问世的 iPod touch，可以视为
将 iPod touch 装进一个黑色套子后，这双手拨通了中国移动的客服热线 10086，很快，扬声器传来客服人员的声音。这个神秘的黑色外壳就是潘氏兄弟的“苹果皮 520”，能将原本缺乏
弟不敢大规模生产“苹果皮”，只能在华强北电子市场的一些柜台摆货。不到半年，潘氏兄弟坦言：“苹果皮没有让我们赚到什么钱，华强北很快就出现和苹果皮一模一样的各种
的高科技产品，这是一款支持第二代和第三代 iPod touch 外围设备产品，用户只需简单地将 iPod touch（触摸屏向外）滑进“ZTE Peel”，按下两边直至完全接合，然后按下“ZTE P
即受到美国运营商的肯定，这说明啃苹果已经“啃”出创意。苹果 iPhone 的问世，催生了华强北许多独特的技术服务。在从业人员的眼里，这叫“啃”服务。常见的服务包括解锁，
出招牌。iPhone 越狱是指解除一些原版固件的限制，最大的好处是可以安装破解的软件。越狱之前，用户只能去 APPLE 的营销平台 APP STORE 商店里买程序或游戏；越狱之后，用
送的小铁环，不就可以吊手机链吗？这样的手机链便是华强北的“小发明”。“小发明”的生存周期或许很短，比如华强北的“剪卡器”。急于尝鲜的“苹果粉”一拿到 iPhone4 手机
“剪卡”服务，有的商家更是跑在市场前头推出几元的剪卡器。据了解，售价 1.5 元到四五元的剪卡器，将有虚线的贴纸撕下贴在 SIM 卡背面，使用剪刀沿虚线裁剪，就可得到 Micro
的剪卡器就卖疯了，有卖家一天最多时卖出上百个，月销量近 1000 个。出货量最大的产品是啃周边，也就是基础衍生产品，包括外壳、支架以及贴膜等等。iPhone 和 iPad 都是触摸屏
次推出新机型，华强北都是最敏感的区域。尺寸的大小，耳机的有无，都是商家们提前开始的押注。押准了，便是畅销一时；押错了，唯有自咽苦果。苹果的产品近乎完美，弱项同
在 iPhone 的接口处插上一个移动电源，iPhone 的电池就能迅速充满电，这种弥补 iPhone 电源缺陷的移动电源设备是苹果粉的必啃设备。在华强北电子市场，车载充电器、移动电源
，苹果的移动充电设备销量都很不错，这方面的需求、市场和 iPhone 一样大，移动电源也在不断改进中，从原有像小砖头的外接电源，到现在背夹式电源。最神奇的“啃”苹果，
的扩大版，随后就有厂家率先生产出这一款平板，扩大版的 iPhone 三代，用的却是 Windows 系统。”在 2010 年，还有一篇文章这样写道：“iPad 离你究竟有多远？是距离旧金山
榜单上，卓尼斯推出 10 寸平板 ePad 排名第 11。来自华强北的平板，不仅尺寸与苹果 iPad 相当，而且性能并不逊色。至于售价，ePad 产品售价为 259.99 美元，而苹果 iPad 基本款起价
里买到的各种元器件，“DIY”出了一部 iPhone6s。先从华强北的电子市场买来支持指纹密码的主板，之后又从手机修理店买来旧屏幕，拆开后用新零件重新组装。整个组装过程中
：多款苹果 iPhone4 外壳上，印有乔布斯头像、生卒年份或者历程。是致敬还是致富？有评论称：深圳出现乔布斯头像作外壳的山寨手机，说明山寨机的市场营销和创新能力很强，能
最早被“啃”的是 iPod。2001 年，乔布斯拿着扑克盒大小的 iPod，撬开了数字音乐世界的大门：把 1000 首歌装进你的口袋！iPod 的面世，是对原有 MP3 的重大改进，也开启了数
one 诞生起，就已经承担了 iPod 的职能。在苹果官网上，iPod 早已退市，只留下了 iPod touch。除了不能通话，同样在 2007 年问世的 iPod touch，可以视为 iPhone 的精简版。最精彩
套子后，这双手拨通了中国移动的客服热线 10086，很快，扬声器传来客服人员的声音。这个神秘的黑色外壳就是潘氏兄弟的“苹果皮 520”，能将原本缺乏通话功能的 iPod touch
果皮”，只能在华强北电子市场的一些柜台摆货。不到半年，潘氏兄弟坦言：“苹果皮没有让我们赚到什么钱，华强北很快就出现和苹果皮一模一样的各种各样的皮。”民间智库
持第二代和第三代 iPod touch 外围设备产品，用户只需简单地将 iPod touch（触摸屏向外）滑进“ZTE Peel”，按下两边直至完全接合，然后按下“ZTE Peel”的电源按钮，即可连
这说明啃苹果已经“啃”出创意。苹果 iPhone 的问世，催生了华强北许多独特的技术服务。在从业人员的眼里，这叫“啃”服务。常见的服务包括解锁，这是针对从国外购回的已
除一些原版固件的限制，最大的好处是可以安装破解的软件。越狱之前，用户只能去 APPLE 的营销平台 APP STORE 商店里买程序或游戏；越狱之后，用户就可以免费下载 APP ST
机链吗？这样的手机链便是华强北的“小发明”。“小发明”的生存周期或许很短，比如华强北的“剪卡器”。急于尝鲜的“苹果粉”一拿到 iPhone4 手机，第一件事就是揣着手机
跑在市场前头推出几元的剪卡器。据了解，售价 1.5 元到四五元的剪卡器，将有虚线的贴纸撕下贴在 SIM 卡背面，使用剪刀沿虚线裁剪，就可得到 Micro Sim 卡；售价二三十元到
强 北 魔 方寻 路及快速响应是深圳华强北立足的核心素质。在华强北，这叫“啃”苹果。最早被“啃”的是 iPod。2001 年，乔布斯拿着扑克盒大小的 iPod，撬开了数字音乐世界的大门：

相关文献

1

深圳：深圳报业集团出版社

钱汉江·《深圳电子三十年（1980—2010）》

2

武汉：武汉出版社

董滨，高小林·《突破——中国特区启示录》

3

广州：花城出版社

陈禹山，陈少京·《袁庚之谜》

4

北京：中信出版社

吴晓波·《激荡三十年》

5

北京：中信出版社

徐明天·《春天的故事——深圳创业史》

6

北京：中国文史出版社

深圳市政协文化文史和学习委员会·《深圳四大支柱产业的崛起（高新技术）》

7
深圳：海天出版社
深圳市史志办公室·《深圳改革开放纪事 1978–2009》

8
广州：广东科技出版社
深圳市福田区委区政府·《解码深圳·华强北》

9
北京：社会科学文献出版社
陶庆·《福街的现代『商人部落』》

10
北京：中信出版社
徐明天·《郭台铭与富士康》

11
广州：广东经济出版社
李连和·《深圳第一经济增长点》

没有旁白和文字介绍，只有一双手在操作。将 iPod touch 装进一个黑色套子后，这双手拨通了中国移动的客服热线 10086，很快，扬声器传来客服人员的声音。这个神秘的黑色外壳就是
。因为涉及和苹果公司的一些法律问题，潘氏兄弟不敢大规模生产“苹果皮”，只能在华强北电子市场的一些柜台摆货。不到半年，潘氏兄弟坦言：“苹果皮没有让我们赚到什么钱，华
道：中兴在美国推出一款名为“ZTE Peel”的高科技产品，这是一款支持第二代和第三代 iPod touch 外围设备产品，用户只需简单地将 iPod touch（触摸屏向外）滑进“ZTE Peel”，按
就是中兴推出的山寨版苹果皮。”这款产品立即受到美国运营商的肯定，这说明啃苹果已经“啃”出创意。苹果 iPhone 的问世，催生了华强北许多独特的技术服务。在从业人员的眼里，
服务叫“越狱”，高峰期几乎每个柜台都会挂出招牌。iPhone 越狱是指解除一些原版固件的限制，最大的好处是可以安装破解的软件。越狱之前，用户只能去 APPLE 的营销平台 APP ST
丝，如果用特定的螺丝刀拧开螺丝，再拧上配送的小铁环，不就可以吊手机链吗？这样的手机链便是华强北的“小发明”。“小发明”的生存周期或许很短，比如华强北的“剪卡器”。
进行剪卡处理。华强北的商家不仅立即推出“剪卡”服务，有的商家更是跑在市场前头推出几元的剪卡器。据了解，售价 1.5 元到四五元的剪卡器，将有虚线的贴纸撕下贴在 SIM 卡背面
透露，第四代 iPhone 推出没多久，华强北的剪卡器就卖疯了，有卖家一天最多时卖出上百个，月销量近 1000 个。出货量最大的产品是啃周边，也就是基础衍生产品，包括外壳、支架以
在于这里拥有发达的模具工厂。因此，苹果每次推出新机型，华强北都是最敏感的区域。尺寸的大小，耳机的有无，都是商家们提前开始的押注。押准了，便是畅销一时；押错了，唯有
机，专为苹果设计的移动电源设备应运而生。在 iPhone 的接口处插上一个移动电源，iPhone 的电池就能迅速充满电，这种弥补 iPhone 电源缺陷的移动电源设备是苹果粉的必啃设备。在
在商家看来，不管授权与否，产品同样受欢迎，苹果的移动充电设备销量都很不错，这方面的需求、市场和 iPhone 一样大，移动电源也在不断改进中，从原有像小砖头的外接电源，到
的 iPad 长什么样，有人说 iPad 就是 iPhone 的扩大版，随后就有厂家率先生产出这一款平板，扩大版的 iPhone 三代，用的却是 Windows 系统。”在 2010 年，还有一篇文章这样写道：
产的 ePad 杀进了亚马逊热销榜。在圣诞榜单上，卓尼斯推出 10 寸平板 ePad 排名第 11。来自华强北的平板，不仅尺寸与苹果 iPad 相当，而且性能并不逊色。至于售价，ePad 产品售价为
谷程序员斯科特·艾伦来到华强北，用从这里买到的各种元器件，“DIY”出了一部 iPhone6s。先从华强北的电子市场买来支持指纹密码的主板，之后又从手机修理店买来旧屏幕，拆开
斯去世。两天后，华强北卖起了“乔布斯”：多款苹果 iPhone4 外壳上，印有乔布斯头像、生卒年份或者历程。是致敬还是致富？有评论称：深圳出现乔布斯头像作外壳的山寨手机，
北立足的核心素质。在华强北，这叫“啃”苹果。最早被“啃”的是 iPod。2001 年，乔布斯拿着扑克盒大小的 iPod，撬开了数字音乐世界的大门：把 1000 首歌装进你的口袋！ iPod 的
1 亿大关，也是在这一年，iPhone 横空出世。从 iPhone 诞生起，就已经承担了 iPod 的职能。在苹果官网上，iPod 早已退市，只留下了 iPod touch。除了不能通话，同样在 2007 年问世
介绍，只有一双手在操作。将 iPod touch 装进一个黑色套子后，这双手拨通了中国移动的客服热线 10086，很快，扬声器传来客服人员的声音。这个神秘的黑色外壳就是潘氏兄弟的“苹
果公司的一些法律问题，潘氏兄弟不敢大规模生产“苹果皮”，只能在华强北电子市场的一些柜台摆货。不到半年，潘氏兄弟坦言：“苹果皮没有让我们赚到什么钱，华强北很快就出现
推出一款名为“ZTE Peel”的高科技产品，这是一款支持第二代和第三代 iPod touch 外围设备产品，用户只需简单地将 iPod touch（触摸屏向外）滑进“ZTE Peel”，按下两边直至完全
寨版苹果皮。”这款产品立即受到美国运营商的肯定，这说明啃苹果已经“啃”出创意。苹果 iPhone 的问世，催生了华强北许多独特的技术服务。在从业人员的眼里，这叫“啃”服务。
期几乎每个柜台都会挂出招牌。iPhone 越狱是指解除一些原版固件的限制，最大的好处是可以安装破解的软件。越狱之前，用户只能去 APPLE 的营销平台 APP STORE 商店里买程序或
刀拧开螺丝，再拧上配送的小铁环，不就可以吊手机链吗？这样的手机链便是华强北的“小发明”。“小发明”的生存周期或许很短，比如华强北的“剪卡器”。急于尝鲜的“苹果粉”
的商家不仅立即推出“剪卡”服务，有的商家更是跑在市场前头推出几元的剪卡器。据了解，售价 1.5 元到四五元的剪卡器，将有虚线的贴纸撕下贴在 SIM 卡背面，使用剪刀沿虚线裁
e 推出没多久，华强北的剪卡器就卖疯了，有卖家一天最多时卖出上百个，月销量近 1000 个。出货量最大的产品是啃周边，也就是基础衍生产品，包括外壳、支架以及贴膜等等。iPh
的模具工厂。因此，苹果每次推出新机型，华强北都是最敏感的区域。尺寸的大小，耳机的有无，都是商家们提前开始的押注。押准了，便是畅销一时；押错了，唯有自咽苦果。苹果
的移动电源设备应运而生。在 iPhone 的接口处插上一个移动电源，iPhone 的电池就能迅速充满电，这种弥补 iPhone 电源缺陷的移动电源设备是苹果粉的必啃设备。在华强北电子市场，
授权与否，产品同样受欢迎，苹果的移动充电设备销量都很不错，这方面的需求、市场和 iPhone 一样大，移动电源也在不断改进中，从原有像小砖头的外接电源，到现在背夹式电源。
说 iPad 就是 iPhone 的扩大版，随后就有厂家率先生产出这一款平板，扩大版的 iPhone 三代，用的却是 Windows 系统。”在 2010 年，还有一篇文章这样写道：“iPad 离你究竟有多远？
热销榜。在圣诞榜单上，卓尼斯推出 10 寸平板 ePad 排名第 11。来自华强北的平板，不仅尺寸与苹果 iPad 相当，而且性能并不逊色。至于售价，ePad 产品售价为 259.99 美元，而苹果 i
到华强北，用从这里买到的各种元器件，“DIY”出了一部 iPhone6s。先从华强北的电子市场买来支持指纹密码的主板，之后又从手机修理店买来旧屏幕，拆开后用新零件重新组装。整
北卖起了“乔布斯”：多款苹果 iPhone4 外壳上，印有乔布斯头像、生卒年份或者历程。是致敬还是致富？有评论称：深圳出现乔布斯头像作外壳的山寨手机，说明山寨机的市场营销和
强北，这叫“啃”苹果。最早被“啃”的是 iPod。2001 年，乔布斯拿着扑克盒大小的 iPod，撬开了数字音乐世界的大门：把 1000 首歌装进你的口袋！ iPod 的面世，是对原有 MP3 的
iPhone 横空出世。从 iPhone 诞生起，就已经承担了 iPod 的职能。在苹果官网上，iPod 早已退市，只留下了 iPod touch。除了不能通话，同样在 2007 年问世的 iPod touch，可以视为
将 iPod touch 装进一个黑色套子后，这双手拨通了中国移动的客服热线 10086，很快，扬声器传来客服人员的声音。这个神秘的黑色外壳就是潘氏兄弟的“苹果皮 520”，能将原本缺乏
兄弟不敢大规模生产“苹果皮”，只能在华强北电子市场的一些柜台摆货。不到半年，潘氏兄弟坦言：“苹果皮没有让我们赚到什么钱，华强北很快就出现和苹果皮一模一样的各种
的高科技产品，这是一款支持第二代和第三代 iPod touch 外围设备产品，用户只需简单地将 iPod touch（触摸屏向外）滑进“ZTE Peel”，按下两边直至完全接合，然后按下“ZTE P
立即受到美国运营商的肯定，这说明啃苹果已经“啃”出创意。苹果 iPhone 的问世，催生了华强北许多独特的技术服务。在从业人员的眼里，这叫“啃”服务。常见的服务包括解锁，
挂出招牌。iPhone 越狱是指解除一些原版固件的限制，最大的好处是可以安装破解的软件。越狱之前，用户只能去 APPLE 的营销平台 APP STORE 商店里买程序或游戏；越狱之后，用
配送的小铁环，不就可以吊手机链吗？这样的手机链便是华强北的“小发明”。“小发明”的生存周期或许很短，比如华强北的“剪卡器”。急于尝鲜的“苹果粉”一拿到 iPhone4 手
“剪卡”服务，有的商家更是跑在市场前头推出几元的剪卡器。据了解，售价 1.5 元到四五元的剪卡器，将有虚线的贴纸撕下贴在 SIM 卡背面，使用剪刀沿虚线裁剪，就可得到 Micro
北的剪卡器就卖疯了，有卖家一天最多时卖出上百个，月销量近 1000 个。出货量最大的产品是啃周边，也就是基础衍生产品，包括外壳、支架以及贴膜等等。iPhone 和 iPad 都是触摸屏
每次推出新机型，华强北都是最敏感的区域。尺寸的大小，耳机的有无，都是商家们提前开始的押注。押准了，便是畅销一时；押错了，唯有自咽苦果。苹果的产品近乎完美，弱项同
。在 iPhone 的接口处插上一个移动电源，iPhone 的电池就能迅速充满电，这种弥补 iPhone 电源缺陷的移动电源设备是苹果粉的必啃设备。在华强北电子市场，车载充电器、移动电源
迎，苹果的移动充电设备销量都很不错，这方面的需求、市场和 iPhone 一样大，移动电源也在不断改进中，从原有像小砖头的外接电源，到现在背夹式电源。最神奇的“啃”苹果，
e 的扩大版，随后就有厂家率先生产出这一款平板，扩大版的 iPhone 三代，用的却是 Windows 系统。”在 2010 年，还有一篇文章这样写道：“iPad 离你究竟有多远？是距离旧金山
榜单上，卓尼斯推出 10 寸平板 ePad 排名第 11。来自华强北的平板，不仅尺寸与苹果 iPad 相当，而且性能并不逊色。至于售价，ePad 产品售价为 259.99 美元，而苹果 iPad 基本款起价
这里买到的各种元器件，“DIY”出了一部 iPhone6s。先从华强北的电子市场买来支持指纹密码的主板，之后又从手机修理店买来旧屏幕，拆开后用新零件重新组装。整个组装过程中花
：多款苹果 iPhone4 外壳上，印有乔布斯头像、生卒年份或者历程。是致敬还是致富？有评论称：深圳出现乔布斯头像作外壳的山寨手机，说明山寨机的市场营销和创新能力很强，能
最早被“啃”的是 iPod。2001 年，乔布斯拿着扑克盒大小的 iPod，撬开了数字音乐世界的大门：把 1000 首歌装进你的口袋！ iPod 的面世，是对原有 MP3 的重大改进，也开启了数
hone 诞生起，就已经承担了 iPod 的职能。在苹果官网上，iPod 早已退市，只留下了 iPod touch。除了不能通话，同样在 2007 年问世的 iPod touch，可以视为 iPhone 的精简版。最精彩
色套子后，这双手拨通了中国移动的客服热线 10086，很快，扬声器传来客服人员的声音。这个神秘的黑色外壳就是潘氏兄弟的“苹果皮 520”，能将原本缺乏通话功能的 iPod touch 扩
苹果皮”，只能在华强北电子市场的一些柜台摆货。不到半年，潘氏兄弟坦言：“苹果皮没有让我们赚到什么钱，华强北很快就出现和苹果皮一模一样的各种各样的皮。”民间智库
支持第二代和第三代 iPod touch 外围设备产品，用户只需简单地将 iPod touch（触摸屏向外）滑进“ZTE Peel”，按下两边直至完全接合，然后按下“ZTE Peel”的电源按钮，即可连接
这说明啃苹果已经“啃”出创意。苹果 iPhone 的问世，催生了华强北许多独特的技术服务。在从业人员的眼里，这叫“啃”服务。常见的服务包括解锁，这是针对从国外购回的已
解除一些原版固件的限制，最大的好处是可以安装破解的软件。越狱之前，用户只能去 APPLE 的营销平台 APP STORE 商店里买程序或游戏；越狱之后，用户就可以免费下载 APP ST
手机链吗？这样的手机链便是华强北的“小发明”。“小发明”的生存周期或许很短，比如华强北的“剪卡器”。急于尝鲜的“苹果粉”一拿到 iPhone4 手机，第一件事就是揣着手机
是跑在市场前头推出几元的剪卡器。据了解，售价 1.5 元到四五元的剪卡器，将有虚线的贴纸撕下贴在 SIM 卡背面，使用剪刀沿虚线裁剪，就可得到 Micro Sim 卡；售价二三十元到
强 北 魔 方寻 路及快速响应是深圳华强北立足的核心素质。在华强北，这叫“啃”苹果。最早被“啃”的是 iPod。2001 年，乔布斯拿着扑克盒大小的 iPod，撬开了数字音乐世界的大门：

相关附录

深圳科技奖从捕虾机开始

关于科技创新的故事，深圳的企业各有各的精彩；关于科技奖励的演进，深圳的历程留下了许多有待挖掘的精彩。

深圳的第一个科技奖励项目是什么？时间还得追溯到1982年，得主更是名称已成历史的市无线电厂，而项目更是让人意想不到的K–H–D捕虾脉冲机。

深圳的科技奖励发生过哪些变化？1991年开始年度奖励制度，2002年开始设立市长奖，2010年起接轨国家科技奖设立自然科学奖，深圳的科技奖变得更为全面丰富。

……

捕虾脉冲机首获一等奖

深圳的第一个科技奖得主是谁？在深圳市科技创新奖励办公室2008年编撰的《深圳市科技创新成果（奖励）》画册里，出现的第一个获奖项目是市无线电厂的K–H–D捕虾脉冲机，获奖时间是1982年。

长期负责深圳科技奖申报工作的市科创委综合计划处副处长王伟表示，深圳的首次全市科学技术工作会议在1985年召开，当时第一次提出了科教兴市的发展战略，对20多项成果进行了奖励，并由此确定了两年一次的奖励时间表。在20世纪80年代，深圳总共颁发了四次科学技术奖，共有10个项目获得一等奖。从获奖目录来看，这些获奖项目多为印刷机、镀膜机等工业机器，而食品类的蚝油、啫喱、豆奶也位列其中。

这是深圳科技的起步期。在深圳市政协编写的《深圳四大支柱产业的崛起（高新技术）》一书里，用“一片空白”来形容建市之初的高新技术产业，称“全市能和科技两个字沾上边的仅有中国水产科学院南海水产研究所盐田试验站，以及市属的农科、林科、水产、农机等五个科研机构，主要为农业生产服务，工业及其他领域科研则是空白”。

拿到了第一个科技一等奖的市无线电厂，前身是宝安县无线电厂，是深圳建市之初仅有的电子工业家底。历经此后的国企重组，市无线电厂早已成为历史名词，但其延续下来的特发黎明留下了不少历史性印迹，更因为上交所等提供电脑网络而被称为中国证券电脑网络的首创者。至于市无线电厂，则为特区其他电子企业培养和输送了大量技术骨干，也被称作特区电子企业的“黄埔军校”。

三度扩容顺应创新变化

从1991年开始，深圳每年都会评出年度科学技术奖，23年间未中断过。这是深圳科技奖的第一次扩容。

对应1991年的时间节点，正是深圳市委市政府把发展高新技术产业作为深圳第一经济增长点的决策时刻。统计数据显示，深圳1991年高新技术产品产值为22.86亿元，但到1997年已经猛增至474.51亿元，初步形成了计算机及其软件、通信、微电子及基础元器件、新材料、生物工程、机电一体化、激光等七大领域的高新技术产业集群。深圳科技奖的常客，就是这七大领域的领军企业。比如1999年的科技一等奖中出现的雷地科技的金刚石膜，正是“神五”飞天时的宇航员头盔涂料。

2002年的深圳科技奖，第一次出现了“市长奖”。在深圳能够设立“市长奖”这一城市最高荣誉的奖励只有两项，一个是科技奖，另一个则是质量奖。创新与质量，相辅相成的两个奖项也是深圳践行科学发展观的实际行动。从市长奖获得者来看，既有王之、谢大维这样的电子业元老，也有马化腾、王俊这样的科技界新锐。深圳市科创委副主任朱建平直言，以市长奖为代表的科技奖充分体现了深圳科技创新的趋势，战略新兴产业在高新技术产业中的贡献比重超过了一半，而科技奖一半的获奖者同样来自这一领域。

深圳科技奖的第三次扩容出现在2010年，这年的科技奖第一次出现了自然科技奖，此后的2012年还增添了青年科技奖。这一变动，是为了和国家科技奖接轨，但从另一方面也显示出深圳科技创新的新动向。朱建平在接受本报采访时表示，随着创新型城市的试点以及国家自主创新示范区的成立，深圳的自主创新已经在基础研究上取得进展。此前，深圳在注重应用推广的国家科技进步奖上斩获丰硕，随后又在注重技术创新的国家技术发明奖上接连折桂，而后在注重基础研究的国家自然科学奖取得突破：2012 年，北京大学深圳研究生院参与完成的“有机分子和金属不对称催化体系及其协同效应研究”荣获二等奖。

深企军团挑起创新大梁

翻看国家科学技术奖的榜单，深圳通信业两大巨头华为、中兴是常客。其中，华为在 2001 年为深圳捧回首个科技进步一等奖，2011 年度又捧回首个技术发明一等奖。这是深圳科技创新的最大特色，别的城市往往以大专院校、科研院所为主力，但深圳始终以企业为主体。在深圳科技奖的表彰名单中，企业也是占据绝对优势，以至于有着“新 90%”之说。深圳公认的“四个 90%”是：90% 以上的研发机构设立在企业，90% 以上的研发人员集中在企业，90% 以上的研发资金来源于企业，90% 以上的职务发明专利出自企业。

企业挑起创新大梁，这是深圳坚持市场化的结果。直接参与国际竞争，深圳的企业对于自主创新有着深刻的认识。比如华为，每年拿出超过 10% 的收入用于研发；还比如中兴，近几年一直是国际专利申请大户。也正是由于保证持续创新，华为与中兴才能从昔日的追赶者变成现在的领跑者。

确定战略新兴产业，确定未来产业，深圳经济的新增长点正是科技创新的新发力点。翻看市长奖的名单，华大基因的王俊是生物医药的代表，光启研究院的刘若鹏是超材料的代表，比亚迪的王传福是新能源的代表。深圳科技奖的最高奖，奖励的是个人，拨动的是产业。假如再放眼世界，华为、腾讯、中兴、比亚迪这些企业近年来屡屡被国际知名机构评为最佳创新公司。

……

钱飞鸣 谢静，《深圳商报》2014 年 12 月 18 日

一条华强路　南北两重天

华强北：赛格市场当龙头

“10 年前，华强北、华强南的差距很小，远没有现在那么大。”赛格电子市场总经理甄勇峰的办公室位于宝华大厦 18 楼。往窗外望去，一条完整的华强路出现在眼前，和高耸入云的赛格广场隔街呼应的，是那栋破旧的华强肉菜市场综合楼。1989 年，甄勇峰来到赛格集团，直到 1999 年还一直住在对面的赛格苑。10 年间，每天来往于华强南华强北，留给甄勇峰最深印象的是“华强三洋”的女工。当穿着浅蓝色工服的姑娘们如潮水般涌过深南路时，就连汽车也不得不停下脚步。

“那时候，华强北是工业区，华强南是生活区。”甄勇峰如是说。

由工业区变为商业区，华强北的源头可以追溯到 1988 年，而那一颗种子就是赛格电子市场。在华强北的大型商场中，数量最多的就是电子信息市场，赛格、华强、都会、新亚洲等十多个市场共同组成了“亚洲电子第一市”。根据华强北管委会提供的数据，电子产品的销售额占了整个商圈收入的 70%，而一个赛格电子配套市场的成交额就占了全国电子产品成交总额的 1/3 以上。

根据福田区统计局的测算，赛格市场每年的成交额已接近 100 亿元。在华强北的商家眼里，赛格正是不折不扣的龙头。

“华强北很早就作为一个整体存在，而华强南却始终没有成为一个完整的概念。”南园工商所所长何世信和华强南路已经打了九年交道。在何世信的眼里，华强北有一个明确的前身，那就是上步工业区，而华强南在深圳人的概念里一直仅仅局限于华强南路。

华强南：期待“点睛之笔”

在南园路上经营烟酒生意的黄忠诚很怀念过去的幸福时光，最旺时一年批发汽水就净赚 120 万。听说大商家牵头成立华强南改造促进会时，在深圳做了 13 年生意的黄忠诚由衷地赞成。

“华强北的成功经验无法克隆，我们不可能在这里再造一个赛格广场，华强南的定位是华强北的补充。”促进会的商家对此态度明确。

身为福田区政协委员的朱文豪已经连续两年向区政协递交了提案，建议政府拓宽华强北商圈，以带旺失意的华强南。朱文豪表示，华强北的租金已使商家备感重负，而一街之隔的华强南，平均租金只有华强北的 1/5。

在华强南的商家的眼里，市、区两级政府 1998

年对华强北的改造是重要的推动，尤其是华强北管委会的成立更是华强北的“点睛之笔”。

华强南目前已经出现新的专业市场，比如深南路南侧的二手手机通信市场，年成交 700 万部手机；比如华强南的珠宝交易额近 1 亿元，华发南路上的中港珠宝交易中心可以成为珠宝街的领头羊。“华强南期待点睛之笔。”华强南改造促进会的商家很直白。

相关链接

华强北：20 年前的鱼塘农田，10 年前的厂房车间，如今成了万商云集的繁华商圈。东起燕南路，西至华富路，北接红荔路，南临深南路，华强北商业区南北长 930 米，东西宽 1560 米。在这块方圆 1.45 平方公里的空间，有着 700 多家商场，日客流量 50 万人次，年销售额 260 亿元。在这块土地上，从业人员多达 13 万，经营面积在 1 万平方米以上的大型商场就有 21 家，个体纳税户也达一万多户。华强北是多业种、多业态、综合功能齐全的商业集合体。这里汇集了电子、电器、通信、钟表配套、服装、金饰、银行证券、保险、房地产、酒楼宾馆等几十个行业。

华强南：依照华强北的范围，华强南可以确定大致范围。在深南路和滨河路的中间地带，以华强北为起点的路同样延伸到华强南。比如相对应燕南路，华强南可以松岭路为东部边界，而福虹路则可视为西部边界。照此划分，华强南相当于华强北面积的

3/4。标志性的华强南路，有人说700米长，但可作商业利用的只有500米左右。

华强南每天客流量只相当于华强北的1/10左右，约在5万人次。至于交易额，华强南无法提供明确数字。行业内普遍认为，华强南应该不到华强北的1/20，大约在10亿元。和华强北相比，华强南同等卖场的租金只有1/5甚至1/20。

——摘自华强北管委会资料

现场直击：红火华强北

3月13日，周日。气象台挂出黄色降温信号，最低气温6℃。

天气很冷，但华强北依旧火爆。早晨9时30分，顺电的门口已经出现闲逛的人们，而赛格电子市场的商户们也开始拉着板车奔波。

南段：电子市场男人扎堆

寒流不能让华强北降温，人依然很多。华强北管委会公布的数据称每日客流量在50万人次，但有商家却透露最高值应该是80万。

在华强北由南向北信步前行，首先来到华强北的“龙头宝地”赛格电子市场。这个华强北最早的专业市场共八层，周末每天人流8万以上。虽然这里的柜台窄小凌乱，但如果有哪种电子元器件在这里找不着，那么国内甚至在东南亚其他地方都可能找不到了。据称，电脑整机经销商一个周末上午可以售出超过10台万元以上的产品……

在这个市场，传奇故事每天都会发生。最新的一个与温州女商人有关，据称她用每平方米30万的天价买下了一个柜台。但一些知情人却不以为然，早在七八年前，这里的柜台就能卖出每平方米 20 万的价格。新近的成交都在以一个 1996 年的铺位衡量，据称业主在转手时净赚超过 500 万，而铺位不过 20 多个平方米。

华强北的南段属于电子专业市场，这些商场的顾客七成以上是男性，是华强北名副其实的“男人世界”。

中段：这里是女人的世界

华强北的中段属于女性，这里的时尚购物商场盯准了女同胞的钱袋。也许八成以上都是女性顾客，中段的空气里除了难闻的汽车尾气，还多了些脂粉香。

“女人世界”是早期标志性的主题商城，其后在华强北陆续登陆 10 多家商场，如曼哈商场、新大好商场、创景名店、紫荆城等，都以女性用品为主。目前，茂业百货是华强北女性主题商场新“地标”。这里也有过“男人世界”以及“男人的世界”，但在和女人的较量中都处于下风。

永不落幕的是各种打折优惠活动，让女性总担忧今天不买明天就吃亏。商场里利用率最高的便是试衣间，镜子面前总有高矮胖瘦的各色女子不断变换姿势，让身边的闺中密友们做个参谋。一位一个星期要去两次华强北的白领说，在这里购物，就要练就体力好、眼光准、不怕花钱的真本事。

北段：百米内有四大家电商

走到北段，国内难得一见的商战便在这里上演。不足百米距离，国美、顺电、易好家和永乐四大家电商做起了邻居，消费者们千步之内可走遍四店，对产品的价格、性能作最周全的比较。加上位于华强北站地铁口的苏宁和华强南的铭可达，国内大型家电连锁已悉数落户华强商圈。

华强北管委会主任何国平表示，原本以为地铁开通后华强北部分人流会分散到罗湖、南山等区，没想到热度不降反升，很大原因就是这里有各种成片的分类市场，让消费者有货比三家甚至是十多家的机会。

现场直击：失意华强南

描述华强南，萧条是一个错误的形容词，失意可能更符合华强南的心境。

华强南的失意只是相对华强北而言。就像一对孪生兄弟，经过十几年的发展，一个成了彪形大汉，而另一个却是明显营养不良。

3 月 13 日夜 9 时，穿过灯火通明的华强北，进入眼帘的华强南无疑是落寞的。滨河立交桥下的铭可达仍在营业，与之做伴的是一连串的烟酒食品店，其他商家都早早关门，不愿做寒风中的守候者。

南段：被整体遗忘的角落

从滨河路拐上华强路，顺着“华强路（南）”的标志往前走，华强路在过了百米之后便戛然而止。

正对华强路的，是一栋外观精致的建筑，前面挂着“深圳航道局”的牌子。在没有蛇口港之前，华强路的最南端可是深圳最重要的上步码头，这个内河码头卸下了特区建设初期大部分建筑材料。

早年的深圳，下步庙住宅小区可是最大的住宅小区，眼下的下步庙小区却是被遗忘的角落，一条滨河路斩断了与闹市区的联系，而滨河立交桥随后又挡住了南望的视线。

中段：败走的“南国”仍是话题

在滨河立交桥上绕一个大弯，“华强路（北）”开始的地方是铭可达家电，这是华强南路上最大的商家。很多人都说，假如铭可达能够早一点进驻，南国或许就不会败走华强南。

南园路口的南国百货给华强南带来过许多憧憬。1996 年 3 月开业的南国百货在苦苦支撑了两年半后，选择了在国庆节前结业。当时，几百米外的万佳火得一塌糊涂。

在南国旧址上的是一间叫新亚的商场，坐在新亚对面那间名叫“那由他”的咖啡馆里，由西向东审视华强南中段，不难理解商家的苦恼。由于中医院的存在，华强南的中段其实只有一侧可以发展。商家曾经抱怨，华强北 10 年前就开始卖电脑了，而华强南至今仍在卖塑料管。抱怨的对象是南华花园那排临街的建材小店。作为铭可达和新亚的连接带，华强南路在这里出现了商业断层。

北段：活在华强北的阴影下

在赛格广场没有建起来之前，华强肉菜市场还能平视赛格电子市场。但赛格广场落成后，华强南剩下的只有仰视。

和华强北只有一街之隔，华强南路的北段承载了众多疑问。比如东侧的加油站，作为上步工业区的配套设施，现在依旧占领着华强南路入街口。西侧的华强肉菜市场曾经是华强路人气最旺的商业点，眼下已经没有10年前那般喧闹。

活在华强北的阴影下，除了深南路地下通道的工地，华强南路北段这几年确实没有发生什么变化。

但在华强北商圈的边缘部分，春风却已由北向南吹来。正对着天虹商场，苏宁电器所在的福虹路风生水起。即使在深南路沿线，统建楼下的旧手机市场也在行业内拥有如同赛格电子市场的江湖地位，年销售量超过700万部，经营者笑称越南兄弟用的就有深圳人的淘汰品。

钱飞鸣 张莹 刘洪恩，

《深圳商报》，2005年3月17日

为何这些宇宙公司大佬都爱华强北？微软 CEO“膜拜”后也被震住了

去年 7 月 14 日，小政发了一篇文章《华强北“强”在哪，让微软副总裁如此羡慕嫉妒恨……》，写了小政跟随深圳市市长许勤率领的深圳市代表团到美国西雅图访问微软公司总部，没想到微软作为全宇宙最牛公司之一，其全球执行副总裁谈到深圳时却对深圳有个华强北充满了“羡慕嫉妒恨”！

4 月 11 日，这位微软全球执行副总裁——沈向洋博士又来深圳了。作为微软高层中的中国面孔，他负责帮助公司确立中长期技术发展方向，并领导着世界一流计算机科学研究机构之一的微软研究院。许勤市长此次再次与他在深圳会面，两位“理工男”相谈甚欢，从双方的战略合作谈到未来可能颠覆人类的革命性技术，谈到人工智能、全息技术、云……

会见结束后，小政专门问了沈向洋博士，有没有到“传说中”的华强北看看，结果人家说 2014 年 9 月就去实地“膜拜”过了！还带了当时他们刚刚上任的 CEO 萨提亚 · 纳德拉一起去！当时还被很多人围观，两个人看完还激动得不得了，觉得华强北是深圳作为世界硬件中心的缩影，还说每次来深圳都希望有时间去！

以下就是今天小政和沈向洋关于华强北的对话：

小政：您上次和许勤市长在微软总部会面，提到华强北赞不绝口，您自己去逛过吗？

沈向洋：我自己非常喜欢华强北，每次来我都希望有时间去。上次（2014 年 9 月）我陪同我们的新任 CEO 与市长见面后就带他去了华强北。华强北是深圳作为世界硬件中心的缩影。这次我也想去，但很可惜我们安排了去看腾讯等好多家公司，就没时间去了，下次再去。

小政：你们第一次看到“华强北”这个神秘的所在，和想象中一样吗？

沈向洋：我带着我们 CEO 去华强北，他激动得不得了，当时还有很多人围观他，说微软的 CEO 来了。我们去看了很多不同的手机、PC 机不同的设计，觉得更贴近市场、贴近用户。因为平时我们大多在实验室里做自己的产品，到了华强北可以看到顾客到底在买什么，他们的需求是什么样的，看完对我们震撼很大。

小政：这种震撼主要来自什么方面？

沈向洋：深圳近年来非常了不起，不仅仅是因为华为、腾讯这些企业诞生在深圳，更是因为深圳的硬件生态系统全球绝无仅有。到华强北看看，这里硬件非常齐全、成本低，有一大批做硬件的厂商，我们看到外国人来买硬件都是一麻袋一麻袋地买，如果加上开放的软件系统，加上云服务，未来，很多了不起的智能硬件可能都会在深圳产生！

小政了解到，其实微软高层并不是唯一的也不是最早中意华强北的宇宙公司大佬。早在2011年5月，当时还是世界手机行业翘楚的诺基亚的总裁斯蒂芬·艾洛普就莅临过华强北“取经”，当时小政也采访了他，报道开头是这样写的——“昨天，华强北的很多手机经营者也许并不知道，柜台前了解手机销售情况的外国人，就是诺基亚最大的老板——总裁兼首席执行官斯蒂芬·艾洛普。”

艾洛普当时告诉小政说，通过对卖场的实地考察，他可以亲身感受到诺基亚以及一些竞争对手的销售情况，更加认识到聆听消费者需求的重要性。“我觉得这远比我坐在办公室读销售报告感触更深”。

和微软总裁一样，彼时华强北电子市场的繁荣景象就给这位“大老板”留下了深刻印象，“深圳是一个通过创新获得快速发展的城市，诺基亚也需要在创新中积极转型”。

巧合的是，这位诺基亚的前老板与微软也有交集。2014年4月25日，微软宣布正式完成对诺基亚设备与服务部门的收购。史蒂芬·艾洛普加入了微软，新职位是微软设备部门执行副总裁。是否他加盟后向微软高层推介了华强北呢？小政不得而知。

还有另一个伟大的公司也早就“扎根”华强北，那就是英特尔。2014年，英特尔甚至把全球最负盛名的行业技术盛会——英特尔春季信息技术峰会搬到了深圳开。

在传统PC领域如日中天的英特尔，在移动互联时代慢了半拍，从 2012 年开始，英特尔终于回过神来，急速转入移动领域，切入点是平板电脑。从那以后，一直高居上游的英特尔开始瞄上“华强北”，笼络了一大批深圳白牌平板厂商，携手本土厂商一起打市场。

英特尔 CEO 科再奇曾这样评价深圳：“深圳有天然的生态系统和多元化的创新形式，我们想加入其中，希望深圳帮我们加快产品投入市场的速度。”

英特尔和微软在“华强北”也有交集。2014 年微软 CEO 萨提亚造访华强北，就被外界解读为是“为了更好地跟英特尔竞争”，因为微软同样也有借平板电脑重新找回“在移动互联网领域逝去的青春”的勃勃野心，所以，萨提亚一边逛华强北，一边就在深圳宣布了微软将于 2015 年 3 月在深圳重启以 Windows 平台为核心的“Windows 硬件工程产业创新峰会”（Win HEC）。

一直以来，华强北云集了中国最多的 ODM、OEM 和零部件商，这是一个移动终端出货量巨大的市场。小政不能说是华强北吸引了微软，但华强北所反映出来的深圳的硬件生态系统的优势的确在影响着微软对深圳的战略布局和双方在更高层面、更深层次的合作。

去年 7 月，许勤市长访问微软在美国西雅图的公司总部时，沈向洋带他参观了微软的“未来实验室”。这次访问令许勤印象颇深，回来之后，他在政府内部谈到科技创新时，多次谈到访问微软的体会。此后，深圳市政府领导与微软公司高层互动频频，双方探讨开展深入合作的领域，也大多来自那次访问打下的“伏笔”。

此次与沈向洋会面时，许勤就提出，期待双方在云计算、人工智能等重点领域加强更紧密合作。沈向洋则向许勤介绍了微软下一步在深圳的打算：将继续加大在深圳的研发投入和业务拓展。

……

沈向洋还讲了一个小故事：他的一个学生刚从微软辞职自己创办公司，学生说他第一个想去看的就是深圳。这多少从一个侧面反映了如今深圳的创新生态对全球各地的创新创业者和创客们所产生的巨大吸引力。

微信号“深政观察”，2016 年 4 月 12 日

深圳“五华”现象启示录

华为、华大基因、华强科技、华侨城、华南城，五个以“华”字开头的深圳企业组成了一个新词——“五华”。“五华”是深圳作为经济中心城市的功能体现，是特区坚持市场化导向的产物，是深圳对国家改革开放贡献的新经验。

近两年来，深圳一直流行着企业界“五华”之说。

华为、华大基因、华强科技、华侨城、华南城，这五家以“华”字打头的企业一直是接待访深代表团的常客。在访问者的眼里，“五华”是代表深圳发展水平的企业优等生，是观察深圳转型升级的窗口。在内地省市的招商官员眼里，“五华”是引进落户的重点对象。作为行业领跑者，“五华”的外溢发展填补了不少地方的行业空白，成为地方经济转型升级的抓手。

“五华”是一个偶合性的称呼。但是对于这个称呼，深圳的企业界和学术界却有着一致的认同。在他们的眼里，“五华”是深圳作为经济中心城市的功能体现，是特区坚持市场化导向的产物，是深圳对国家改革开放贡献的新经验。

……

企业发现："五华"都是创新领跑者

来"五华"看什么？当然是看"五华"如何做大做强，如何升级转型。

在新年献辞里，华为透露2013年年收入预计将超过385亿美元，同比增长10%。此前《财富》杂志的500强报告里，预测华为2013年营收将达到349亿美元，超过爱立信的336亿美元，成为全球通信产业龙头。资料显示，华为七成营收来自海外，全世界有1/3的人口在使用华为的服务。在欧美主流媒体的眼里，华为是最具国际性的中国企业，也是技术赶超的代表。华为提供给本报的数据称，每年将销售收入的10%用于研发，其中2012年研发投入为300.9亿元人民币，占销售收入的13.7%。数据还显示，华为拥有三万项专利技术，其中有四成是国际标准组织或欧美国家的专利。

"假如把基因研究视作一场马拉松，华大一直处在第一方阵，而且时不时充当着领跑者角色。"1月2日，华大基因董事长汪建接受采访时自信地表示："中国的科学研究，在某种意义上一直是追赶型，但在基因领域，现在却出现了一个引领的机遇。"华大提供的数据称，去年共发表SCI论文182篇，其中《自然》及子刊杂志30篇、《科学》3篇。美国前副总统戈尔在去年出版的新书《未来：改变全球的六大驱动力》中，多次提及华大基因，将其誉为中国崛起的代表。

……

“五华”启示：什么造就了“五华”？

为什么是“五华”？为什么是深圳？

这是“五华”以及深圳面临最多的提问。“五华”的成长各有特点，优势各有所长，但造就“五华”现象同样也有着许多共同点。

启示一：“五华”是坚持市场化导向的结果。

深圳一位老领导曾说过，“参天大树”绝对不是在温室里能够培育出来的，更不可能在花盆中长成。一片茂密的森林，总能长出几棵大树。而“五华”，正是从竞争中成长起来的大树。处理好政府和市场的关系，十八届三中全会公报用市场在资源配置中起决定性作用的提法，代替过去的基础性提法。“五华”能够做大做强，归根到底是市场公平竞争的结果、企业奋斗的结果，也是深圳多年坚持市场化导向发展经济的结果。

王石曾经写过一篇《深圳现象》的文章，当中提到华为、万科都是白手起家、从头创业，但能够成为优秀者，“必须挺过漫长而残酷的竞争”，因为“一同来到深圳的，有千千万万来自全国各地的英才豪杰”。从“五华”的发展来看，深圳企业面对的不仅是国内竞争，还有着更高水平的国际竞争。因此，“五华”不仅实现了做大，而且实现了做强。

启示二：“五华”通过外溢发展放大了特区辐射力。

“深圳的市场和资源，都不足以支撑一个巨大的企业。‘五华’的称呼是偶合，但也有规律可循。整合国内国外资源，‘五华’是深圳经济外溢发展的结果。”1 月 3 日，深圳大学中国经济特区研究中心副主任袁易明接受本报采访时如此表述。在 2012 年的政府工作报告中，深圳首次提出实施外溢发展战略。报告提到，深圳将强化全国经济中心城市的服务能力、辐射能力和带动能力，以外溢发展突破城市空间制约，以区域合作优化要素资源配置。

……

启示三：“五华”彰显深圳特殊的企业家优势。

作为“五华”概念的倡导者，许扬笑言在深圳这块企业家集中的热土上，还能够总结出更多的同类项：“比如说‘三马’，大家都知道马蔚华、马明哲、马化腾。但再往前想一想，还有深圳电子工业的奠基人马福元、华侨城的首任老总马志民，‘三马’就变成了‘五马’。”

“五华”能够出现，这是深圳营商环境优势的体现，而且这种优势经过 30 多年的发展，在深圳孕育了一个规模庞大的企业家群体。可以说，深圳已经成为中国最重要的企业家中心。综合开发研究院常务副院长郭万达表示：“‘五华’的背后，是深圳标杆性企业集体崛起的群像。”和“五华”比肩的，还有金融行业的招商、平安，互联网的腾讯，新能源的比亚迪，房地产的万科，等等。

或许，我们还该听听当事人的说法。谈起为何落户深圳，华大基因研究院院长王俊的回答是“包容”。去年，王俊决定将所获的100万元科技进步市长奖在内部建立一个基金，奖励“非常规创新”。原因何在？“当年，对华大基因这么一个‘稀奇古怪’的机构，深圳就能以‘鼓励创新、宽容失败’的精神来支持，在华大内部，我们更有责任弘扬这种精神。”王俊如此说。

……

钱飞鸣 余璐，

《深圳商报》，2014年1月6日

新闻·链接：
细数“五华” 个个精彩

“华”是一个美好的字。作为形容词的“华”，美丽而有光彩；作为名词的“华”，更是与“花”同义。

华为、华大基因、华侨城、华强科技、华南城，五个以“华”字开头的企业各有各的精彩。

华为：中国最国际化的企业

华为被公认为中国最国际化企业，其七成营收来自海外。《经济学人》指出，华为在150多个国家拥有500多名客户，全世界有1/3的人在使用华为的服务。

华为注重研发投入，近10年投入的研发费用超过人民币1300亿元。2010年华为首次入围《财富》世界500强企业，2013年华为在榜单中再次上升，至全球第315位。

华大基因：中国崛起的代表

华大基因是目前全球最大的基因测序机构，其基因测序能力和基因组分析能力均位居全球第一。1999年华大基因注册成立，2007年南下深圳，并于当年10月完成了第一个中国人的基因组序列图谱。华大基因以科学、技术、产业相互促进为发展模式，先后完成了国际人类基因组计划“中国部分”、水稻基因组计划、大熊猫等多项基因组科研工作，奠定了中国基因组科学在国际上的领先地位。

华侨城：中国旅游第一品牌

由深圳湾畔的一片滩涂起步，华侨城致力于发展有中国特色的文化产业集群，目前集团总资产近1000亿元，年销售收入过400亿元。

近年来，华侨城开发出一系列旅游产品，业态覆盖文化主题景区、旅游度假区、旅游综合体、创意文化园等，在全国重点城市开发建设旅游综合项目14处，截至2012年底累计接待游客2.3亿人次，发展成为中国旅游业第一品牌。

华强科技："中国的迪斯尼"

华强集团旗下的深圳华强文化科技集团股份有限公司被誉为"中国的迪斯尼"，它以文化为核心，以科技为依托，打造"创、研、产、销"一体化的文化科技产业链，业务分为文化内容产品及服务和文化科技主题公园两大类，其中华强动画是全国产量最大的动画企业，出口动画近15万分钟；文化科技主题公园也已在国内多个城市建成开业，初步完成全国布局。

华南城：十年造七城

华南城控股有限公司是一家在香港联合交易所上市的公司，2002年5月在香港注册成立，是中国规划、建设、运营大型综合商贸物流中心的领航者，致力于开发建设集多个产业门类为一体的现代综合商贸物流基地。华南城业务遍布中国，迄今开发建设并运营着深圳、南宁、南昌、西安、哈尔滨、郑州、合肥等地的华南城项目，其经营业态涵盖专业批发市场、仓储物流、综合商业、电子商务、会议展览等方面。

深圳“将再次给整个中国提供答案”

深圳目前正在进行的由“速度深圳”向“效益深圳”发展模式转型，引起了西方媒体关注。在全球极具影响力的美国《时代》周刊，8 月 21 日在最新一期期刊上刊载了题为《深圳的诞生与再度辉煌》（作者：迈克尔·舒曼）一文。该文以较大篇幅介绍了深圳的这种转型情况。文章称：深圳今天面对的转型问题，整个中国经济也将会遇到；深圳目前正在做着中国也必须做的事情；深圳的转型或许“将再次给整个中国提供答案”。

文章说，深圳是中国工业革命的摇篮。互联网精英马化腾“预示着深圳的未来”。文章介绍说，马化腾今年 34 岁，由于在 1998 年创立了自己的互联网企业“腾讯”，如今已经有了近 5 亿美元的财富。公司总部就像风景美丽的校园一样，这里聚集着来自北京、上海等高校最好的毕业生。他们穿着牛仔裤上班，其中有一些研发部门的软件工程师月薪高达 5000 美元。

深圳出台的新的规划可能对全球都有影响

……

文章称，深圳有望在未来五年内投资 12.5 亿美元来支持新创建的高科技企业和一些研究项目的启动。今年早些时候，政府的一项政策公告中说，深圳目前正处于一个非常关键的战略转折点，我们不能再浪费时间和机会，我们必须建立一个新型的、依靠高科技的发展战略！

“深圳出台的新的规划可能对全球都有影响。”文章说，如果深圳能够从那些低级的、简单产品装配、低工资、低素质劳动者中跳出来，培养出更多高素质、高工资的人才，那么，这对中国其他地区将是一个示范作用。中国的企业必须依靠自己的品牌、设计、技术来与美国、日本、欧洲的企业竞争。

深圳取得了令人瞩目的巨大成功

文章说：“深圳作为一个改革的先驱，这已经不是第一次了。”坐落在中国珠江口的这座东部城市，25 年前，启动了中国市场经济的改革。1979 年，中国领导人把深圳定为经济特区，依靠特殊的政策来吸引国外的公司到中国投资。

“深圳取得了令人瞩目的巨大成功。”文章称，深圳的低成本，尤其是极低的劳动力成本，吸引了大量外国公司进驻这个经济特区，而这些公司的亚太总部大都在和深圳相邻的香港。这些导致了深圳近 20 年的井喷式发展。

文章说，据香港顾问公司 Enright，Scott & Associates 披露：从 1980 年到 2004 年，深圳年平均

经济增长率达28%，2005年深圳出口总量达到1015亿美元，占中国出口总量的13%。目前中国大多数主要电子设备生产商都在深圳安家落户，比如“华为”“中兴”。

既然如此，为什么深圳还要开始一个新的经济改革呢？文章说，因为深圳发现，那些曾经带给深圳成功的全球化的力量同样可以扼杀深圳。城市发展了，劳动力成本就会上升，其他成本也会增长。根据中国政府的统计，深圳的年工资水平在2000年至2004年间已经剧增了40%，达到了4000美元。越来越高的成本正在削减着那些劳动密集型企业的利润。

“深圳目前正在做着中国也必须做的事情”

……

文章说，随着国家经济高速增长，中国的其他地区也逐渐受到成本上升、劳动力短缺和严酷的竞争等问题的困扰。香港高盛中国经济专家HongLiang说：“中国的企业家们不可能永远有低廉的劳动力，他们也不能仅仅依赖低成本进行生产。”深圳今天面对的转型问题，整个中国经济也将会遇到。一位在深圳投资高科技企业的鲁先生说：“深圳目前正在做着中国也必须做的事情。”

文章最后称：“也许，深圳这个勤劳、永远快速变化的城市，将再次给整个中国提供答案。”

李文生 王颖 林敏 李静 黎丹 编译，《深圳特区报》，2006年8月23日

1984 年的深圳彩车，你还记得吗

……

大鹏灵感来自国贸楼顶

“当时在电视里看到深圳的彩车，就觉得与众不同。”当年还是南开大学学生的深圳商报总编室主任张玉斌坦言：“当时深圳很神秘，都想知道究竟长个什么样。深圳的彩车满足了大家的需求，而且时尚的设计也契合特区的气质。”

深圳市委宣传部原副部长段亚兵当年刚刚转业报到不久，是深圳工作组的一员。“我对大鹏鸟的眼睛记忆最深，用了激光技术，一动起来就闪烁蓝光，整个大鹏鸟仿佛活了过来。”9 月 24 日下午，他在接受采访时不无自豪地表示，当年的国庆彩车有很多，感觉深圳的彩车现代感很强，而且用上了电子显示屏这样的新技术。

由于深圳彩车的主创人员黄昶身在法国，无法接受采访，经家属授权同意，本报记者获许引用老人此前在书中的具体表述。黄昶当时刚从北京调到深圳美术广告公司，彩车设计这样的政治题材是第一次涉及。团队里有人建议按照老思路设计一面大红旗，还有人建议在电子工业上做文章，但大家总是觉得这些思路不够理想。为了启发思路，彩车工作组组织设计者参观深圳的建设工地，而当时创下“三天一层楼”建设速度的国贸大厦工地便是参观对象。

按照黄昶的表述，大鹏展翅的主体构想就诞生在国贸大厦的楼顶。“随着铁笼子电梯徐徐上升，顿然有一种眼界大开的喜悦。不禁想起毛主席的诗句：鲲鹏展翅九万里，翻动扶摇羊角。背负青天朝下看，都是人间城廓。”黄昶进一步解释称，深圳素有鹏城之称，用大鹏展翅的艺术形象来展现改革开放，那是再合适不过的选择。黄昶曾向花鸟大师李苦禅学艺，尤喜学画鹰。于是，黄昶在此后的设计中将大师的鹰进一步图案化，从而造就此后的“神来之笔”。

袁庚提议加入时间金句

段亚兵出了本名叫《创造中国第一的深圳人》的书，对于蛇口工业区的“二龙戏珠”彩车，特意提到车身上的标语“时间就是金钱，效率就是生命”。在理论界，这被称为“冲破思想禁锢的第一声春雷”。

“标语是袁庚同志提议加上的。”“敢不敢打这句标语，大家是有顾虑的，因为这并不合乎当时的社会氛围。但要体现蛇口精神层面的东西，这又是最响亮的两句。”

……

段亚兵直言，30年前的彩车进京，是深圳把握住了一个宣传深圳、宣传特区、宣传改革开放的好机会。“可以说，这是个特殊节点、特殊仪式上的政治宣言”。他表示，深圳彩车当年为深圳代言，也为其他特区代言，“大鹏展翅”一边是给深圳的题词，另一面则是给厦门的题词：“把经济特区越办越好。”

……

彩车的归宿存在遗憾，留下的烙印却不减激情。

钱飞鸣，《深圳商报》，2014 年 9 月 30 日

后记

观察深圳，华强北是最受关注的那个窗口。

华强北是什么？一条街，长度930米；一个商圈，方圆1.45平方公里；一个中心，亚洲最大的电子产品集散地；一个象征，山寨的标签和创新的蜕变始终交结。

华强北的兴起，是深圳制造成长的见证。华强北的起点，来自深圳最早的工业区——上步工业区。20世纪80年代中期，深圳确定工业立市，华强北市场的起点——赛格电子配套市场诞生于1988年。90年代初期开始，深圳发展高新技术产业，成为信息产业的重要生产基地。于是，华强北成为消费电子的风向标，从VCD、DVD到MP3、MP4，从电脑到手机，华强北成为中国电子第一街。毫无疑问，华强北的背后，是一条能量巨大的完整产业链。

华强北的故事，是深圳创新成长的案例。谈到华强北，不能不谈到山寨。十几年前，山寨被视作洪水猛兽，是无序无德的产物；眼下，已经被正名的山寨，更多地被视作模仿创新的代表。事实上，深圳走过的路是“加工—制造—创造”，实现了从模仿式、跟随式创新向竞争性创新、自主创新转变。有人认为，山寨（ShanZhai）就是Made in SZ（Shenzhen）。这并非戏言。在眼下的国际创客运动中，深圳是创客之城，华强北正是硬件的硅谷。华强北的创客说，“在深圳鼓捣硬件，就像在一间有整个城市那么大的工作坊里肆意折腾”。

华强北的精神，是深圳基因成长的源头。深圳基因的诸多特质里，有蛇口元素，也有华强北元素。正如一位华强北人所言："如果民营企业是野生动物，华强北就是自然保护区。" 高效率、低成本的华强北模式，也被认为是"基于消费心理学的微创新"。经济学家说，华强北背后的实质是深圳的一套市场化机制，自由进出，有模仿，也有消化吸收，逐步有创新，再在某些领域走到前沿。

未来会怎样？华强北并不需要预言。上步工业区是深圳电子工业的摇篮，赛格电子配套市场开启了中国电子一条街，这些都是市场自由选择的结果。2017 年，《经济学人》将深圳比喻成"硅洲"，认为深圳正在改写创新的世界规则。文中称，"山寨"已经消失了，已经演变成一个由协同、快速学习供应和工厂组成的强大的生态系统。在这个生态系统里，华强北扮演着重要角色

2014 年 9 月 26 日当天，"微软中国"官方微博晒出总裁萨提亚现身华强北的照片。配文说："作为中国电子产品的流通枢纽，华强北的超强生存能力与创新实力堪称业界传奇。萨提亚亲自访问华强北，既是对深圳创新能力的致敬，也表达了微软对生态圈建设的投入与期待。"路在脚下。华强北继续向前，深圳继续向前。

图书在版编目（CIP）数据

华强北魔方．寻路 / 钱汉江，钱飞鸣著．-- 深圳：
深圳报业集团出版社，2018.7
ISBN 978-7-80709-857-7

Ⅰ．①华… Ⅱ．①钱… ②钱… Ⅲ．①纪实文学－中
国－当代 Ⅳ．① I25

中国版本图书馆 CIP 数据核字 (2018) 第 143086 号

总策划 / 出版人：胡洪侠
策划编辑：孔令军 谭祎波
责任编辑：谭祎波
技术编辑：杨杰 徐晶
装帧设计：肖敏

《我们深圳》丛书
深圳市文化创意产业发展专项资金资助项目

华强北魔方
HUAQIANGBEI MOFANG

钱汉江 钱飞鸣 著

深圳报业集团出版社出版发行
（深圳市福田区商报路 2 号 518034）
深圳市贤俊龙印刷有限公司印制 新华书店经销

开本：889mm × 1230mm 1/32
字数：400 千字
版次：2018 年 7 月第 1 版 2018 年 7 月第 1 次印刷
印张：14
ISBN 978-7-80709-857-7
定价：98.00 元（全两册）

《我们深圳》
首部全面记录深圳人文的
非虚构图文丛书

我们深圳

HUAQIANG BEI
MAGIC CUBE

华强北魔方

硅洲

◎钱汉江 钱飞鸣 / 著

深圳报业集团出版社

深圳福田中心区的中轴线（薛云麾 摄）

1998 年 9 月，赛格三星
屏炉点火（王叙照 许光明 摄）

中国第一代大哥大，在收藏网站的标价约为 1 千元（图片来自网络）

华强北的赛格通信市场（廖万育 摄）

大疆展示无人机产品（钟华登 摄）

2016 年深圳制汇节，小朋友和家长在体验日本创客带来的“放大脸”（钟华登 摄）

腾讯滨海大厦夜景（钟华登 摄）

从 2008 年发布首款手机芯片，至 2017 年发布麒麟 970，麒麟芯片走过自主芯片进化 10 年（图片来自公开报道）

柴火创客空间内，创客在交流（钟华登 摄）

深圳河两岸（薛云麾 摄）

机器人成为深圳科技展览
必不可缺的角色（钟华登 摄）

前海成为香港青年创新的
根据地（钟华登 摄）

024

总序

《我们深圳》

《我们深圳》？

是的。我们，而且深圳。

所谓“我们”，就是深圳人：长居深圳的人，暂居深圳的人，曾经在深圳生活的人，准备来深圳闯荡的人；是所有关注、关心、关爱深圳的人。

所谓“深圳”，就是我们脚下、眼前、心中的城市：是深圳市，也是深圳经济特区；是撤关以前的关内外，也是撤关以后的大特区；是1980年以来的改革热土，也是特区成立之前的南国边陲；是现实的深圳，也是过去的深圳、未来的深圳。

《我们深圳》丛书，因“我们”而起，为“深圳”而生。

这是一套“故园家底”丛书，它会告诉我们：深圳从哪里来，到哪里去，路边有何独特风景，地下有何文化遗存。我们曾经唱过什么歌，跳过什么舞，点过什么灯，吃过什么饭，住过什么房，做过什么梦……

这是一套“城市英雄”丛书，它将一一呈现：

在深圳，为深圳，谁曾经披荆斩棘，谁曾经独立潮头，谁曾经大刀阔斧，谁曾经侠胆柔情，谁曾经出生入死，谁曾经隐姓埋名……

这是一套“蓝天绿地”丛书，它将带领我们遨游深圳天空，观测南来北往的鸟，领略聚散不定的云，呼叫千姿百态的花与树，触碰神出鬼没的兽与虫。当然，还要去海底寻珊瑚，去古村采异草，去离岛逗灵猴，去深巷听传奇……

这是一套“都市精灵”丛书，它会把美好引来，把未来引来。科技的、设计的、建筑的、文化的、创意的、艺术的……这座城市，已经并且正在创造如此之多的奇迹与快乐，我们将召唤它们，吟诵它们，编织它们，期待它们次第登场，一一重现。

这套书，是都市的，是时代的。

是注重图文的，是讲究品质的。

是故事的，是好读的，是可爱的，是美妙的。

是用来激活记忆的，是拿来珍藏岁月的。

《我们深圳》，是你的！

胡洪侠

2016 年 9 月 4 日

目录
CONTENTS

第一章　悲情屏争

赛格日立来得不容易　/021
CRT 悲情谢幕　/026
康佳、创维、TCL 三足鼎立　/031
华工三剑客　/037
华星光电扛起面板大旗　/044

第二章　多面富士康

1988 年，跨海而来　/053
从千亿到万亿　/058
“iPod 之城”与血汗工厂　/063
富士康之困与转型之痛　/067
大象要开始跳舞了　/075

第三章　手机演义

你还记得“大哥大”吗　/083
手机第一家族手握六张牌照　/091
手机第一城的底气　/096
意义特殊的欧洲超级杯　/102
不走寻常路的突围者　/106
手机链条上的中国女首富　/112

第四章　芯路漫漫

中国缺“芯”　/119

“超大”两年原地踏步　/126

前工序争取 10 年仍被拒　/132

海思引领闪亮“深圳芯”　/137

第五章　创客之城

“创客”从小众变大众　/147

国际创客叫响了“硬件硅谷”　/151

深圳创客的关键词都和他相关　/155

Make with ShenZhen　/162

创客汪滔与创客大疆　/167

第六章　硅洲新故事

比肩北上广，深圳靠什么　/175

《财富》500 强的特区帮　/181

在展厅感受华为的家底　/187

转型的答案与崛起的硅洲　/193

相关文献　/202

相关附录　/206

后记　/218

康佳、创维、TCL 三足鼎立，和
此相对应的则是著名的**“华工三
剑客”**。康佳原掌门人陈伟荣、
创维原董事长黄宏生以及 TCL 的
李东生，都是华南工学院无线电
78 级的同学。**年龄相似，同一学校，
同一行业，同为彩电业大佬的“华
工三剑客”一度三星同辉，演绎
着中国彩电业的悲喜沉浮。**

第一章 悲情屏争

1986年，深圳市统计局第一次发布国民经济与社会发展公报。在1985年的工业产品统计中，收音机的产量为210万部，收录机为324万台，彩色电视机为48万台，袖珍计算器为196万台，电话机为123万台。从此，深圳成为中国的彩电生产重镇。在2016年的公报里，深圳彩电产量高达3883.49万台，坐稳第一。

尽管深圳的收录机最早闯下名头，但是彩电无疑是叫响"深圳制造"品牌的第一个大家伙。回顾深圳彩电的历史，既有康佳、创维、TCL的三足鼎立，也有三强掌门人共同背景形成的"华工三剑客"，最令人感慨的却是技术更迭带来的冲击，曾经的明星黯然落幕，新的领军者几经磨难奋力向前。

屏幕中的连续剧很精彩，彩电制造背后的故事更加富有戏剧性。

赛格日立来得不容易

2004 年，业内人士预测：传统彩电 5 年内将退出中国城市市场（郑晨烜 摄）

在 1985 年，深圳彩电的产量为 48 万台，到 1986 年猛增到 61 万台，到 1987 年突破了百万台大关，1988 年生产了 270 万台，占全国的四分之一。这一年，深圳的彩电生产厂多达 17 家，这 17 家企业分别是：深圳康佳电子公司、深圳华发电子公司、深圳华强三洋电子公司、深圳陆氏电子（蛇口）公司、深圳华利电子公司、深圳世纪电子有限公司、深圳富思特电子有限公司、深圳 RGB 电子有限公司、深圳南风电子有限公司、深圳飞跃电子有限公司、深圳美芝大华电子有限公司、深圳攀创电子有限公司、均正（深圳）电子有限公司、深圳蓉发电子有限公司、中国深圳彩电总公司、宝声电子有限公司、深圳辉煌电子有限公司。

彩电的普及，被视为中国告别商品短缺时代的标志。得益于旺盛的需求，全国彩电业遍地开花，彩电牌子多达100多个，生产能力超过1000万台。1987年，中国电视产量达到1934万台，首次超过日本，成为世界第一生产大国。在2016年，全球58%的彩电都是中国制造。和30年之前相比，中国制造的优势不仅是产量，还在于工艺。

30年前，中国彩电业有一个致命的弱点，那就是显像管供应严重不足。谈起中国制造，大家常会说“缺屏少芯”，彩电行业便是当中的突出代表。1988年，全国显像管的产量只有400万只，缺口达600万至800万只。彩电最主要的部件是显像管，成本占了整台彩电的70%以上。由于中国需求，国际彩管价格猛涨，中国彩电被掐住了脖子。深圳彩电的组装能力发达，却没有一家彩管厂。建设一家大型彩管厂，成为深圳彩电业的当务之急。

深圳彩管项目由来已久，深圳市和电子工业部为此组建了中国彩电总公司和黎明公司负责深圳彩管项目的筹建。1985年9月，国家计委批准深圳彩管工程立项。1986年，时任市长李灏指示赛格集团和中国彩电总公司携手合作共同筹建。这年12月7日，中国彩电总公司总经理孙秉光推介日立公司彩管事业部部长竹本猛夫等到深圳考察投资环境。回到日本才20天，竹本猛夫又来到深圳，日立于12月27日和深圳赛格集团、中国电子器件公司签订了协议书，愿意入股25%。经过一年的谈判，1987年10月完成了合资的草签文本，双方同意成立合资公司——深圳赛格日立彩色显示器件有限公司。

赛格日立建厂的道路并不平坦，差一点胎死腹中。当申请文件报到广东省政府与国家计委时，正值全国基本建设实施治理与整顿的时候，

1998年9月，
赛格三星屏炉点火
（王叙照 许光明 摄）

国务院对大型基建项目实行“三不政策”：一不立项，二不批可行性报告，三不批开工报告。赛格日立的总投资达1.49亿美元，属于大型基建项目，被纳入治理整顿范围，已经批准的项目要治理整顿，关停并转，新项目要得到批准更是难上加难。更为复杂的是，广东省有两个彩管项目待批，一个是赛格日立，另一个是东莞彩管，而且后者是省里必保的省属项目。一个省同时要上两个彩管厂，这在彩电工业史上是前所未有的，也遭到其他省市的质疑：为什么有的省一个彩管项目都没有，而广东一个省要上两个？

广东省的态度十分明确，就是保护东莞的彩管，同时也支持深圳的彩管项目，但有一个前提，就是东莞彩管必须先得到国家计委的批准，然后省政府再批赛格日立，时间次序是东莞在先、深圳在后。国家计委也面临着四重难题，一是如何执行治理整顿的国策，二是如何支持深圳经济特区，三是如何对待广东省的两个彩管项目，四是如何说服其他省不上彩管项目。正感慨“山重水复疑无路”，死结不可思议地被解开了：1988年春天，日立公司专门拜访了广东省省长叶选平。省长在会谈时希望日立在技术方面支持东莞彩管，日立公司答应要求但提了一个先决条件，就是省政府须批准赛格日立，使得深圳与东莞两个彩管都能上马。日立公司的积极态度解除了国家计委对东莞彩管缺少技术支撑的忧虑，也使得赛格日立获得了广东省政府与国家计委的支持。

日立的表态加速了赛格日立的审批进程，但在争取批准的过程中又遇到一个难题，就是国家计委同意赛格日立与东莞彩管同时上马，但在销售市场上却有很大的区别，东莞彩管可以内销，赛格日立必须全部外销。这是国家计委批准广东一省同时上两个彩管项目的先决条件，也是国务院平衡其他省市的重要依据。同意这一要求，意味着赛格日立失去了国内市场。为了尽快上马，赛格集团表示接受要求。经过国务院总理的特别批准，国务院于 1988 年 12 月 30 日批准了赛格日立的可行性报告。

1989 年 1 月 28 日晚，深圳赛格集团与日本日立公司在银湖旅游中心隆重举行赛格日立的签字仪式。这是深圳赛格集团成立以后的第一个大型基础项目，也是深圳市的一个大型基础工程，投资额达 1.49 亿美元，建成后年产 160 万只显像管。日立副社长浅野弘说："10 年前的今天，咸阳彩管厂举行开工典礼，今天，赛格日立彩管厂举行签字仪式。10 年前的咸阳彩管厂，我认为是成功的，今天签字的项目也一定会成功。"

这当中还有一个难忘的插曲。1989 年 5 月 20 日，深圳赛格日立正式注册成立。6 月 3 日，日立公司拜访广东省政府。就在省政府的晚宴上，听到北京传来的消息，日立的竹本猛夫非常震惊，以为会影响到广州。第二天，竹本猛夫到深圳参加赛格日立的第一次董事会，看到日本传媒的报道，要求立刻回国。赛格集团董事长马福元说："不管这里发生什么事情，我都会保证大家安全，送诸位出境。"日立公司的来客留了下来，深圳赛格日立的第一届董事会也在 5 日举行。

关于深圳赛格日立，还不能不提到彩管的选型。当时，国内各彩管厂在产品选型问题上，有一个"粗细管径"的争论。"粗管径"是指彩管玻壳管径的外直径为 29.1 毫米，而"细管径"则为 22 毫米，从彩管性能来讲，“细管径”可以节省偏转线圈的工耗和材料，但是图像质量变差，可靠性降低，“粗管径”的优缺点则恰恰相反。1988年前后，国内先后新建的彩管项目有咸阳彩虹厂二期工程、北京松下、南京华飞、上海永新、深圳赛格日立和东莞福地等六家，在产品选型上刮起了一阵“细管径”风。赛格日立另辟蹊径，抓住产品质量这一主要矛盾，采用“粗管径”。当时，业内的“有识之士”都认为粗管径不如细管径，事实证明正好相反。原先采用细管径的彩管厂在经过一段时间的生产后，纷纷改弦易辙，重新回到粗管径的道路上来，又不得不改造生产线。赛格日立的技术选型没有走弯路，在1993年就达到设计能力，实现盈利，比可行性报告预计的提前了一年。2004年，赛格日立公司成立15年，统计数据称彩管累计生产量突破3000万只。

与赛格日立同时兴建的，还有深圳中康玻璃公司。这是一家与赛格日立彩管配套的项目，总投资达23亿人民币，年生产玻壳430万套。这是20世纪80年代我国电子行业一次性投资最大的企业，也是广东省的超大型企业，是我国230家特大型企业之一。它的兴建使得深圳电子工业的实力大为增强，成为我国电视机的关键件——彩管玻壳的重要制造基地。中康玻璃工程于1990年动工兴建，1993年12月建成投产，形成了年产屏450万只、锥700万只的生产能力。

CRT 悲情谢幕

2017年10月，十九大召开。中央电视台的成就报道，特别提到了彩电。在网络转载时，这个以品质中国为主题的报道赚足眼球，“中国制造”震撼了，电视瘦成了一道“闪电”！比手机还薄一半！

画面是黄金周期间的深圳一家电器大卖场内，一款新推出的国产超薄电视惊艳亮相，让每个从它身边走过的人都会忍不住停下脚步来欣赏一下。在实验室里，技术人员用专业的仪器对它进行了测量。这款电视机的厚度是3.65毫米。而刚刚推出的苹果8手机，它的厚度也要在7毫米左右，而这款电视的屏幕厚度只有苹果8手机的一半。两个一元硬币叠在一起的厚度是3.7毫米，而这款电视屏幕的厚度比两个硬币重叠起来还要薄一些，它就是中国电视机企业所生产的目前世界上最薄的电视。在网友的评论里，电视的计量单位已经从台变成了张。

瘦成闪电的彩电，变形后是显示技术的飞跃发展。以台为计量单位，那时的电视叫CRT电视，最明显的形体特征是有一个“大肚子”：核心是彩管，“大肚子”便是玻壳；以张为计量单位，核心部件叫面板，无论是LCD、LED或者ULED、OLED，其实都是液晶电视采用的不同显示屏。2001年，第一代液晶电视上市，没有人会想到CRT技术会迅速没落。但是到了2006年，拐点出现，中国市场的CRT电视销量出现下滑，而技术成熟的液晶电视在价格大跳水后迅速成为主流。从“大肚子”瘦成“闪电”，显示技术的更新换代给消费者带来了福音，同样引发中国彩电制造业的大阵痛。

在深圳，赛格三星便是这场大阵痛的主角。三星落户深圳，缘于一次回炉。1996年，深圳的彩电业进入鼎盛时期，引起了外资的强烈兴趣。这是因为中国市场实在太大，是名副其实的天下第一，中国农村还有大批农户没有彩电，潜在的用户数以亿计。彩管是彩电的核心部件，价格占了彩电的70%以上，要生产彩电，必须有彩管，韩国的三星电子对深圳的“现代实业”有了兴趣。“现代实业”是深圳最早生产显像管的大型工厂，投产于1989年，因引进的设备与技术落后，投产不久就宣告停产。“现代实业”的设备与韩国三星是同一系列，韩国三星加以改造并更新后，可以制造出更大尺寸、更薄更新的彩管来。1996年9月，“现代实业”被韩国三星电管（香港）有限公司和深圳市投资管理公司共同收购，重组为深圳三星电管有限公司，总投资为6.05亿美元，其中三星电管公司投资4.84亿美元，占80%股权，深圳方占股20%。这次收购让深圳人看到了希望，就是接近淘汰的老设备经过改造也能起死回生。

2007年，赛格日立停产CRT（这是新闻媒体当时报道使用的图片）

到了1997年，国内的彩玻生产线过剩，价格下跌，利润越来越薄，国家计委及电子工业部曾联合下文规定中国不得再上玻壳生产线。玻壳大厂中康玻璃此时深感原先引进的技术已经不能满足需要，必须升级换代，闯出一条生路。韩国三星的玻壳彩管有新技术，可以生产从 17 英寸到 38 英寸的多种彩管，其中 38 英寸是世界上最大的玻壳彩管，在中国有很大的市场。期望通过技术改造激活中康玻璃，赛格集团把目光投向韩国三星。2004 年，经过多年的谈判，赛格集团与韩国三星达成了合资协议，成立了新的赛格三星公司并搬入了龙岗大工业区。赛格三星是一家超大型的彩管企业，韩国三星将在马来西亚的八条玻壳线与三座屏锥炉迁入了深圳，形成了年产 1380 万套 CRT 彩管的能力，生产规模大幅提高，有望成为世界上最大的彩管生产企业。

在世界的 CRT 市场上，出现了非常有趣的现象：美国不再生产 CRT，将最后的老设备卖到了中国。法国也不再生产 CRT，也将最后的老设备卖到了中国。韩国本土不再生产 CRT，日本也是如此，而老设备的接盘者仍是中国企业。于是，全球的 CRT 生产线全部到了中国，中国成为 CRT 的最大吸纳场与 CRT 的最后阵地。如河南的安彩集团，在 2004 年买了美国康宁公司的最后九条玻壳生产线，价格只要 5000 万美元，被认为是一桩很合算的买卖。全球最大的 CRT 生产商之一——法国汤姆逊公司也将 CRT 彩电业务出让给 TCL，彩虹集团在这一年也引进了日立的超大屏幕 CRT 彩管。以上的几笔交易，当时都被认为是明智的选择。至于转让方，得以轻装上阵转向新阵地，如美国的康宁公司全面转向液晶玻璃基板的生产，韩国三星也全面转产生产新一代显示器——液晶面板。

谈及赛格三星，不少人认为当年缺少眼光。其实就在赛格三星投产前，时任深圳市委书记的李鸿忠会见韩国三星的高层，就希望引进先进的液晶面板，但没有得到积极的回应，三星推托说等到时机成熟后再研究。事实上，韩国三星当年已经开发出第三代液晶面板，之所以坚守 CRT，是看到CRT在中国还有需求，还有较大的市场，能将CRT设备用尽榨干，产生最大的经济效益。赛格三星改造了生产技术，生产出36英寸的彩管，而当时中国彩管的最大尺寸是29英寸，36英寸是令人刮目相看的新产品。赛格三星又将彩管厚度减薄到只有30厘米，重量大为减轻，这又是一个进步。赛格三星依靠这些进步，取得了一定的市场。

技术新贵液晶电视拥有外观纤薄精美、大屏幕效果等特点，CRT电视相形见绌，显得“老态龙钟”。液晶电视屏幕可以加大，体积却不会成正比增加，重量也只有CRT的1/4。液晶电视可以做到40英寸、50英寸，甚至60英寸，而CRT电视的极限只有36英寸。随着液晶面板成品率的提高与价格大幅下降，CRT的大势已去，被淘汰只是时间问题。

到2006年，外资的CRT电视纷纷退出中国市场，而国产的液晶电视呈大幅上升之势，有人预言：中国的CRT只有一年的寿命。同样在这一年，中国有一次彩管发展趋势论坛，北京松下彩管公司、上海永新彩管公司、三星SDI中国区、汤姆逊广东显示公司、深圳赛格日立公司、长沙乐金飞利浦曙光电子公司、彩虹集团电子股份公司、华飞彩显公司，彩管业八巨头聚在一起探讨前景。与会的专家都是CRT的生产者与支持者，更是CRT市场的维护者。他们一致认为，CRT电视机问世最早，在国际上有80年的历史，在中国也有60年的历史，技术非常成熟，价格又比同尺寸液晶电视机便宜很多，性价比是各类电视机中最优。在被视为拐点的2006年，CRT电视销量为3112万台，同比只下降了3%，液晶电视虽有上升，但销量对CRT构不成威胁。尽管一线市场上，CRT的销量略逊于液晶电视，但二三线市场则是CRT的天下，广阔的农村市场面临的不是好与不好的问题，而是有与无的问题，价格低廉的CRT在农村仍具有广阔的市场前景。专家的一致意见是：“CRT彩电一年内退市”的言论没有任何依据，CRT还有20年的好光景，其寿命可以延续到2026年。”

然而一年后，CRT 在制造环节开始崩盘，来势之猛令专家们大跌眼镜。同样在 2006 年，在中国生产 CRT 的外资企业首先停止了生产，转而生产液晶面板，紧接着是中国的几家 CRT 大厂，如北京松下与上海永新也宣布停产，CRT 突然出现了断崖式的倒闭潮。2007 年，深圳的一家大型彩管厂——赛格日立抗不住液晶面板的冲击，守不住生产了 10 余年的阵地，宣布停产，接着是破产。深圳另一家 CRT 巨头赛格三星，还在苦苦支撑。两年后的 2009 年，赛格三星无可奈何地宣布停产，接着是破产。那些认为 CRT 还有 20 年寿命的专家，弄了个大忽悠，寿命不是 20 年，而是一到三年。自 2003 年投产到 2009 年停产，赛格三星生产了七年，最后仍是难敌新兴的液晶面板。韩方高管是 CRT 最为顽强的坚守者，眼看企业停产，失声痛哭，场面颇为悲壮。CTR 的悲情谢幕，深圳赛格集团遭受沉重打击，接连失去了深圳中康、赛格日立与赛格三星三个大型骨干企业，又没有新的骨干企业及时填补，由此失去深圳电子业的龙头地位。

康佳、创维、TCL 三足鼎立

康佳集团总部照片（公开报道的资料图片）

在 1996 年，中国彩电市场发生巨变，国产彩电销售额首次超过进口彩电。国产品牌与国外品牌的市场占有率之比逐渐由以前的 2 ∶ 8 变成了 8 ∶ 2。形成这一格局，是国产彩电生产厂家一轮接一轮的价格战，产能严重过剩下的大洗牌。形成了深圳彩电目前的行业格局：康佳、创维、TCL 三足鼎立。如果加上当年的行业老大长虹以及海信等其他厂家，全国彩电进入"战国时代"。

这场洗牌始于六年前。1991 年，全国的彩电厂多达 100 多家，差不多每个省会城市就有一至两家，彩电牌子有 100 多个。到 1992 年，100 多家彩电厂只剩下 20 家左右，淘汰率高达 80% 以上。深圳的情况也是如此。在 1991 年，深圳的彩电厂尚有 17 家之多，到 1992 年只剩下康佳、华发、华强三洋、陆氏与深圳 RGB 电子公司五家。

康佳的崛起正在此时。康佳彩电以出口为主，有较为稳定的外汇收入，抗风险的优势明显。1993 年，康佳 A、B 股同时上市，在市场上筹得大笔资金，实力大增，成为全国第二大彩电企业，规模仅次于四川长虹。1996 年，面对四川长虹的降价风暴，深圳康佳发表了著名的《康佳宣言》，

创维数码控股有限公司（创维）前主席黄宏生。（山山 摄）

与长虹展开残酷的价格肉搏战。长虹彩电号称“红太阳”，“照到哪里哪里亮”，而康佳针锋相对，向外界宣布“谁升起，谁就是太阳”，给自己的彩电起名“彩霸”。长虹降价8%—18%，每台达100—850元，康佳就宣布更大幅度的降价，降幅为20%，每台1200元，为全国彩电降幅之最。到1996年年底，康佳的销售额从1995年的180万台上升到250万台，而长虹的销售额从1995年的296万台上升到480万台。在价格战中，康佳认为要在中国市场站住脚跟，必须把企业的规模做得更大，只有达到年产300万台的能力，才能经得起风吹浪打。经过1996年的价格战，中国有一批彩电厂败下阵来，于是康佳开始在全国收购电视机厂，闯出了“康佳模式”。

黑龙江省牡丹江市有一家电视机厂，原是国家机电部的电视机定点大厂，当时正处于停产歇业阶段，急需要一家大厂来救活。经过一番研究，康佳认为收购牡丹江电视机厂一举两得：一是可以占领北方市场，可将康佳产品打进邻国俄罗斯；二是可以充分利用牡丹江电视机厂的生产条件，扩大生产规模。1993年，康佳斥资1800万元收购牡丹江电视机厂60%的股份，成立了牡丹江康佳实业有限公司。牡丹江康佳实业有限公司完全采用康佳的管理模式，在一年时间内，便实现了利税5000多万元，在不到三年的时间内，该公司的产值占了黑龙江省电子工业产值的40%，成为黑龙江省电子工业的龙头企业。牡丹江市为感谢深圳康佳的支持，还将“牡康实业公司”门前的一条大道，命名为“康佳路”。

从牡丹江开始，康佳开始了低成本扩张。比如1995年8月成立的陕西康佳，一跃成为西北地区最大的彩电生产企业。还比如1997年成立的安徽康佳，三年间累计生产彩电1200余万台，实现利税2.3亿元。到2000年，深圳康佳集团组建了重庆康佳，布局大西南。通过并购，深圳康佳在我国的东北、西北与西南地区都有了生产基地，因而实力大增，成为我国当时仅次于四川长虹的第二大彩电企业。

在深圳仅次于康佳的创维，那时的企业前身还叫作RGB，是一家名不见经传的小彩电厂。在1992年，RGB与香港创维电子公司合资，成立了深圳创维RGB电子公司。谈及这一过程，除了创维的黄宏生，还得说一说RGB的丁凯。

丁凯是位女将，1936年生于福建，14岁当上了一名空军航校的通信兵，1957年被选送到军工企业。1984年，48岁的她作为电子工业部首批派驻深圳的人员来到深圳，摸索“军转民”的道路。1987年，中国深圳彩电总公司和中国电子器件工业总公司以及香港康力集团三家合资，在深圳成立RGB电子有限公司，她被任命为中方总经理。当时，香港康力集团有一家电视机厂因故破产，留下一条弃之不用的装配线与一大堆积压的零配件，她带领工人把这条装配线全部拆卸，装了40多个集装箱运回了深圳，然后再清洗、改装，组装成一条彩电生产线，只用了25万美元。积压的零件组装成了电视机，再利用康力的渠道出口到美国，使得深圳RGB电子公司实现了当年建厂、当年投产、当年盈利的好势头。到了1992年，香港康力集团中途退资，RGB失去了投资与市场，生产与经营陷入困境，留下了当初从康力集团拉回的旧设备以及200多万元的债务，还有200多名工人。就在公司命悬一线之际，香港有家新诞生的电子企业，名叫创维电子公司，将橄榄枝投向了丁凯，使得RGB电子公司起死回生。创维电子公司的创办人，就是黄宏生。

香港创维电子成立于1988年。黄宏生的第一个尝试，是在香港成立了一家工厂生产遥控器，但是销路不畅。1991年，香港的电子业爆发了一场收购大战，就是香港的迅科集团将旗下的彩电开发部拍卖，引来了各路厂商投标竞买，财力最弱的黄宏生成了这场收购大战的赢家，由此开始彩电生涯，并开发出国际第三代彩电。到了1992年，香港创维电子公司需要更大的生产场地，于是他将目光瞄准了深圳，计划到深圳开办彩电厂。深圳RGB电子公司急需投资与新的彩电生产技术，而香港创维电子急需土地与厂房，双方一拍即合，实行合资经营。于是，深圳就出现了一家新的电视机公司，就是深圳创维RGB电子公司，黄宏生出任董事长，丁凯出任董事总经理，两个年龄相差20岁的一小一老开始了新的合作。深圳创维RGB的业绩节节上升，2002年的总销售额达到了95亿元人民币，电视机销售量达到690万台，跻身于国内彩电业三甲之列。

2016年中国品牌彩电出货8360万台，首超韩国跃居全球销量第一（刘怀君 摄）

TCL的落户，同样来自一次收购。深圳的蛇口有一家老牌电视机厂，叫陆氏实业，生产的彩电叫“佳丽彩”，一度很有名气。到了1995年前后，这家厂要退出中国市场，迁到生产成本更低的越南，而扎根深圳近邻惠州的TCL雄心勃勃，要将生产基地搬到深圳来。双方由此牵手。

TCL有一个彩电品牌，叫王牌，但没有生产基地，1993年前一直由香港的一家彩电企业——长城电子集团代为加工。1993年，TCL推出了大屏幕彩电，性能价格比优于进口品牌，1995年市场占有率跃居国内品牌第六位。为设立自己的研发生产基地，TCL收购的目光一直盯着香港长城电子集团。就在双方谈判进入最后阶段，一家外商却提出了高出TCL 15%的报价。就在TCL和香港长城电子集团的谈判陷入僵局之际，得知港资彩电企业——深圳陆氏实业正在寻找买家，这令TCL喜出望外。

陆氏实业，创办于1980年，是深圳最早的彩电企业，也是一家港商独资企业，产品在欧洲、东南亚、美洲等地有一定的市场。陆氏集团有相当强的海外市场开拓能力，1990年抓住欧洲一体化的机会，率先在英国设立生产基地，其后又在东欧设立彩电生产厂。陆氏（蛇口）实业公司还拥有完整的科研开发设施，在内地厂家中第一个获得向美国出口彩电的资格。1991年，陆氏投资越南，有意撤出内地市场。TCL兼并蛇口陆氏，既能在短期内扩大生产规模，减少因建新厂而带来的风险，还可拥有一个完整的与国际接轨的科研、开发系统，降低生产成本，为TCL王牌彩电进军海外市场打下基础。1996年6月，TCL与和香港陆氏集团达成兼并协议，TCL以1亿港元全盘收购陆氏（蛇口）实业公司，8月接收了陆氏在香港负责采购材料、接收订单、收集信息与拓展海外市场的公司，以此为基础成立了TCL（香港）电子有限公司。TCL（香港）电子有限公司成立后，主动出击，将爱华、日立的订单全部转给TCL。9月，TCL对深圳陆氏实业公司进行改组，注册为深圳TCL王牌电子有限公司，并进行技术改造，月产量达到了8万台，远远超过了原蛇口陆氏公司鼎盛时期的产量。就此，深圳的彩电正式三足鼎立。

华工三剑客

陈伟荣（公开报道的资料图片）

深圳商报

A12

财富人物

ENTREPRENEUR

离开康佳后创办的宇阳控股今日香港挂牌上市

陈伟荣：沉默七年重上前台

把陶瓷贴片电容做成芝麻粒的八分之一

陈伟荣出山的报道（公开报道的资料图片）

康佳、创维、TCL 三足鼎立，和此相对应的则是著名的“华工三剑客”。康佳原掌门人陈伟荣、创维原董事长黄宏生以及 TCL 的李东生，都是华南工学院无线电 78 级的同学。年龄相似，同一学校，同一行业，同为彩电业大佬的“华工三剑客”一度三星同辉，演绎着中国彩电业的悲喜沉浮。

1978 年高考时，三个年轻人李东生、陈伟荣、黄宏生分别从广东的惠州、罗定和海南的临高考到了华南工学院无线电专业。尽管在媒体的报道里，三人常会被冠以同班同学的称号，但事实上只有黄宏生和李东生是同班同学，陈伟荣考上的则是电工师资班。根据华南理工大学的校史，1978 年，陈伟荣是穿着露脚趾的解放鞋走进教室的。他说："如果不是考上大学，自己就是一个农民。"

1982年，三人毕业各奔东西。李东生分配回到惠州当一名机关干部，但他自己联系了一家合资企业"TTK家庭电器有限公司"。这家工厂，是TCL集团的第一家企业。1996年，李东生出任TCL集团董事长兼总裁。黄宏生毕业后则进入华南电子进出口公司工作，一度官至副厅级，1988年只身"下海"前往香港闯天下，1992年回到深圳开启创维。最先出头的是陈伟荣，毕业后分配到了康佳，12年间从技术员成为总经理兼党委书记。1994年起，陈伟荣执掌康佳帅印。在他掌舵的七年时间里，康佳的产品从彩电扩展到手机、影碟机、冰箱等，销售额则从10亿元增长至百亿元，成为深圳首家销售额过百亿的工业企业。1999年，康佳彩电产量超越长虹，成为业界老大。

三剑客的共同背景，在2000年的彩电同盟中格外引人注意。那一年，中国的彩电业是"哀鸿遍野，惨不忍睹"。这年6月，中国彩电的九巨头——TCL、康佳、创维、海信、金星、厦华、乐华、熊猫、西湖，在深圳召开了一次高峰会议。虽然九巨头产量占中国国产彩电的70%，但是彩电的最大生产厂——四川长虹并不在列。彩电九巨头达成一个协议：在一周之内，将彩电价格提到最低价格之上，最低价就是保护价，谁也不能突破，其目的是保护彩电的价格，避免行业大崩溃。这就是轰动一时的"价格同盟"。没有加入"价格同盟"的长虹，反其道而行之，再次大幅度降价，它的当家产品——29英寸彩电降到历史最低点，仅卖1799元，给了彩电"价格同盟"当头一棒，也使得"价格同盟"摇摇欲坠。南京熊猫见保护价无法维持，带头撕毁了墨迹未干的协议，成为第一个脱离"价格同盟"的会员；TCL跟风毁约，将它的王牌29英寸数字高清彩电降到限价以下，成为第二个协议的撕毁者。到了8月，"价格同盟"自动瓦解，降价之风再次吹遍全国，"价格同盟"内部分崩离析。原本被外人看来可以好好谈谈的三剑客，反而在短兵相接。至于三剑客的经营撒手锏，日后被媒体概括为：黄宏生“一个一个挖人才”，陈伟荣“一项一项争第一”，李东生“一个一个搞兼并”。这些撒手锏，免不了冲着同学的企业而去。

在彩电业，陈伟荣成为“三剑客”中的第一个离去者。2000 年的彩电寒冬，放大了此前急速扩张的隐患。不仅国内市场需求萎缩，价格战杀伤力极大，而且国际上也在欧洲遭到反倾销的诉讼。深圳华侨城集团的企业调研室曾写过一个调查报告，说康佳实行“走出去”的战略，先后在美国、印度、印尼、澳大利亚建立了多家国外分公司，但是操之过急，定位不准，经营策略不当，加上费用奇高，造成大额亏损，形成骑虎难下、进退维谷的局面。彩电进军农村的结局也是大体相同。康佳曾在全国建立的销售分公司达 60 个，各种经营部与办事处多达 328 家，聘用的员工多达 8700 人，用几亿元建起来的销售网络并没有起到应有的作用。到 2000 年底，库存的彩电高达 230 万台，资金回笼遇到了严重的困难，被寄予厚望的手机业务也不甚理想。2001 年，康佳集团的亏损总额高达 6.998 亿元，每股亏损了 1 元多。康佳在年报中不得不说：“由于受国际、国内家电行业调整的影响，经营环境不断恶化，以及公司前些年规模扩张过快，导致产销失衡，跌价损失大增，经营业绩大幅下滑，出现自 1992 年上市以来的首次亏损。”这一年，陈伟荣黯然离职。

淡出公众视线的陈伟荣仍然坚守制造业，为了避免与康佳同业竞争，他选择了向上游电子元器件多层陶瓷电容器（MCLL）发展，成立了宇阳科技。联想曾是宇阳的股东，据说陈伟荣找到联想时，柳传志说“我相信陈伟荣这个人”，爽快地投了 1000 万元。陈伟荣曾经对媒体称，宇阳的目标是“做中国的村田”。村田全称日本村田制作所，是全球最大的高端电子元器件供应商，陈伟荣的志向依旧不减。2007 年 12 月，宇阳控股在香港上市，一块业务是宇阳科技的 MCLL 业务，另一块是深圳

李东生（钟华登 摄）

亿通的手机业务。2016 年，陈伟荣再次成为媒体关注的焦点人物，这次是亿通手机拖欠货款。据媒体统计，亿通欠下近 100 位供应商总额 8000 多万元的货款，加上员工的赔偿金，涉及债务近 1.1 亿元。

第二个淡出的是黄宏生。2000 年 4 月，创维成功在香港主板上市，融资 10 亿港元。到了 2003 年度，创维实现销售额 120 亿元，出口创汇 2 亿多美元，成绩相当骄人。变故出现在 2004 年，黄宏生遭遇人生“滑铁卢”。

这年 11 月 30 日上午，创维在香港华兰中心发布中期业绩报告，深圳方面的董事全部赶到香港参会。由于利润达到了历史最好，董事长黄宏生兴冲冲地从深圳赶到香港。座驾在开会地点停下后，黄宏生到路边的一个小店去买早餐，被亮出证件的香港廉政公署工作人员围住。在这一天，香港廉政公署执行代号“虎山行”行动，近百人包围了创维香港办事处，共拘捕了 10 人。

黄宏生被控与胞弟及母亲串谋，盗窃公司 50 万港元，还以“佣金”名义分别窃取上市公司资金 221 万港元和 4838 万港元。在法官判词中，上述三项罪名成立。除了总计超过 5000 万港元的串谋盗窃罪名，黄宏生兄弟还被裁定串谋欺诈上市公司罪名成立。对于黄宏生而言，这起复杂的官司有着特殊的国情因素，“盗窃说”是一个复杂的故事；对于创维而言，黄宏生财务造假的传言并未认定，企业因而并不存在被退市的风险。就这起官司而言，黄宏生虽身陷囹圄，但创维却能得以保全。

南山区的TCL大厦（公开报道的资料图片）

2009 年黄宏生取保出狱时，创维净利润 13 亿港元，达到历史最好水平。黄宏生入狱，创维处危不乱，这也是中国企业少有的事情。低调出狱后的黄宏生，开始转战新能源汽车领域。

创维总部大楼（公开报道的资料图片）

以现有的经历来看，李东生是最成功的一个，也留下了一篇经典的《鹰的重生》。

2005 年 8 月，位于深圳高新科技园的 TCL 大厦建成并投入使用，这里是 TCL 集团的全球运营中心。正如当天阴沉的细雨，TCL 的国际化并不顺利。在媒体的追问下，李东生不得不坦承并购遇到了一些困难，原定 18 个月赢利的目标无法实现，实现赢利可能要更长的时间。

2003 年初，全球最大彩电生产厂家法国汤姆逊公司找到了 TCL，上门洽谈并购。根据协议，TCL 并购法国汤姆逊彩电公司，在法国建立一家全球最大的彩电企业，年产量 1800 万台，规模超过了世界上任何一家彩电企业。在正式签约时，TCL 不但没花一分钱，反而还拿到一笔现金收入。接着，TCL 又并购了法国阿尔卡特手机业务，拿到了对方在 2G/2.5G 方面的专利技术，以及一年销售 700 万台的海外市场。在 2004 年，李东生一口气在法国完成了两起大并购，还获得了法国总统希拉克颁发的法国国家荣誉勋章。这是法国政府首次授予中国企业家的最高国家荣誉。TCL 几乎在一夜之间成为全球彩电的霸主，全球手机业的第七强。

有人曾经提醒，TCL 的并购不是挖了一个大金矿，而是背上一个大包袱，一年可能要亏掉二三十亿，李东生只是摇摇头笑笑，认为这是不可能的事。单纯看收支，这两笔并购不能不说是合算的买卖，但是并购之后的整合成本与运行成本却是个无底洞。TCL 集团成立 13 年来是年年盈利。一年之后，2005 年首次出现亏损，净亏损达 3.2 亿元人民币。这一年，TCL 的通信业亏损高达 16.08 亿港元，TCL 多媒体亏损达 5.99 亿港元。那是一段灰暗的日子。据说 2005 年，李东生的体重短时间内足足减了 20 斤，35 英寸的裤腰成了 32 英寸。

2006 年的 6 月，李东生写下《鹰的重生》与员工共勉："鹰为了活到 70 岁，在 40 岁逐渐衰老时首先用它的喙击打岩石，直到其完全脱落，然后静静地等待新的喙长出来。再用新长出的喙，把爪子上老化的趾甲一根一根拔掉，鲜血一滴滴洒落。当新的趾甲长出来后，鹰再用新的趾甲把身上的羽毛一根一根拔掉。5 个月后，新的羽毛长出来了，鹰又开始飞翔，再度过以后的 30 年岁月！"

借用鹰在 40 岁时脱喙、断趾、拔羽以获重生的故事，李东生开始重塑 TCL。2006 年 8 月，李东生下定决心退出欧洲彩电销售，转向贴牌生产，TCL－汤姆逊公司有 450 名员工被解雇。阿尔卡特手机也做出相应调整。到 2007 年，TCL 集团整体扭亏为盈，赢利 3.8 亿元。后来，TCL 成立 30 周年要写部企业史，李东生选定的书名就是《鹰的重生》。

华星光电扛起面板大旗

2015年接受《深圳商报》的采访，李东生说：海外并购有遗憾，华星光电是骄傲。

华星光电是做什么的？是面板，既可以用在电视上，也可以用在手机上。华星光电的故事，还得从CRT说起。说起赛格三星等的谢幕，很多人会问，当年为什么没有以壮士断腕的决心淘汰进入晚年的CRT，转而发展液晶面板呢？成因很复杂，既有当时市场的诱惑，也有技术的风险考虑。

液晶面板是个高技术、大投资、高风险的行业，用行内人的话来说，是"没有千把亿的钱就别想玩这个活"。现在，京东方风生水起，是全球最大的液晶面板供应商，在中小尺寸液晶面板方面位居第一。但是回顾其成长，却是在重亏下坚持了整整八年。2003年2月，京东方以3.8亿美元收购韩国现代的液晶面板业务，开始生产中国紧缺的液晶面板，后来投资一加再加，每次都是上百亿之巨。在北京建8.5代线，投资280亿元；在合肥建6代线，投资175亿元；在内蒙古建6代线，又是200多亿元。加上其他投资，前前后后花了1000多亿。这么大的投资，不是京东方这样的超大型企业，将很难负担。从2003年制造液晶面板，京东方到2007年才初步实现盈利，奋斗了整整五年。还没容得松口气，到了2008年国际金融危机爆发，液晶面板市场再次崩盘，京东方亏损达80亿元，被称为"亏损大王"。直到2011年，京东方才开始盈利。

现在，京东方是中国第一，而华星光电则排在第二位。2016年，祖

2011 年 8 月 8 日，深圳华星光电 8.5 代液晶面板项目投产（陈文 摄）

国大陆已超越台湾成为全球第二大面板生产地，仅次于韩国。引领中国面板高歌猛进的正是京东方和华星光电。华星光电目前是第二大国产液晶面板生产企业，也是全球第五大液晶电视面板供应商，市场份额达到 13%，让人惊喜的是它在出货量和出货面积增速方面为全球液晶电视面板供应商中表现最优秀的，增速分别高达 30% 和 54%。

华星光电的诞生，缘自一次失败的合作。2006 年，深圳的 TCL、创维、康佳与四川长虹携起手来，发起成立深圳聚龙光电有限公司，宣布进军面板领域，研发与生产液晶显示屏。深圳市国资委旗下的深圳深超科技投资公司，成为该项目的合作伙伴。打得头破血流的彩电四巨头，在共同的发展难题面前成了合作伙伴。2007 年 1 月，在“自主创新、聚龙腾飞”的旗帜下，创维、TCL、康佳、长虹四家国内民族彩电巨头与深圳市深超科技投资公司联手，在五洲宾馆正式宣布成立深圳聚龙光电有限公司，共同进军平板液晶屏领域。业内评论称，四巨头联手进军液晶面板制造领域，是中国彩电企业图强图存的必要举措，具有划时代的意义。

2012年10月，深圳华星光电 8.5 代液晶面板月产 10.8 万片（陈文 摄）

华星光电（公开报道的资料图片）

然而，四条龙并没有聚在一起，而是貌合神离，各有各的算盘，很快分道扬镳。首先是长虹彩电在 2006 年投资 8 亿美元进军等离子屏领域，再掏出 1.2 亿美元来参股深圳的聚龙光电已经没有可能，退出聚龙成了定局。

接下来是康佳。康佳和台湾的中华映管公司有良好的合作关系，双方准备在深圳建设一家液晶模组工厂，购买切割好的液晶屏到深圳模组，总投资不超过 8 亿元。台湾中华映管是康佳面板的第三大供应商，已经在深圳建立了其在祖国大陆的第八座液晶模组工厂，双方的合作有了一定的基础。与此同时，台湾中华映管计划扩大第 6 代液晶面板生产线，

2013 年 1 月，三星等六企业涉及中国液晶面板反垄断案，共遭经济制裁 3.53 亿元（张浩 摄）

月产量将达到 9 万片，主要是供给康佳彩电。因此，康佳也退出了聚龙光电。

四巨头少了两个，聚龙光电的合作协议成了一张废纸。TCL 决心独立投入巨资，扛起发展平板显示屏的大旗。2009 年 11 月 16 日，TCL 集团和深圳深超科技投资公司联合，组建了深圳市华星光电技术有限公司，生产第 8.5 代液晶面板。公司注册资本为 100 亿元，总投资达 245 亿元，是深圳当时建市以来单笔投资额最大的项目，要将这笔巨大的投资变成世界一流的大型工厂，并非易事，最大的困难不是囊中羞涩，而是人才的缺乏。液晶面板在大陆地区是新产业，人才显得特别稀缺，技术积累几乎是从零开始。

然而，华星光电迎来了一个良机。2009 年 11 月份，台湾群创科技宣布与另一家面板企业奇美电子换股合并，台湾面板界三足鼎立的局面发生了变化。这一次台湾的产业整合给华星光电项目招聘人员带来了机会：两家大企业合并，多出的管理人才和业务骨干不好安排，华星光电在短时间内招聘了近百人的专业工程师，补足了技术团队的缺失。好事接二连三而来，台湾技术团队刚刚敲定，金旴植表示愿意加入华星光电，出任高级副总裁。来自韩国的金旴植，是原 LG 公司副社长，他在 LG 液晶业务领域有着举足轻重的作用，主持了 LG 从 3 代线到 7.5 代线的所有重要液晶生产线规划建设，在行业内工作了近 20 年。

2010 年，“华星光电”的主体厂房在深圳光明新区提前封顶，2011 年 8 月进行试产，其主要产品为 26 英寸、32 英寸、46 英寸以及 55 英寸液晶面板，设计产能为每月 10 万张，年产 1400 万块。2011 年 10 月 12 日开始量产，其主要产品为 26 英寸至 50 英寸的液晶面板，每月加工玻璃基板 10 万张。

2012 年 3 月，华星光电亮出了自主研制的全球最大 110 寸四倍全高清 3D 液晶显示屏，取名“中华之星”，意在展示“集成创新”的成果。2012 年 10 月 14 日，华星光电 8.5 代液晶面板项目提前 3 个月超越 10 万片的设计满载产能。在单月 10 万片满产仪式上，时任国家工信部副部长杨学山说，华星光电证明中国完全有能力在显示技术产业和电子信息其他领域实现不断的跨越，逐步从“受制于人”走向“世界先进水平”。

2016 年 11 月，总投资 538 亿元的华星光电 11 代项目在光明新区开工建设，再度成为深圳建市以来投资最大的工业项目。媒体报道称，作为深圳重大工业项目，这一项目可带动上下游千亿产业链在深圳聚集，推动深圳先进制造业发展，完善不同尺寸产品的覆盖范围，弥补我国在大尺寸、高端显示产品的市场空缺，进一步提升我国平板显示产业的国际话语权。

和京东方一起，华星光电在显示技术产业走在了前沿。当下，京东方和华星光电正在努力建设它们的 10.5 代和 11 代液晶面板生产线，其中华星光电的 11 代线更是全球最先进的液晶面板生产线。京东方的 10.5 代线预计 2018 年投产，而华星光电的 11 代线将在 2019 年投产，预计那时大陆地区将成为全球最大的液晶面板生产地。

如果富士康不能在中国这片土地上完成升级，一定会在中国之外完成。**富士康和祖国大陆的结缘从深圳开始。**不要说中国制造，即使谈起深圳制造，**富士康也是那个被有意无意忽视的名字。**但是如果评选对深圳制造影响大的企业，**富士康的入选不会任何异议。**

第二章 多面富士康

中国制造的代表？假如把这个称号赋予富士康，争议不可避免。

除了敏感的身份，富士康在公众印象中形象并不高大，全球最大代工企业的地位往往被解读为“微笑曲线的低端”，而“血汗工厂”的指责以及无法回避的“N 连跳”，使得富士康成为转型社会迷失的标本。

2017 年，特朗普当选美国总统，郭台铭和富士康成为“美国制造回归计划”的一部分。美国当地时间 7 月 26 日，郭台铭和特朗普等人在美国白宫共同宣布，富士康将投资 100 亿美元，在美国威斯康星州建立一座占地约 4 平方公里的液晶面板生产工厂。

没有富士康会怎样？一个复杂的问题由此抛出。网上流传着一篇名叫《不能让富士康跑了》的文章，直言富士康是中国改革开放以来工业化最扎实的成果。如果富士康不能在中国这片土地上完成升级，一定会在中国之外完成。

富士康和祖国大陆的结缘，从深圳开始。不要说中国制造，即使谈起深圳制造，富士康也会是那个被有意无意忽视的名字。但是如果评选对深圳制造影响最大的企业，富士康的入选不会有任何异议。

1988 年，跨海而来

2010 年 8 月富士康郑州投产，544 名员工来自深圳（王中举 摄）

1988 年，是一个平静的年份。这一年，全国人大通过宪法修正案，“私营经济”的提法第一次出现；这一年，国务院批准深圳计划单列，成为“五兄弟”中最后一个入列者，和大连、青岛、宁波、厦门一样，深圳同样陷入了计划单列与省会城市的竞争。

对于深圳制造而言，1988 年具有重要意义。这一年，郭台铭悄悄渡海而来；这一年，赛格电子配套市场正式开张。

1988 年 10 月，富士康在西乡崩山脚下成立富士康海洋精密电脑插件厂，首批 150 名员工来自广东澄海、潮州、丰顺。这是富士康在祖国大陆成立的第一个生产基地。此后，富士康深圳黄田厂在 1992 年成立，宝田厂在 1993 年成立，富鸿厂在 1995 年成立。与此同时，富士康的目光也跳出深圳选择了昆山。到了 1996 年，祖国大陆的第一个富士康城雏形初现。这年 6 月，深圳龙华科技园开园，首家入驻企业——富金精密工业（深圳）有限公司举行开工典礼。在富士康的成长史上，龙华科技园的开园被视作快速发展期的开始。

郭台铭祖籍山西晋城，父亲郭龄瑞是退守台湾的国民党老兵，母亲初永真是山东蓬莱人。1950 年出生的郭台铭，在 1973 年开始创业，出资 10 万元新台币与朋友在台北县创立了鸿海塑料企业有限公司，生产的产品是黑白电视机选台的按钮。这时的鸿海，规模只有 30 万元新台币，仅有 15 名员工。按照郭台铭的说法，10 万元创业本金，是母亲参加标会得来。第二年，合伙人决定撤资，郭台铭向岳父借了 17.5 万元新台币，硬把工厂顶了下来。进入个人电脑年代，郭台铭靠所掌握的成熟模具技术，以连接器、机壳等产品为重心，力行“量大、低价”的竞争策略，迅速占领市场。鸿海的名字也多了精密工业的后缀。广为人知的富士康诞生于 1985 年。那年，郭台铭在美国成立分公司，创出“FOXCONN”品牌。富士康的得名和日本富士山毫无关系，而是“FOXCONN”的音译。“Fox”是狐狸，台湾的解读是指郭台铭欣赏狐狸般的生财之道；“Connector”是连接器，直接道出母公司鸿海集团是从连接器起家。此后，郭台铭还说过一句广为流传的话：鸿飞千里，海纳百川，聚才乃壮，富士则康。富士康，由此多了一个新解读。

选择投资祖国大陆，是富士康腾飞的关键，而深圳正是这个起点。1987 年，台湾开放赴祖国大陆探亲，郭台铭便是探亲队伍中的一员。两

2010 年各地争抢富士康生产线（肖波 画）

岸没有直航，台湾同胞回祖国大陆必须中转香港，而深圳便是入境第一站。在深圳，郭台铭看到热火朝天的开发场面，一片兴旺景象，与台湾 20 世纪 70 年代经济起飞的情况极为相似。他看到深圳的前景与优势，看到祖国大陆的前景与市场，怦然心动。心动的理由很直接：在台湾，工人的月工资相当于 2500 元人民币，还很难招到，而在深圳每月只需 500 元，每天有许多外来打工者在工厂门口排队应聘。此外，台湾的地价高昂，而深圳地价便宜，政府搞好了“五通一平”，还有各种各样的优惠政策。在台湾当局并没有松绑产业政策的情况下，郭台铭的决策相当冒险。敢于捷足先登，原因一是当年还属于小企业，并不引人注目；二是民营企业的身份，当局也不太理睬。

2006年10月，富士康邀请在祖国大陆设厂时招收的第一批员工回厂叙旧。《深圳商报》财经记者徐明天留下了一段关于海洋厂开业式的记录：一个大个子台湾老板对全厂150名员工演讲，他慷慨激昂地宣布要建成“世界最大的工厂”，那些员工就在下面偷偷地笑：这老板真能吹牛。后来的故事并不是牛皮吹破的笑话，富士康是人类有史以来第一家有百万员工的工业企业，在管理学上是工业流水线登峰造极的产物。

海洋厂的厂房是租来的，共五层楼。一楼做仓库和接待室，二楼空着，三楼做办公室，四楼是生产线，员工宿舍要到一年后才建起，五楼便搞了两间大通铺，一边是女工，一边是男工。这种办公、生产、仓库、宿舍“四合一”的厂房并不符合消防要求，但早年在深圳是普遍现象。这是一段艰苦的创业历程。首先是停电，电停了就休息，电来了就开工；其次是停水，有时餐厅连洗碗水都没有，只好用纸来擦。至于冲凉，女工们在附近村子里找到了一个施工队留下的小木屋，轮流提来井水冲凉，木屋的缝隙很大，还得有人站岗放哨。富士康的“红米饭”典故，也出自这一时段：由于水质不佳，煮出来的米饭变了色。

把握住个人电脑兴起的国际产业大趋势，郭台铭能够成为台湾岛内的实业标杆。富士康成为全球制造业巨头，决定性因素却是郭台铭看到了中国改革开放的机遇，抓住了世界制造业向祖国大陆转移的契机。在1995年的企业大事记里，有一条简单的记录：郭台铭总裁一行为深圳龙华科技园选址勘查。在诸多有关富士康的报道里，郭台铭走访龙华的时间要早上一年多，而且还有一个令人印象深刻的片断：龙华当时荒地很多，野草长得比人还高。郭台铭站在一个高处，振臂一挥，对当地的政府官员说，“看得见的土地我全要了”。从1996年开始，富士康开始向龙华搬迁，以后每年都有新厂房建成，最终成了一个富士康城。

富士康企业史的研究者们都认为，和同期的其他台湾企业相比，前15年的富士康并不显眼，跨海之举是飞跃的开始。在官方介绍里，1988年的富士康台湾地区员工达到1000人，年营业额突破新台币10亿元。1989年，富士康名列台湾制造业第294位。1991年，鸿海股票在台湾上市。1995年，富士康的营业额突破新台币100亿元，名列台湾制造业第65位。2001年，富士康已经跃居台湾民营制造业第一。

从千亿到万亿

2017 年的《财富》全球 500 强排行榜上，富士康的母公司鸿海集团排名第 27 位，营业收入 1351 亿美元，利润 46 亿美元。排名在鸿海之前的中国企业，只有国家电网、中石化、中石油以及工商银行。在 2016 年的榜单上，鸿海排名第 25 位，营业收入 1412 亿美元，利润同样超过 46 亿美元。按照这样的排名，富士康是大中华经济圈里制造业第一位。

在这张榜单上，鸿海的排名上升速度惊人。2005 年，鸿海首度上榜，位于第 371 位；2006 年，排名跃居第 206 位；2009 年，再度向前至第 109 位；在 2011 年又大幅攀升至第 60 位；2012 年，排名第 43 位。此后，鸿海一直排名在 30 位左右，2015 年为第 31 位。

单纯看利润，鸿海的获利和付出似乎不成正比。还是拿 2017 年的榜单来比较，富士康最重要的合作伙伴是苹果，2156 亿美元的营收只比鸿海多了 700 亿美元，但是 456.87 亿美元的利润却是鸿海的 10 倍。这样的比较，确实可以印证“微笑曲线”，代工工厂处在低端，而且也似乎可以顺理成章地推断，受制于人的代工利润很薄，“没有大的出息”。然而，这样的推断不仅片面也有失公允，就拿中国造船登顶世界来说，被超越的韩国感慨过竞争不仅有价格战，还有技术战。能为国际船企制造 30 万吨的巨轮，这本身就是制造业实力的体现，表明中国的造船业达到了世界先进水平。富士康能够制造当代最先进的信息产品，能够和苹果这样的最先进企业成为合作伙伴，已经证明了富士康是制造业的标杆。

2007 年，李鸿忠从深圳市委书记履新湖北省省长，富士康正是重要

富士康科技集团历年出口额(1996-2016)

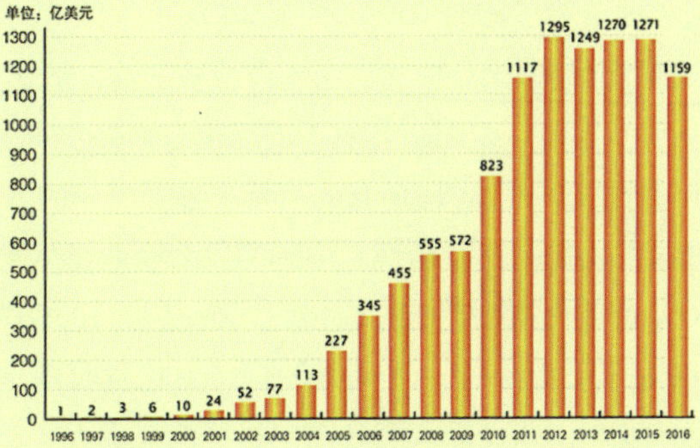

的招商对象。这一年，富士康武汉科技园奠基。令人印象深刻的是，和富士康一同前往湖北考察的，是数百家配套企业。在深圳中小型制造企业眼里，融入富士康就等于拿到了一块免死金牌：一是订单有保障，企业不愁没活干；二是结算很规范，不仅不用担心被欠款而且交接时间也远远短于其他企业；三是管理上档次，富士康的供应商是块品质招牌。深圳最成功的电子产品是什么？先是电脑，再是手机，而最大的生产者都是富士康。在某种意义上，富士康扮演了一个特殊的角色，如同游戏中的虫族母巢。

财经记者徐明天在 2007 年出版了《郭台铭与富士康》一书，坦言富士康的经验告诉我们：企业必须回到产品、质量、技术、管理、人才等等这些企业的最普通、最基本的问题上来。

那个时候，中国企业热衷于寻找没有竞争且高利润的蓝海，这种机会主义心理造就了此后一个又一个风口论。回归基本面，这是富士康的企业本源。尤其值得一提的，富士康根植制造，坚守实业。

10 年前，中国企业对于国际化有着强烈的渴望，跻身《财富》世界 500 强是每一个成功企业的目标。按照当年的入围标准，1000 亿元人民币的营收是一道及格线。中国的民营企业诞生于改革开放初期，最初的 20 年都能保持高速增长，30%、50% 甚至 100% 的增幅都不在话下，但是 100 亿营收是一个“小瓶颈”，1000 亿营收则是一个“大瓶颈”。研究者还发现，即使是联想和海尔这样的最优秀者，都在突破千亿大关口后出现徘徊。富士康的成长路径，却没有受到“瓶颈论”的限制。以 1996 年的 25 亿元为基点，富士康此后 10 年间的年增速都超过 50%，2004 年度全年营收约 1400 亿元人民币，首次超越全球代工第一大厂——伟创力，2006 年营收超过 500 亿美元。这样的增长直接体现为世界 500 强排名的飞速提升。2015 年之后，富士康的增速放缓，但是过千亿美元的体量，隐约间指明了万亿人民币这个新的瓶颈。从百亿到千亿，再到万亿，富士康的新瓶颈无疑是为中国制造探路。

突破“瓶颈论”，富士康的过人之处首先就是多元化经营。一个产品的市场是有限度的，只有多个产品相加，才能做大规模。富士康的产品几乎涵盖了全部电子行业，电脑、手机、消费电子再到数字电视和汽车。从市场地位来看，富士康是多个业务的全球冠军。从 1998 年起，富士康就已经是全球最大的电脑连接器供应商，而且占据市场份额的 60%。到 1999 年，富士康出口微机 1100 万台，占据全球总量的十分之一。从 2000 年开始，富士康的机壳占据全球市场份额达 60%。业内的说法是，全球 40% 的消费电子产品，为富士康造。郭台铭在一次采访中说：“去年圣诞节在美国最畅销的前 10 个产品，有 7 个是富士康做的。我想大家都看到这个报道了。比如你手上这个照相机，这个伸缩镜头，就没有其

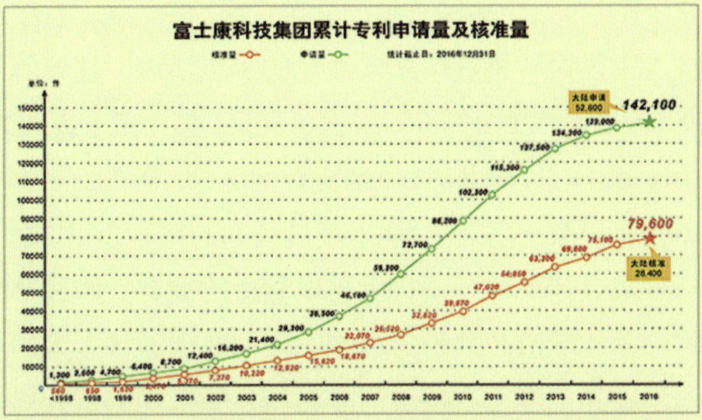

评价机构	项目	2000	2001	2002	2003	2004	2005	2006	2007	2008	2009	2010	2011	2012	2013	2014	2015	2016	2017
美国《财富》	全球500强						371	206	154	132	109	112	60	43	30	32	31	25	27
台湾《天下》	[illegible]	10	2	2	2	2	1	1	1	1	1	1	1	1	1	1	1	1	
香港《亚洲周刊》	全球华商1000	9	9	10	8	7	5	2	3	3	3	3	3	3	3	3	3	3	
中国海关总署	中国内地企业出口200强		2	1	1	1	1	1	1	1	1	1	1	1	1	1	1	1	

他公司做得出来。这个的模具是要非常精密的。（如果有谁做得到）你告诉我，我马上把那家公司买下来。”

支撑扩张的，却是综合实力。一位日本本土制造业人士曾这样评价：“快速、廉价、质优，如此完美的代工企业绝无仅有。照这样下去，它会发展到什么程度？想到这一点就感到可怕。”尤其是产品周期越来越短的消费电子，再也没有比富士康更合适的合作者。2017 年，日本《日经新闻》援引台湾元大证券顾问公司的计算，苹果每年售出的 2.1 亿部 iPhone 里，有 70% 都是富士康代工的，另外 30% 由富士康的竞争对手和硕以及纬创生产。业内还有这样一个说法，苹果发布 iPhone 也有着富士康的助推。早在 2000 年，富士康进军手机代工，成为摩托罗拉和诺基亚的合作者。富士康和苹果的合作广泛，有电脑，还有 iPod。从 2006 年开始，富士康建议苹果进军从未涉及的手机领域，还设计了上百种样品以供参考。改变时代的 iPhone，成就了苹果，也让富士康成为最大的手机制造者。2016 年 10 月，苹果 CEO 库克访问深圳。在接受媒体采访时，库克说："我 20 多年前第一次访华，深圳就是访问的第一个目的地。是郭台铭陪我来的，当时来寻找在中国进行大规模制造的地方。因为苹果公司专注创新型产品，因此制造必须是先进的。我们发现深圳工人的手工工艺水平遥遥领先世界其他地方。随着产品更新，苹果的销量大量增加，而员工也大量增加。今天，深圳对于苹果公司的制造而言，仍然是一个非常重要的城市。"

在一般人的概念里，"代工"是一个没有技术含量的活儿，成为"代工之王"却离不开技术的支撑。就拿电脑来说，除了英特尔的芯片，富士康早在 1996 年就能生产整机。1995 年，富士康的专利申请量为 270 件，专利核准量为 160 件。到 2006 年 9 月，富士康的全球核准专利累计为 17250 件，11 年间增长了 108 倍。现在谈起国际专利申请，华为、中兴、京东方、腾讯的排名都在富士康的前面，但是比起历史，富士康的家底毫不逊色。按照鸿海集团最新的年度报告，截至 2016 年底，集团全球专利申请累计为 142100 件（其中大陆地区申请 52800 件）。报告还称，根据全球专利资料库调查，鸿海在 2006 年至 2016 年连续 11 年在美国专利核准量排行榜位居华人企业前列，2016 年取得的美国专利权排名居全球第 44 名、华人企业第 3 名。可以为此做注释的是，2013 年到 2014 年，谷歌连续向富士康购买了通信技术、显示器、可穿戴设备的专利。不买这些专利，谷歌无法切入硬件领域。

“iPod之城”与“血汗工厂”

谈技术、谈管理、谈质量，富士康快速扩张的基础，还是离不开低成本的劳动力。

富士康的官方介绍里，其中国业务版图分为了四部分。

在珠三角地区布局，深圳、佛山、中山、东莞、惠州、广州等地，深圳园区将打造成专注于科技研发基地和电子商务、电子模块大型贸易、新产品导入、人才培训中心，加速集团产业转型升级，力争成为珠三角地区产业转型升级的主力推手。

在长三角地区，布局形成以精密连接器、无线通信组件、液晶显示器、网通设备机构件、半导体设备和软件技术开发等为主的产业链及供应链聚合体系，促进区域产业结构优化和升级。

在环渤海地区，布局以无线通信、消费电子、云运算、纳米科技、计算机组件、伺服马达、精密机床、环境科技等为主的为骨干产业，为区域经济发展输送科技与制造动能。

在中西部地区，布局重点发展精密模具、自动化设备、镁铝合金、汽车零部件、光机电模组、智能手机、平板电脑、智能电视等，助推“中部崛起”和“西部大开发”国家发展战略实施。

既有产生光鲜数据的出口，还直接关系民生的就业，富士康对于地方政府具有不可抗拒的诱惑力。在最高峰，富士康的出口能够占据全国总量的5%，现在仍然有着4%的比例，在多个省份都是富士康系企业排名出口第一。富士康的落户，意味着一个区域的经济可以用最直接的方式融入产业链。就好比郑州，有着“iPhone之城”称呼的富士康产业园拥有35万名员工，94条生产线一天能够生产50万部手机。

比“iPhone之城”更早闻名的是“iPod之城”。2006年6月11日，英国《星期日邮报》一篇题为《iPod之城》的报道，报道主角正是生产苹果公司主打产品iPod的富士康，称其女工每个月的工资收入只有27英镑。6月14日，新浪科技频道以《苹果中国代工厂探秘：女工日工作15小时月薪300》为题，部分转载该篇报道。只是时间上的巧合，《第一财经日报》在6月15日刊发了引发官司的文章，那篇文章在网络转载时的标题叫做：富士康员工：机器罚你站12小时。

《星期日邮报》的报道称：“富士康深圳龙华工厂拥有20万名员工，

2010年10月，由20所高校共同完成的《高校富士康调研总报告》在北京发布（章轲 摄）

这座‘iPod之城’比英国纽卡斯尔市的人口还要多。”报道称，苹果的旗舰产品iPod主要由女工生产，她们的月收入仅为27英镑（约合人民币387元），但每天的工作时间长达15个小时。《星期日邮报》记者还采访了位于苏州的一家iPod shuffle工厂，工人在工厂之外居住，每月收入为54英镑（约合人民币774元）。不过，她们需要自己支付食宿费用，这要花掉一半的收入。一位保安称，生产iPod shuffle的工人大多为女性，这主要因为女工比男工老实。

此后的调查显示，《星期日邮报》的英国女记者和她的摄影记者并未进入富士康工厂内部，27镑的月收入更是一个站不住脚的数据。然而富士康和《第一财经日报》的新闻官司，却让“血汗工厂”的说法持续发酵。7月3日，富士康认为该报道侵犯了名誉权，向深圳市中院提出诉讼。8月28日，《第一财经日报》头版刊出《报道“超时加班”——〈第一财经日报〉记者遭索赔3000万元》一文，文章称：“台湾首富郭台铭所控制的台湾鸿海精密工业股份有限公司旗下公司——鸿富锦精密工业（深圳）有限公司，以名誉侵权纠纷为由，向《第一财经日报》的两名记者翁宝、王佑提出总额人民币3000万元索赔，并已要求相关法院查封、冻结了两名记者的个人财产。”《第一财经日报》为此发表声明，对鸿富锦公司采取诉讼保全措施查封记者个人财产“表示强烈谴责”。针对记者个人提出3000万元索赔，新闻界直言富士康是用合法形式向记者方施加压力。此后戏剧性的一幕发生，富士康8月30日晚将诉讼标的降为1元，相关记者财产被解冻，同时将《第一财经日报》列为被告。9月3日，《第一财经日报社与富士康科技集团（鸿富锦精密工业（深圳）有限公司）联合声明》出现在《第一财经日报》网站上。双方在“相互致歉、相互致敬”之后，富士康撤销诉讼。至此，这场沸沸扬扬的官司的双方握手言和。时任《第一财经日报》总编秦朔如此解释“为什么是和解还有歉意”：“我们报道的最后段落显得夸张，确有瑕疵。”“以一篇有瑕疵的报道即便大获全胜，也不是真的胜利。”有“瑕疵”的结尾原文如下：一位不愿透露姓名的富士康员工如此形容他们的生活：“干得比驴累，吃得比猪差，起得比鸡早，下班比小姐晚，装得比孙子乖，看上去比谁都好，五年后比谁都老。”直接引语部分，是当年流行的段子，也是记者常用的自嘲。

《第一财经日报》的报道，并没有出现“血汗工厂”的字眼，但是在网络的大量转载里，6 月 15 日的报道被改成了“富士康员工曝血汗工厂黑幕”，由此产生的评论甚至喊出了“现代包身工”的字眼。其实，《第一财经日报》6 月 22 日还有一篇报道，同一记者的文章题为《一位离职的富士康昆山工厂女工：底薪很低福利很好》。

在媒体普遍质疑富士康的管理问题时，郭台铭曾对外界回应称：“我们在中国目前有近百万员工。我们不能讲我们是最好的示范工厂，但在 500 强里面，我们是最守规范的工厂之一。这一点绝对有把握。”而在美国公平劳动协会对富士康的调查过程中，一位工人的回答则更为直接。这位工人称自己曾辗转于深圳的多家电子厂，他认为富士康比起其他小厂，更有人性，工资、福利都相对完善和透明，也没有很多小厂里复杂的人事关系，只要干活挣钱就行。

“血汗工厂”的余波一直伴随着富士康。2015 年 6 月，郭台铭在股东会现场更是呛声国外投资者：鸿海集团工作环境不输任何英国企业，如果相信抹黑报道，就不要来买鸿海的股票。事件的起因是有三名员工罹患白血病，鸿海为其中一人花费上百万元人民币治疗，而另一个因血癌早已去世的员工其家属却以此索讨百万。在指责劳工团体不明就里的同时，郭台铭称鸿海可以开放工厂，让英国的政府或民间团体来检查。

富士康之困与转型之痛

工业流水线的鼻祖亨利·福特说过：没有人能管理100万人。郭台铭也曾吐槽："想到每天要管理100万人就头痛。"

2010年5月17日，周一。这天的《瞭望》新闻周刊，主角是富士康。出现在文章里的新闻，是群体性非正常坠楼事件。

解释2010年发生在龙华富士康的"坠楼事件"，是一件困难的事。

第一起坠楼出现在1月23日，19岁的河南鄢陵人马向前在观澜二分厂内的宿舍楼上坠下。事后马向前的家属在天涯论坛发帖，48小时内该帖的访问量超过33万人次。到了当年末，坠楼数字增加到14。当年17岁的田玉是唯一幸存的当事人，也一直是媒体的关注点。返乡之后的田玉，瘫痪在床，编起了爱心手工拖鞋。直至2017年，媒体依然会进行年度探访，这位幸存者现在拥有一份网站客服的工作，不愿再谈起旧事。在此前的公开报道里，少女飞身跃下的那一刻显得格外无助：父亲给的500元快要用尽，工资卡却还拿不到，问了两个厂区也无人搭理，没钱坐车只好走了10公里路回宿舍。想向堂姐倾诉，可是手机又被偷了。相关文字表述如下：那一夜，她脑子和腿仿佛都没感觉，辗转反侧到天明，眼看到了上班时间，想着又得"无偿劳动"，气糊涂了，便翻过四楼的围栏跳下。

坠楼事件的原因是什么？似乎没有人能讲清楚。《南方周末》在此期间刊发了富士康"潜伏"报告，文章写道："零部件在流水线上的一个个环节中流过，加工成型；他们单一而纯粹的青春，也在机器的特有节奏中消磨。”执行采访的实习生刘志毅在采访手记中感慨：这个容纳40多万人的巨型工厂并非人们想象中的“血汗工厂”。它提供食宿，规模达到一个中等城镇，流水作业，井井有条。与同类相较之下，这里的设备齐全而优越，待遇标准而规范。每天都有成千上万的人蜂拥而至，只为找一个自己的位置，找一个也许他永远无法实现的梦想。这实非一个工厂的内

2010年5月，富士康科技集团（陈文 摄）

幕，这是一代工人的命运。

5月24日，郭台铭出席“天府四川宝岛行启动仪式暨经贸合作论坛”时表示，外界不了解真相，“很多事都不能说，我们都默默在做”。台湾媒体的报道还指出，虽然身边的人想阻挡记者，但他选择正面回应。

2010年5月26日，郭台铭从台湾飞赴深圳，揭开了“危机处理序幕”。在中央电视台的报道里，郭台铭说：“首先我自己要以非常诚挚而且非常慎重的态度来向所有的社会大众，我们所有的员工还有家属，我致以最高的歉意。”他还说：“大家产生冷漠才造成这些心理因素，而这些呢，我们是没有做得很好，我们也没有在这方面，可以说是有效地来防止。”

同样是在26日，媒体发表一篇分析文章。文章说，在物质层面，富士康是待遇优渥的公司，所以吸引很多人进入，但在精神层面，富士康是“血汗工厂”。一般而言，血汗工

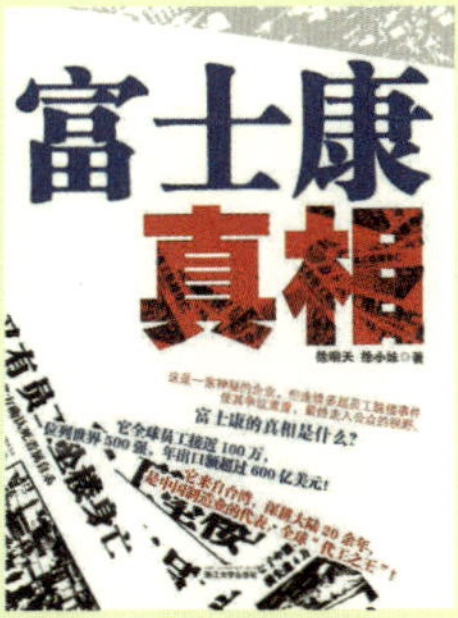

《富士康真相》一书

厂是指一间工厂的环境恐怖，工人在危险和困苦的环境工作，包括与有害物质、高热、低温、辐射为伍 ，兼且工时长、工资低等。如果是在工作上精神压力大，管理上存在一些非人性化做法，就是“精神层面上的血汗工厂”，也被称为“精神血汗工厂”。

2010 年百度百科有一个“富士康坠楼事件”的词条，同期发生的，还有廊坊、昆山的员工坠楼。在此后的几年间，事件涉及的富士康园区

2010 年 5 月 26 日，富士康科技集团总裁郭台铭在深圳会见 200 多名海内外媒体记者（陈文 摄）

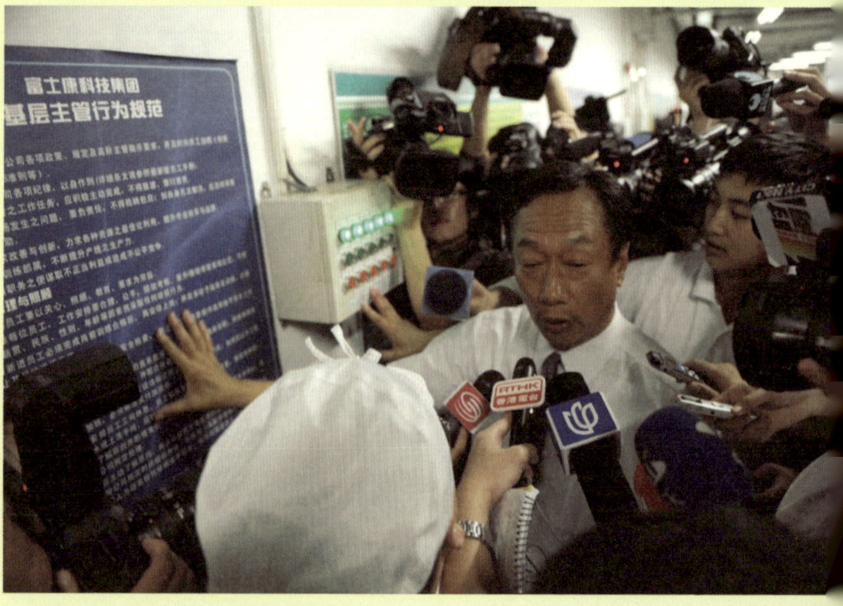

包括烟台、郑州、成都、重庆等地。

《瞭望》的报道以深圳当代社会观察研究所所长刘开明的话作为结尾：富士康“坠楼”事件，折射了我国经济、社会转型的迫在眉睫，对外来务工者社会权益、生活权益的欠债已到了不得不还的时候。

《瞭望》的报道还有着许多令人深思的细节。富士康的工会副主席讲了这样一个故事：“我曾经在一次工会组织的活动上搞有奖问答，只

富士康科技集团总裁郭台铭鞠躬致歉（陈文 摄）

电影《天注定》剧照。取材于富士康事件的故事，主角小辉是一个普通的年青工人

要能准确说出自己室友姓名、籍贯、工作部门的人就可以获得1000元奖励，结果现场几百名员工能做到的只有一个人。”富士康一位高管也讲了这样一组数据：富士康在全国有80万名员工，仅在深圳就有42万名员工，他们来自五湖四海，其中85%以上是“80后”和“90后”的年轻一代。从员工数量来看，富士康管理的不是一个企业，而是一个县城。

接受《瞭望》的采访，深圳市社科院院长乐正认为，“社会关注的焦点集中在富士康身上，好像这是个别企业的个别现象，但这并非富士康的独有病症”。乐正认为，富士康的发展之路正是我国沿海地区过去10余年来“代工”发展模式的典型代表。富士康真正的问题是为了追逐利润需要越来越多的员工，但却无法满足员工日益增长的社会需求。他说：

2010 年 5 月，富士康科技公司
深圳厂区外（陈文 摄）

“这些外来打工者背井离乡来到一个繁华、陌生的城市，遇到职场和生活问题很难从家人、朋友那里得到帮助。运行良好的社会就像一个森林，拥有完整的生态系统，而有着几十万人口的富士康却像一个单一树种的山林一样，必然生态脆弱。”

富士康之困，其实是转型之痛。富士康，不再是单纯的经济符号，更多地被视为社会象征。2013 年，贾樟柯拍了一部名叫《天注定》的电影，借助人物之间短暂的交会奇妙地串联起四个故事。这四个故事，取材于富士康员工坠楼等真实发生的社会事件。在最后一个故事里，打工青年小辉让同事弄伤了手，不得不将工钱全部赔给同事，直到伤愈为止。自觉吃亏的小辉选择离厂，来到了邻近的东莞。爱情难抵生活的无奈，年轻人再度回到工厂。这时，电话那头的母亲一再埋怨他乱花钱，让他寄钱回家，闻讯赶来的受伤同事报以仇恨的目光。工作和感情如此失意，小辉走上阳台一跃而下。

事实上，富士康的真实故事有着比电影更复杂的人性。财经记者徐明天写了一本《富士康真相》的书，提到了那些被拦住的“坠楼”：丈夫刺激妻子，父母逼迫儿女，有琐事的争吵，更有金钱的欲望。

大象要开始跳舞了

徐明天有过这样一个发现：2010 年 5 月 26 日，富士康龙华科技园区第一次向媒体打开大门，200 多名中外记者如潮水般涌进这座城中之城，大家发现除了“血汗工厂”和“坠楼事件”，国内媒体几乎没有一篇关于富士康企业和经营的完整报道。

媒体对于富士康的关注，更多地选择从社会视角切入。比如郭台铭有一句经常被“腰斩”的话：“中国的年轻一代不愿在工厂里工作。”不常被人提及的部分是“他们想在服务业或互联网行业工作，或从事其他更轻松的工作。许多工人正转向服务业”。这个重大的劳动力结构性变化，已经预示了中国制造一直依赖的人力成本优势正在被削弱。

在媒体报道里，坠楼的幸存者田玉会和在外打工的妹妹通电话。和姐姐不同的是，妹妹终于从电子厂出来，在一家化妆品店做销售，同时忙着学化妆。《上海观察》的报道还提供这样一个细节：打回家的电话里，妹妹的语音愉悦了许多，“姐，我在考驾照呢”。

比较富士康的出口数据，可以看到一个明显的台阶。2010 年，这个数字是 823 亿美元，2011 年大幅上升至 1117 亿美元，随后的几年便是平稳的波动。2016 年年中，《金融时报》中文网推出了一篇名为《鸿海股东会的暗语》的分析文章，作者倪可诚是一位长期观察台湾电子产业发展的台湾媒体人。文章写道：“这几年，台湾电子业都在谈升级转型，这其中有些因素来自于产业生态结构的改变，诸如个人电脑（PC）产业的年华老去，手机产业的盛极难继，大陆生产成本的节节上升；但也有来自于产业竞争生态的变化，最直接的冲击，就来自于大陆竞争对手的急起直追，甚至是超越。作者认为，看好在收购夏普、买下诺基亚品牌之后，鸿海的下一步将会是走出单纯代工，而有更多发展的可能性。被看好的原因，绝不只是因为制造代工资源的庞大规模，而是因为鸿海集团内部错综复杂的价值链生态体系，其所可能牵动的有机集成效益，不只是单纯的垂直或水平集成效益，而是被期待可能长出新价值的融合新生。"

在 2016 年股东会上，郭台铭说这是他的第二次创业。《鸿海股东会的暗语》一文坦言："他的创业，不会是下一个鸿海。因为属于当年鸿海的年代已然不再，现在郭台铭要迎接面对的，是一个全新的世代。"

在鸿海的成长史上，有过多次定位转型。鸿海初期，只是一家专做连接器和线缆的公司，是一家典型的中小企业。1996 年，鸿海重新定义自己是一家"以机械为基础的电子机械公司"，大量并购公司，从"连接器的鸿海"变成"机构件的鸿海"。2000 年，鸿海重新定义自己，"要做科技的鸿海"，从机械公司变成系统公司，开始攻下 PC、手机的世界冠军。此后，郭台铭再次定位，"不只是科技的鸿海，变成科技服务的鸿海"。在媒体的报道里，鸿海 2017 年首次在股东会办起技术展示会，不只展出夏普最新的 OLED 电视，还展出鸿海用于自动化无人工厂的 FOXBOX 机器人，去年投资的大陆地区人工智能服务 FACE ++，不用对焦就能拍照的光场相机，这些都是鸿海自己培养的产品和技术。

2017 年 1 月 11 日，鸿海对外宣布，自 1991 年上市以来，年度营收首次下滑。数据显示，富士康 2016 年收入为新台币 4.356 万亿元，同比下滑 2.81%。在观察者看来，上市以来的首个衰退期，意味着鸿海的升级转型压力加剧，代工危机成为发展瓶颈。当年 6 月的鸿海股东会，一份厚达 226 页的鸿海外资报告正式出炉。麦格理证券大中华区科技产业研究团队主管张博凯指出，"鸿海正经历一场根本性的变革"，鸿海将

2017 年 3 月，富士康科技集团董事长郭台铭表示：8K 显示器全球市场潜力巨大，富士康将以质取胜（陈骥旻 摄）

从一家手机组装厂，升级为明日世界的整合者（Integrator）。他认为，鸿海的角色已经出现根本性的改变：“全球 EMS（电子专业制造服务）代工之王，已经满足不了鸿海的需求。” 当外界把鸿海看作一头年营收 4 兆新台币的代工大象，已触及成长趋缓的“天花板”，张博凯却认为鸿海新一波营收与获利的成长正要开始，大象要开始跳舞了。

最成功的舞步是收购夏普。在 2016 年，鸿海科技出资约 38 亿美元获得 66% 股权，夏普正式成为郭台铭麾下的子公司。为了掌握上游话语权，鸿海科技几年前就成立了“眼球计划”，意在整合包含触摸屏与显示屏在内的所有与眼球经济相关的零部件资源。有了夏普的技术，鸿海有更多资本和苹果谈判，也有更强的实力与老对手三星较量。更为重要的是，富士康不仅拥有了夏普的技术，还有了夏普的品牌。在富士康 2017 年的大事记里，夏普科技（深圳）有限公司正式开幕。有成功也有失败，郭台铭并未在号称“把握很大”的东芝半导体收购案中坚持到最后。2017 年 9 月，由美国贝恩资本主导的“日美韩联合体”， 最终以 2 兆日元成交价完成对东芝半导体的收购。

关注度最高的动作当属美国设厂。美联社消息称，威斯康星州州长沃克与台湾鸿海集团董事长郭台铭在当地时间 2017 年 11 月 10 日正式签下一项 30 亿美元的合约，以便鸿海在该州东南部建立一间大型液晶面板工厂。根据协议，鸿海投资 100 亿美元兴建新的液晶面板工厂与园区，威斯康星州将提供最高可达 30 亿美元的税务奖励；为符合完整的奖励优惠，鸿海还需聘用 1.3 万名工人。30 亿美元，这是美国史上最大一笔州政府对境外公司所提供的税务奖励。

也正是因为设厂美国，富士康再度引发中国媒体的关注。在这一波关注中，富士康这几年的变化得到一次大披露。

比如大家关注的机器人。2014 年时，鸿海全球生产线上的作业员（指直接人力）为 74 万人，到 2016 年 4 月，这个数字已降到 54 万。与此同时，富士康自 2010 年起在生产线上开始导入机器人，现在总数已达 6 万台。

还比如和腾讯、阿里的合作。2015 年，郭台铭、马化腾和郑州和谐汽车共同签署“互联网 + 智能电动车平台”协议。之前，富士康和腾讯已共同投资创建电动车公司 Future Mobility。同样在 2015 年，阿里云和富士康共同发起“淘富成真”项目，开放富士康八大智造平台，数千名富士康工程师进驻云栖小镇。

还有更多元的举措。富士康以 1.2 亿美元参股滴滴出行，推出了电商平台“富连网”，设立了 6 家金融服务公司。

富士康将会是一家什么样的企业？在 11 月的 2017 两岸企业家紫金山峰会上，鸿海集团董事长郭台铭说：我们要将先进的云计算、物联网、大数据、机器人等串接为物联网平台；我们要做到软硬整合、虚实结合；我们要发展“六流”技术，人流、技术流、信息流、过程流、物流、金流，推动“六流”有效结合，提升企业的顶层效率。这是富士康工业互联网转型的核心竞争力。

《不能让富士康跑了》，类似的文章只是噱头，毕竟生意终归是生意。至于郭台铭，他一直强调，台湾没有道理不参与到祖国大陆经济发展的进程中来。

大哥大诞生后的第二年，深圳第
一次引进 6000 门瑞典程控电话交
换机，**一跃成为全国第二个开通
程控电话交换机的城市。**在深圳
人的印象里，能够见识到移动电
话有赖于毗邻香港。**在 80 年代
末期，摩托罗拉出现在香港商人
的手中，手机的称号由此得名。**

第三章 手机演义

2017 年，是手机的怀旧年。

这一年，诺基亚重回中国，怀旧情怀的 3310 仍是市场的焦点：2000 年诺基亚 3310 问世，下市前的五年间销量达 1.36 亿台，是最牛的功能机。

这一年，国产第一代手机照例又来了一次生存扫瞄。波导、厦新、科健们的身影已经淡出，但依然活着。

这一年，共青城赛龙的生死被传得沸沸扬扬。在关注营商环境的同时，惨烈的行业旧事又被提起：从五年前开始，多少手机企业无声无息地倒下。

统计公报显示，深圳 2016 年共生产了 3.88 亿部手机。和全国 21 亿部的数量相比，深圳的地位似乎有所下降。然而，谈起中国的手机，必定要从深圳谈起，华强北更是行业起起伏伏的见证者。

你还记得“大哥大”吗

库柏和第一部移动电话（图片来自网络）

“中国老品牌，人民好手机”。这是一个专业网站上2017年贴出的科健手机广告语。在沉寂了相当长的时间后，科健手机重回人们的视线。

在此前的10多年里，科健一直是中国手机令人惋惜的代表。在深圳的手机演义里，科健是第一个突围的国产品牌。

早在20世纪40年代，手机概念已经有了，美国贝尔实验室造出了第一部所谓的移动通信电话。由于体积太大，研究人员只能把它放在实验室的架子上。世界上第一台真正意义上的移动电话诞生于1973年，发明者为摩托罗拉公司工程技术员马丁·库帕。1983年，Motorola Dynatac 8000X发售，重量约两镑（约900克），零售价是4000美元。这一型号，也就是俗称的“大哥大”。

大哥大诞生后的第二年，深圳第一次引进6000门瑞典程控电话交换机，一跃成为全国第二个开通程控电话交换机的城市。在深圳人的印象里，能够见识到移动电话有赖于毗邻香港。在20世纪80年代末期，摩托罗拉出现在香港商人的手中，手机的称号由此得名。沿用港式表达，这款手机叫“大哥大”。“大哥大”是“最牛”，是“老大中的老大”的意思。

中国第一代大哥大，在收藏网站的标价约为1千元（图片来自网络）

当时的“大哥大”售价高达3万元人民币，手里拿个一斤多重的“大砖头”，不仅是身份与富贵的象征，更是时尚与新潮的象征。移动电话的更新速度极快，“大砖头”变得越来越苗条，机身越来越薄，体重越来越轻，功能越来越多。到了90年代后期，“大哥大”的称呼不再被提及，因为那时手机已经大范围普及，价格从3万元降到了几千元，而且重量大多只有不到150克。第一款大规模进入国人生活的手机，是“小精灵”一般的诺基亚3310，当然还有著名的游戏贪吃蛇。

早期的手机市场，全是进口货。最出名的手机四大家中，第一家是美国的摩托罗拉，真正意义上的全中文手机便是出自于此；第二家诺基亚，是摩托罗拉之后的第二个行业霸主；第三家叫爱立信；第四家叫三星。1994年，深圳的手机增加到7万部，到1995年猛增到14万部，到了1998年，总量达到72万部，平均100人中有18部。到了1999年，深圳的手机用户数量更是突飞猛进，达到了178万部，一年间增加了75万部，每100人之中有手机31部。生产手机的外国公司是一片兴旺，而卖手机的销售公司也是生意兴隆。深圳有家卖手机的公司，叫深圳天音通信发展公司，成立于 1996 年，代理的第一个品牌就是摩托罗拉。天音通信从 2005 年开始，连续三年进入中国企业 500 强。

2004 年，昔日“大哥大”模拟手机沦落旧货市场（希牛 摄）

生产一部手机的利润，超过了一部大尺寸的彩色电视机。深圳人很想制造自己的手机，但手机中的半导体材料，如基频中的内存、射频中的滤波器，都得靠进口。深圳企业通过与外国企业合资的途径，生产自己的手机。这种状况很像 10 年前合资生产彩电。当时电视机的关键部件，如显像管、集成电路，深圳也不能制造，合资后一步一步地学习先进技术，10 年后什么都能制造了，而且成本大幅下降。

深圳最早生产手机的企业，是飞利浦桑达消费通信（深圳）有限公司。这家公司成立于 1997 年，合资双方是深圳市桑达电子总公司与荷兰飞利浦公司。公司引进年产 1000 万部的飞利浦手机生产线，年产能力达到了 1500 万部。进入 21 世纪后，荷兰飞利浦公司将商标许可权转让给这家公司，生产的手机主打“飞利浦”品牌。在中国乃至整个亚洲市场上的飞利浦手机，都是这家公司生产的。

科健手机在 2003 年的产品，三星技术是其推销卖点之一（图片来自网络）

深圳第二家生产手机的企业，是深圳中科健旗下的科健电子公司。科健电子以代理 VCD 产品起家，积累了相当强的经济实力。1997 年，掌握核心技术的韩国三星电子看中了中国的庞大市场，手里却没有生产和销售手机的牌照，而科健电子恰好握有两张牌照。一个有技术而没有牌照，一个有牌照而没有核心技术，双方携起手来生产手机。1998 年，“科健”牌手机开始投产。在中国手机业，科健手机是第一个在国际市场开展足球营销的中国品牌。2002 年，科健手机进军英超，赞助了老牌强队埃弗顿队，并将中国球员李铁和李玮峰送到英国。就这样，埃弗顿球衣胸前印上了“科健手机”字眼，通过电视转播亮相给上亿英超球迷。当年，科健手机还有一则动人的亲情广告，李玮峰用科健手机在英国与在深圳的母亲通话。也就在 2002 年，科健与三星在深圳建立国内最大的手机生产基地，双方共同投资 1.2 亿元，科健占 51% 股份，三星占 49%，年产能达到 1000 万台。合资公司依赖三星精美的外观设计与稳定的手机质量，使得科健手机迅速成为国产手机的“第一品牌”，风光一时。然而只过了一年，情况发生重大变化。韩国三星在天津拿到了

科健手机登陆英超，图为身穿埃弗顿队衣的小球迷（图片来自网络）

2003 年国产手机生产企业纷纷准备进一步扩大生产和销售，将与洋品牌全面对峙（DD 摄）

手机的内销许可证，再也不需要借助科健的牌照了，于是在天津另开炉灶，以“三星”品牌大举进军国内。科健虽有自己的牌照，但没有相应的关键技术，日子过得越来越艰难。此时，国产手机势头迅猛，就连国际巨头也难以招架，科健更是无法应付，很快淡出国产手机的领头行列，沉重的银行债务更令企业一蹶不振。在日后的评论里，科健被人总结为“跟错了队友”。

2004 年 12 月，科健董事长郝建学辞职。这一年，科健巨亏 15.19 亿元，每股收益为 −13.114 元，每股净资产为 −10.822 元。科健手机陷入破产的困境，再也没有起来。对科健手机的败落，郝建学做过反思：从

康佳请了张曼玉为手机代言（图片来自网络）

深圳航空的康佳号（图片来自网络）

1998 年做韩国三星手机代理开始，科健手机业务从无到有，从小到大，一度坐上国产手机第一品牌之位。它的兴起衰落固然一定程度上折射出国产手机核心技术缺失、受制于人的问题，而科健自身在资金实力不足、股东支持有限以及产业依托度上的先天不足也是重要原因。了解情况的人称，国外手机进入中国市场后曾受到配额的限制，韩国三星就通过科健，将配额之外的产品以“三星科健”品牌销售。科健不用制造，不用研发，将进口来的手机一转手，就赚了很多钱。后来，配额管理取消了，三星再也不用科健代理，科健一下子就没有产品销售了。

深圳第三家做手机的企业是康佳。1999 年是深圳手机的梦幻时代与

2003 年 9 月康佳手机邀请了张曼玉作为代言人（杨明静 摄）

黄金时代，是利润最高的时代，谁拥有手机谁就拥有经济效益。于是康佳集团旗下的康佳通信科技公司，就成为中国第一批自主开发手机的企业。康佳通信决定斥资千万元，聘请明星为“中国第一款拥有自主知识产权的移动电话”代言。候选人一个是王菲，一个是周润发，最后弃王菲而选定周润发。公司高层认为周润发的亲善度、儒雅气质与影响力度都要高出王菲，是康佳手机的最理想人选，从中可见康佳对手机是志在必得。2003 年，康佳的手机到了鼎盛期，年销量达 500 万部，在国产手机中排名第三。到了 2004 年，国外手机芯片商大举进军中国市场，芯片价格的下跌带来了国产手机的大发展，使得产量越来越大，手机的利润越来越少。在这一年，康佳手机的销量开始萎缩，但是依然用一亿元的天价邀请获戛纳国际电影节最佳女演员的张曼玉为其做形象代言人。当时，深圳航空就有一架“康佳号”，机身图案便是张曼玉。

中兴通讯在1998年步入手机行业。它有着其他手机厂商所难以比拟的技术优势，发展手机业不需要与人合资，凭一己之力就能独立完成。这年，中兴通讯推出了第一款全中文双频手机，研制了世界首部机卡分离手机，在国内率先获得信息产业部颁发的四张入网证。中兴通讯在移动通信市场上获得了巨大突破。2001年，全球电信业面临前所未有的低谷，中兴通讯靠“小灵通”渡过了难关。就在2001年，中国移动与中国电信分了家，中国移动经营移动电话，中国电信经营固定电话。中国电信没有经营移动电话的牌照，而“小灵通”正好能以无线方式接入固网通讯，于是“小灵通”就成为中国电信发展的一个重要增长点。到了2002年，深圳中兴通讯大规模地进入手机行业，成为仅次于诺基亚、三星、索爱、LG之后的全球第五大手机供应商。

另一家深圳知名手机品牌酷派，2003年方才登场。在1986年前后，曾在深圳大学教书的郭德英开发出BB机的通信软件，1993年创立了宇龙通讯公司，做传呼机和股票机。2003年，郭德英转入手机领域，因有软件设计专长，开发出一路高歌的“世界风”手机。当时，国产手机陷入低迷，“世界风”手机却在市场上卖得很红火，并且售价高达上万元，经常卖断货。它拥有移动和联通双号，功能强大而先进，被称为中国的“黑莓”，更重要的是有一个号码保密的功能。到了2006年，宇龙通讯公司获得手机牌照，推出品牌为“酷派”。作为深圳的一个主要手机品牌，酷派在近几年一直是媒体关注的热点，先是和奇虎360开发了一款名叫大神的互联网手机，而后又成为乐视的控股公司。

手机第一家族手握六张牌照

对于国产手机来说，牌照是个滋味复杂的名词。1998 年起，国内手机厂商只有获得信息产业部颁发的手机生产牌照，才能够从事手机制造。到了 2004 年，手机制造开始实施核准制度，由国家发改委核实手机制造企业资质，给合格的企业颁发手机生产牌照。

要拿到手机牌照，手机厂商要过三个门槛：一是注册资金两亿以上，二是连续经营两年以上，三是有研发能力、有环保等相关规定的认证。但是除了第一批发放牌照的几家厂商严格地具备上述条件外，后来陆续有小的厂商用多家企业合并资金等方式获得手机牌照，令手机牌照核准

2003 年 9 月，国产手机有了"中国名牌"，占据了中国市场 50% 以上的份额（谢正义 摄）

制形同虚设。2007 年 10 月，国务院宣布了第四批取消和调整的行政审批项目，决定取消国家特殊规定的移动通信系统及终端等生产项目核准，这意味着手机牌照制度将取消。手机核准制取消后，理论上任何有生产制造能力的厂商都能够生产手机，但产品要推出市场必须获得入网证。以往手机厂商申请手机入网证必须拥有手机生产牌照，但此后厂商的产品只需要通过泰尔实验室的手机入网质量检测就可以获得入网证。

据统计，信息产业部发出了 49 张牌照，其中 GSM 手机牌照 30 张，CDMA 手机牌照 19 张。由国家发改委实施核准制以来，核准的新增手机企业有 41 家，其中外商投资企业 11 家，国内企业 30 家。至此，全国拥有手机生产牌照的企业共 90 家，其中一半是深圳企业。

2006 年 6 月，《第一财经日报》刊发报道，称一个来自福建晋江灵源曾林村的家族，手里拥有六张手机牌照。报道称，侨兴集团董事长吴瑞林、天时达集团蔡清楚和深圳中天通讯公司董事长黄朝晖都是一家人，其中蔡清楚和吴瑞林是亲兄弟，而黄朝晖的母亲是这两兄弟的亲姐姐。此后，吴氏家族被冠以“中国手机第一家族”之称，而且还有了以下的猜想：种种原因导致他们没有可能联合起来作战，否则中国手机市场格局将会由此而改变。

天时达的数据显示，天时达手机 2003 年销售 150 万部，2005 年已经高达 500 万部。侨兴集团的数据则是，侨兴手机在 2004 年销售了 359 万部，2005 年为 330 万部。据估算，这个隐秘的“手机第一家族”拥有年销千万级的巨大能量。

第一张牌照属于蔡清楚。蔡清楚原名吴清楚，初中毕业后留村当民办教师。1974 年，吴清楚投奔香港的舅舅，并随舅舅之姓改名蔡清楚。1982 年，蔡清楚在香港投资建厂成立天时达公司，生产按键电话机，成为亚洲最早生产按键电话机的厂家之一。1984 年，蔡清楚回到深圳兴建多个电话机生产厂，1994 年取得电话机在内地的内销权，1997 年天时达

华强北的赛格通信市场（廖万育 摄）

无绳电话销售占市场份额第一。业内有这样一个说法：蔡清楚 1994 年向有关部门申请电话机的生产许可证，申请表上有移动电话一项。工作人员说："都是做电话机，就把移动电话一并列上吧。"蔡清楚顺手就填上了移动电话。1998 年，蔡清楚注册成立天时达移动通讯工业发展有限公司，次年研制出第一款 TS288 手机，投放市场便首战告捷。在此后的报道里，蔡清楚提及手机业务时表示："原以为做手机与做无绳电话一样，只要在工商局注册经营项目就行。"公司在没有手机牌照的情况下，就投资 2000 多万元买设备，生产出了手机。对照手机牌照的三个条件，天时达得以在 1999 年成为首批手机牌照获得者，而且是唯一的民营企业。

到 2006 年，天时达拥有 30 条 GSM 移动电话生产线，年产能达 800 万部。这一年，天时达集团旗下的松讯达中科电子（深圳）有限公司也获得了一张手机牌照。值得一提的是，2004 年周星驰电影《功夫》上映，天时达请来了片中的女主角黄圣依做代言。

吴瑞林是比蔡清楚小六岁的亲弟弟。在经营服装厂失败后，吴瑞林离开家庭投靠了回内地投资的大哥蔡清楚，在深圳一个电话机生产厂担任车间主任。1992 年，40 岁的吴瑞林选择离开，到惠州创办了惠州侨兴电讯工业有限公司，两年后创办侨兴环球电话有限公司。到 1995 年，侨兴电话机产销量为全国第二，1999 年为国内第一，侨兴环球电话还在美国纳斯达克上市，成为国内第一家到纽约上市的民营企业。蔡清楚和吴瑞林两兄弟对中国电话机产业的影响极其深远，在电话机行业里衍生出一个庞大的福建晋江系。深圳从事电话机生产的，福建晋江人占了六至七成。

2006 年，侨兴集团旗下侨兴电讯工业有限公司获得了 GSM 手机生产牌照。在此前，侨兴通过资本运作，在 2002 年 4 月入主中电通信。中电通信拥有 GSM 和 CDMA 两张牌照。在 2005 年胡润 IT 富豪榜上，吴瑞林位列第 12 名。

天时达拥有两张牌照，侨兴拥有三张牌照，手机第一家族的最后一张牌照属于中天通讯。中天通讯的所有者黄朝晖，是吴氏兄弟的亲外甥。最晚出道的黄朝晖，当初是在天时达公司北京代表处负责政府公关事务。2001 年底，黄朝晖在深圳成立中讯广通公司，并于 2002 年推出中天 ZTC 全系列手机。2003 年，中讯广通公司更名为深圳中天通讯公司，同时黄朝晖正式离开天时达公司。此后，黄朝晖在南京、南昌和杭州先后成立了三家直属分公司和手机研发设计中心。2005 年 7 月，中天通讯顺利获得国家发改委核准的 GSM 牌照。此时，中天通讯已在国内拥有 12 条手机装配和生产线。

牌照制催生了一个特殊的名词“贴牌”：生产者在支付费用之后，可以向有牌照厂商借用牌照。有资格卖牌照的，都是正规军；买牌照的，则是那些具备生产能力的“游击队”。黄朝晖创业之时，手里没有手机牌照，不得不借别人的手机牌照，贴牌生产手机，逐渐构建了自己的销售体系。2005 年，中天通讯获得 GSM 手机生产牌照，中天通讯便开始步入独立设计研发生产自己品牌手机的发展轨道。当时的手机牌照仍属于稀缺资源，黄朝晖在做中天手机销售的同时，也为其他山寨手机贴牌生产。按照黄朝晖当时的说法，连大众汽车也贴牌，为什么中天不能贴牌。一时间，中天通讯成为国内手机市场上最大的贴牌商。媒体报道称：截至 2007 年底，中天通讯代工、贴牌、品牌手机年生产能力达 400 万台，坊间称为“山寨机王”。

2007 年 3 月，中天通讯通过买壳、返程收购的方式在伦敦证交所 AIM 市场上市，并成功完成首期融资约人民币 6000 万元。其招股说明书显示，中天通讯 2006 年度销售额达 1.95 亿元人民币，净利润为 2600 万元人民币。这是中天通讯的高光时刻，然而坠落也悄然而至。2007 年 10 月，手机牌照制取消，一大批“游击队”上场，市场竞争加剧。在这个特殊时间段，贴牌手机开始冲击中天通讯本身的手机销售，中天通讯遭遇贴牌的反噬。

谈起中天通讯，现在少不了“成也山寨、败也山寨”的感慨。2008 年 11 月，中天通讯董事长黄朝晖等公司家族高管突然“集体蒸发”，远在万里之外的伦敦证券交易所 AIM 市场，ZTC.L（中天通讯上市代码）公告停牌。至此，中天通讯完全陷入停顿状态，还登上了深圳的欠薪企业名单。有评论称：“中天通讯的快速崛起和瞬间倒闭的轨迹，其实也是相当一部分山寨手机厂家已经走过和将要走过的一条不归路。”当时的评论预言：“未来可能只是极个别的成功从山寨走出去，绝大部分都会在这个过程中被淘汰。”

手机第一城的底气

因为央视2008年6月的报道，“山寨机”叫响全国。“山寨”的称呼，相对于“品牌”而言。之所以突然爆发，缘于手机牌照的取消，原本贴牌为生的游击队成了正规军，隐藏的庞大产能浮出水面。

处在灰色地带的“山寨”，在市场上是破坏规则的竞争乱象，但在制造环节却有着统一的思维：低成本、高效率。这种 “挣快钱”的“山寨思维”，不光存在于手机业，还存在于其他电子产品。所不同的是，成功的企业以此作为跳板，而不成熟的企业则因惯性停留在这种低层次的厮杀中。在观察人士的眼里，中国手机业是不折不扣的战国时代，一批接一批的手机厂商迅速崛起，一批接一接的厂商急剧地衰落。回顾深圳的手机品牌，不难得出“城头变幻大王旗”的印象。曾经抢下国产手机第一名宝座的，能够数出不下10个品牌。除了智能手机的四大天王“中华酷联”（中兴、华为、酷派、联想），功能机时代还能找到科健、TCL，甚至天语这样陌生的名字。

在深圳官方的统计公报里，移动电话的首次出现是在2004年。这一年，深圳出产了2992.41万部手机，同比增幅高达47.1%。2009年，深圳手机产量为6138万部，第一次超过了传统电话机。最迅猛的增长发生在2010年，这年的统计公报上，深圳出产了3.2亿部手机。至今为止最大的生产年份是2014年，那年的产量是4.3亿部。

2013年5月9日，新华社播发了这样一条消息：工信部发布的《2013年手机行业发展情况回顾与展望》披露，2013年我国手机产量14.6亿部，其中深圳占比达到50%。在产量夺魁的同时，深圳手机产业实现了摆脱"山寨"风气、专注技术创新的转变。

报道提到，深圳南山区的高新技术产业园区汇集了中兴、华为、宇龙酷派、康佳、创维、TCL、万利达等20余家知名手机品牌企业。众多企业将其总部基地、研发中心和检测中心放在这里，使该园区成为我国手机产业最具自主创新能力的核心地带。报道还称，深圳的手机产业正在逐渐改变世界通信市场的产业格局。根据市场调研公司Gartner公布的调研数据，2013年全球品牌手机销量排行榜前10名中，中兴、华为和宇龙酷派分列第5、第6和第10名。一些高端手机品牌已直接向三星、苹果等世界一线品牌发起挑战。

2017年中国市场手机出货量4.9亿部，上市新机型1054款（张斌 摄）

手机品牌的崛起，得益于深圳强大的产业链条。首先，深圳及周边有数百家手机专业加工厂。品牌企业生产手机，都可以不必自己制造。遍布深圳、东莞、惠州的大大小小手机加工厂，是深圳手机产业联盟的重要组成部分。正是它们的存在和支撑，才使得品牌企业、设计公司和经销商优雅地在写字楼里“高谈阔论”，不必过问生产车间和流水线上的琐碎事务。最重要的是，不必建厂房，也不必建生产线，不仅省下大笔投资，而且还节省了时间。在手机产业链的某一个环节上做过事的人，掌握了一定的诀窍或者资源，有一个小小的创意，几个志同道合者一聚，第二天就可成立一家公司，完全不必考虑加工制造的事。

其次，深圳手机的元器件实现了本地配套，除了芯片加工以外，手机 200 多个元器件在深圳都能配套。这种产业配套不仅为手机制造创造了条件，也为手机开发提供了便利。在深圳，如果试验中发现哪一个零件不对劲，一个电话，半个小时、一个小时就有人把新的零件送上门。从开发速度来说，时间最长的是模具。深圳精密模具是强项，富士康一家模具厂就有近两万人，生产的模具不但精度高，而且开发速度快，别的地方一副模具的开发要四五个月，在深圳几个星期就搞掂了。手机的主要配件方面，线路板有深南电路、南太这样的老牌公司；液晶板有天马、创维这样的品牌企业；比亚迪是全球手机电池大王；微电机、喇叭、注塑件等产品都不在话下。由于手机体积越来越小，集成化程度越来越高，普通的螺丝钉精密到比头发丝粗不了多少，同样也只有深航标准件厂等深圳公司才能达到要求。

第三，深圳是国内手机设计公司的大本营，在这方面国内没有一个地方能和深圳相比。手机设计公司多集中在车公庙，科技园次之。车公庙和科技园 10 人以上的手机设计公司不下 100 家。天安数码城创新科技广场，名字中有“计算机”“通信”“设计”等字的公司，八九不离十就是一家手机设计公司，在一栋楼里差不多有五六十家。

第四，华强北是国内手机科技、产品、市场的风向标。据统计，华强北高峰期云集着“国包”700多家。“国包”就是全国代理商，而“省包”就是全省代理商，数量更大。如果做手机销售，你不可能不到华强北来，如果你是一家“国包”“省包”，不可能不在这里设分公司或办事处。实际上，国内的这些“国包”“省包”，大部分都是从华强北起家的。翻翻国产手机的发家史，不少品牌都来自华强北的一米柜台。

中国手机原有三个产业圈。一是京津圈，诺基亚、摩托罗拉、爱立信等公司进入中国后，首先就选择在北京、天津建立组装基地，进口零部件在国内组装。二是苏浙圈，南京熊猫、浙江波导、UT斯达康就在这个产业圈里，波导曾经成为国产品牌的领军企业，销量占据国产品牌第一。三是深圳和东莞圈，以代工和零组件生产为主，实力逐步壮大。最后，三个圈渐渐成了一个圈，深圳独领风骚。

还必须提到的是富士康。2005年2月，富士康国际在香港挂牌上市，公告显示富士康早在2000年，就已进入手机代工业，诺基亚和摩托罗拉都是客户。2007年，苹果第一次向世人展示了智能手机——iPhone。而富士康，一直是iPhone的最大代工者。富士康一方面做出了代工如何做大的示范，另一方面也直接提升了代工的门槛。富士康为苹果代工，颠覆了以往人们对代工行业的认识：原来代工主要拼的是成本，谁能控制住成本和效率就能取胜；但富士康却指出代工同样比拼技术含量。尤其是在技术和产品更替之际，代工迎合潮流不仅要资本，还要技术。当苹果为代表的智能手机一统天下之际，单是触摸屏就造就了一批新富豪，也让诸多和传统键盘有关的供应商无奈出局。

至于山寨机的兴起，得益于深圳的产业链，一个重要推手是台湾联发科的MTK。华强北的从业者都会谈起，手机生产突然变得轻而易举，原因就是联发科在2003年推出了第一款手机芯片。2004年，靠多媒体技术起家的联发科把MP3、调频收音机等功能整合到手机里，提供“保姆式"的解决方案，将手机芯片和软件平台预先整合在一起，给国内厂商提供了一套功能强大而且价格不高的方案。翻看深圳手机厂商的出身，会有一种变魔术的感觉，当中有自主创业的技术员，还有华强北的商贩，甚至还有厨师。2007年，联发科拿下大陆地区手机芯片市场90%的份额，成为台湾市值最高的公司。借助联发科的解决方案，国内手机品牌迅速崛起，并发起价格战，诺基亚、摩托罗拉几乎被赶出中国市场。联发科，戴上了并不愿意接受的"山寨机之父"头衔。

"手机狂人"万明坚在2004年出版了一本叫《系统战必胜》的书，他的老板——李东生特意写了一篇序。在这篇名为《中国企业跳出"掘坑现象"》的文章里，李东生说："如果说一个健康的行业就像是在挖一座含金量高的山，企业只要努力，就可以获得丰厚的回报。当这个行业的产品趋于成熟以后，西方的企业便会渐渐退出。这时候，这座山不高了，但还是可以给开采者合理的回报。怕的是过度的开采迅速将这座山夷为平地。这还不够，于是又开始往地下挖，挖出的矿石虽然仍可以提取一些黄金，但坑越挖越深，自己也陷得越深，以致最后不可自拔。"

李东生在文中做出了精准的预言："真正打造一个健康的中国企业，打造一个健康的行业，就需要在技术和管理的各方面都下大功夫，而不能把宝就押在一点，比如制造成本上面。"可惜的是，书出版后不久，万明坚辞职下台，实际上是跳进了自己掘下的陷坑。2000年10月，万明坚主持开发的第一款国产高档手机TCL999D问世，结束了国外品牌独霸高端市场的格局；2001年，TCL手机销量达到130万部，销售收入突破30亿元；到2002年，达到100亿元的销售额、13亿元净利润，手机成为TCL的"奶牛"。当时最红火的TCL宝石手机，请的是韩国当红明星金喜善做形象代言人。TCL手机不少方案是从韩国买来，然后委托代工厂加工，结果出现了大量的维修和退货。万明坚对此并不在意，继续发动营销机器大量销售，信誉下坠带来销售停顿，大量产品积压在仓库里。手机一旦积压，立即就会跌价，退货大量涌来，TCL 手机立即休克，几乎退出国内市场。“掘坑”，这是众多中国手机企业的真实写照，而“山寨”，正是“掘坑”的必然产物。

意义特殊的欧洲超级杯

华为波兰分公司。请球星莱万代言，华为手机迅速立足波兰（图片来自华为官方网站）

2012 年欧洲超级杯，欧联杯得主马德里竞技以 4 ： 1 的比分，大胜冠军杯得主切尔西。超级杯是赛季的热身，但在华为手机的国际化进程中，这场比赛在日后看来却有着特殊的含义：华为的赞助者是马德里竞技，而切尔西的赞助商是三星。苹果、三星和华为的“三国演义”，这时开启序幕。

和 10 年前科健手机赞助英超目标相同，华为手机的目标市场是海外。尝到体育营销甜头的华为，和多名顶级球星挂上了钩。进军波兰市场，华为 2015 年找到拜仁队前锋莱万多夫斯基代言。巧合的是，莱万多夫斯基此时在德甲一场比赛中为拜仁队 9 分钟内连进 5 球，名声达到了顶峰。带领国家队连闯 2016 年欧洲杯和 2018 年世界杯，莱万多夫斯基当下是波兰的国家英雄，华为以他为主角拍摄了一部广告短片，内容是一名普通的波兰儿童如何通过自我奋斗成为超级球星。广告片在波兰国内播出后，2015 年剩下的几个月里，华为手机在波兰的市场份额从 8% 跃升至 12 月底的 20%，接近三星。

华为的 2016 年年报披露，全年智能手机发货量达到 1.39 亿台，销售收入 1798 亿元人民币，同比增长 44%。华为与徕卡在 2016 年共同推出的第二代双摄像头技术，全面引领手机摄影的新潮流，P9 及 P9 Plus 全球销量突破 1000 万台，成为华为首个销量超千万台的旗舰产品。在这一年 3 月，华为宣布五届 FIFA 金球奖得主梅西成为华为全球品牌大使。在国产手机品牌中，华为是唯一能和苹果、三星叫板的，而且是在高端市场比肩两大巨头的第三。2017 年 9 月，苹果发布 iPhone8 以及 iPhone 的 10 年特别版 iPhoneX，而华为不久发布了 Mate10 直接与之交锋。在华为的全球市场体系划分中，东北欧地区合计有 26 个国家。接受媒体采访时，华为高管透露在这一地区平均市场份额已经达到了 20%，和苹果、三星一起揽下前三，在手机昔日霸主诺基亚的故乡芬兰，华为排到了第一。

华为手机诞生于 2003 年，起步并不出色。最初为运营商提供定制机，价格低廉，手机上甚至都没有自己的 Logo，一度传出要撤并。据说华为创始人任正非下了狠心，说华为既然要做手机，那就做好这项业务。2011 年，华为终端部门更名为华为消费者 BG（Business Group），以此为标志，华为手机开始发力中高端市场。据华为提供的数据，华为智能手机发货量从 2010 年的 300 万台到 2015 年的 1 亿台，五年间增长了 30 倍。

在华为手机崛起的这些年，恰好是中国手机最痛苦的时段。有一个流传在业界的说法是，深圳本土手机厂商数量 2012 年只剩 400 家左右，不到高峰时期的1/10。究其原因，一是外部冲击。2008年全球金融危机后，国外品牌商开始大举取消订单，以代工为主的厂商遭遇“断奶”。比如从深圳迁出的江西共青城赛龙，因为2013年谷歌收购摩托罗拉而没有订单，由此陷入困境。在出口机这个市场上，2012年甚至出现了大量百元机，这些功能机每部利润只有一两元钱。二是消费升级。苹果iPhone的问世标志智能机时代的开启，2010年推出的iPhone4才是市场成熟之作，同时也为消费者树立了一个智能机的现实标杆。缺少技术和品牌积累的中小品牌唯有黯然离场。即使是康佳前董事长陈伟荣这样的行业老手，在2016年的亮相也是因为旗下的亿通手机接到法院追债公告。三是路径消失。中小品牌的技术解决方案严重依赖联发科，而联发科在功能机升级智能机的时代却做了错误的方向选择。直到2010年，联发科加入开放手机联盟，打造Android智能手机解决方案。两年后，MT6589芯片在通信基带、图形处理、能耗比方面创下许多业界第一，引领了千元四核普及的大风暴。数据显示，2011年联发科在国内智能手机芯片出货量仅为1000万，而在2012年底就变成了1.1亿。联发科的保姆车又发动了，只是换了乘客。

还有一个最重要的因素，那就是3G和4G的技术更迭。3G时代，手机不再是单纯的通信工具，而是移动终端，这让互联网企业看到了风口。在2011年至2012年，不下100家互联网公司提出了制造手机计划，小米的雷军更喊出了“互联网手机”。还要说明的是，中国的三家电信运营商在3G时代采用不同的网络制式，运营商抢占市场份额的一招就是大规模补贴手机制造商，生产所谓的“特供机”。运营商定制不是毒药，但是却让手机厂商失去了品牌动力。在三家运营商每年上百亿补贴的诱惑下，大多数手机厂商甘愿做起了米缸里的老鼠。因此，当运营商取消高额补贴后，手机制造商的冬天也就来临。

2013年底，国内智能手机普及率超过90%，TD-LTE牌照的发放标志着4G时代的开始，国内市场开始进入换机时代。新一轮竞争开始，人们发现所谓的互联网手机和传统手机，并没有什么太大的不同，招数还是营销战+价格战，而底牌无疑还是品质+技术。谈及互联网手机，现在的说法是，前期是互联网企业发起的“互联网+”，后期则是传统厂发起的“+互联网”。

这一轮风口,成就了小米,同时也让选择实业思维的华为积攒了实力。谈起华为的品质，挡子弹会是有趣的印证。挡子弹的主角有很多，比如智利青年，比如南非商人，比如危地马拉的路人，结局就是华为手机挡下了子弹，成了“救命手机”。2012年，深圳手机被消费者评为“深圳手信”，而在官方往来中，华为手机也成了深圳礼品。5G商用在即，华为在技术标准制定上处于领先位置，这种技术实力也让市场看好华为在手机领域的表现。

不走寻常路的突围者

2016年下半年，深圳向中央介绍供给侧结构性改革，相关资料中出现了深圳传音控股的名字。

资料原文如下：Tecno，在中国名不见经传，在非洲家喻户晓。2014年巴西世界杯期间，在超级体育非洲频道的转播画面中，白底蓝字的Tecno标识出现在屏幕左下角，让深圳传音控股这一手机中的"非洲之王"在全球声名鹊起。Tecno没有中文译名，也不在中国市场出现，传音的称呼来自企业名字。

资料还说：传音控股通过实施彻底的"本土化"策略，专注和深耕非洲市场，坚持贸易、生产、技术、服务"同步走"进军非洲，实现了"融入非洲"的愿景。其覆盖全非洲的营销网络体系和本地化雇员策略，为传音控股扎根非洲、深度洞察非洲消费者需求以及准确把握非洲市场动向提供了强有力支撑，使得传音旗下各系列产品从一开始就极契合非洲市场需求。例如，传音控股根据非洲消费者在肤色、排汗等方面的特征，开发出了特种美颜、防汗防摔等符合非洲消费者特定需求的产品功能，深受非洲消费者喜爱。此外，传音控股始终紧扣非洲市场实际，推行"组合品牌"策略，不但有针对不同消费层级的手机和手机配件品牌，也有消费电子零售品牌、移动互联网应用品牌，还有智能小家电品牌和LED照明品牌等。这些品牌的组合为传音在非洲消费者中赢得了很高的认知度与美誉度，各品牌在业务组合、服务组合、渠道组合等多种创新互补过程中，形成了很好的用户体验。

在此之前，没有人注意到这家公司，也根本不知道这家公司成了非洲手机之王。据说在内罗毕举行的2011年非洲电信联盟大会，与会者同时在会场落座后，华为员工才知道这个在非洲卖得很火的手机品牌原来是中国造。根据IDC的数据，2016年，传音旗下各品牌的手机在非洲市场的总占有率为38%，排名第一。2010年，传音出货量为650万台，短短三年后就达到3700万台，2015年超过5000万台，成为当地手机的第一品牌，占据了非洲市场40%的份额。至于2016年，出货量则是8000万台。按照这个数字，传音将在国产手机中排名第四。

传音成立于2006年，其创始人竺兆江曾是波导手机海外营销负责人。媒体披露的履历显示，1996年竺兆江进入波导，从销售传呼机的小业务员做起，三年后晋升为波导华北区首席代表及海外销售负责人。2003年前后成为波导销售公司的常务副总经理。

从2008年起，传音方面大举进军非洲，把公司资源全部投进这个新兴市场。那时，其实还有众多的深圳“山寨机”厂家选择“出海”，人口众多的印度和非洲是共同的选择。不过和同行有所不同，传音手机不走“寻常路”，一直坚持走正规路径铺货做品牌，一点点将渠道做扎实，不追求速成暴发。初来乍到，竺兆江把中国市场行之有效的“农村包围城市”战略带到了非洲，从贫穷的地方做起，建渠道，打广告，从三星和诺基亚等先行者手中分取市场。南非商业杂志*African Business*发布的《2016年度非洲消费者最喜爱品牌100强》显示，传音旗下子品牌Tecno位列第14位，超过了百事可乐、微软等；itel则排在25位，位列惠普、谷歌之前；Infinix首次进榜就排在第37位。其中，Tecno定位中高端，产品遍布功能机和智能机；itel则面对中低端市场；Infinix则着重差异化、科技感，在线上线下共同销售。

华强北的微创新式定制，在传音手上成为占据市场的利器。比如“双卡双待”，这是传音的第一款产品。由于不同运营商之间互相通话费用很多，习惯于办理多卡的当地百姓在一个月内就买光了第一批产品。至于传音最为人知的“大杀器”，拍照功能充分考虑到肤色问题。大部分手机拍摄都通过面部进行识别，肤色较深的人种很难做到准确识别。尤其是在光线不佳的情况下，拍出来就是一团漆黑。传音控股为此成立工作小组，大量搜集当地人的照片，进行脸部轮廓、曝光补偿、成像效果的分析，最终想出美颜技术解决问题。

2017 年 9 月，传音控股在国内被媒体进行了一次大范围的曝光。和成功的品牌有所不同的是，传音控股无意回归中国市场，而是转向了另一个 10 亿级市场——印度。2017 年第一季度，中国厂商占印度智能手机市场 51.4% 的份额，环比增长 16.9%，同比大涨 142.6%。在印度市场占有率排名前五的厂商内，中国厂家占据了四席，分别是小米、vivo、联想和OPPO。如果把时间前移几年，占据印度市场的第一位品牌叫基伍。G'FIVE 则来自“give me five”（两人互相击掌加油打气的意思）。它来自华强北，走的同样是品牌之路。

基伍的前身是一家模具公司，2006 年转型为 OEM（原始设备制造商），随后升级为 ODM（原始设计制造商）。按照创始人张文学的说法，2007 年时印度尼西亚的前十大手机品牌，都是基伍代工。那个时候，张文学感受到价格战的压力，利润从 15% 下滑到 5% 都难以保住，于是选择自做品牌。从一个月出货 100 万台陡降到 10 万台，基伍的转型开局并不美妙，但是张学东很快在印度崛起。在印度东部的一个偏僻小镇，张文学注意到一个细节：当地电力供应不足，经常停电严重影响了手机的正常使用。于是，张文学用超大容量电池试水，这样霸道的设定在市场上立刻掀起抢购潮。正是因为有了这些大牌手机不具备的“贴心”功能，同时满足几十元到几百元等不同消费层次的需求，基伍迅速成为印度第一品牌。那时候，基伍的英文名 G'FIVE 在印度几乎是家喻户晓。一个辉煌的纪录是，在印度全国 33 个电视台都在循环播放 G'FIVE 的广告。

出席2003年亚州信息技术展览会的专业手机厂商，进军直板彩屏市场（陈宇杰 摄）

据印度市场研究公司CyberMedia Research估算，基伍2010年在印度市场出货量可能高达3500万台，占有率21%，遥遥领先排名第二的诺基亚8个百分点。调研公司Gartner的出货数据亦证实了这一点，基伍品牌手机当年连续两个季度跻身全球手机业的前10名。在关于张学东的报道里，有这样一个细节：当时国内手机仅有中文与英文，并无印度语、阿拉伯语、波斯语等小众语种。英飞凌等上游厂商对每套语言方案的报价为100万元。张学东为此北上前往北京寻找语言类高校联合攻关，搞掂这一切花费六个月和40万元。

和国产手机“出海”遇到的问题一样，基伍很快面临知识产权难题。基伍曾接到过西门子、爱立信、摩托罗拉、诺基亚的诉讼状，这些巨头指责基伍侵害技术及外观专利，有的诉讼状甚至超过6000页。在印度市场，诺基亚在2010年就雇佣了印度首屈一指的知识产权律师对基伍“大打出手”，仅律师费一项就高达2000万元。2011年8月，诺基亚在印度法院起诉基伍，最终导致基伍产品被海关查封，约有半个月产品无法入关，基伍损失高达数千万。不过，基伍最终还是扳回一局——印度高等法院随后解除了这一禁令。据称，因为这场官司，基伍赴美上市计划搁浅。此后，基伍把重心逐渐转向了巴基斯坦、伊朗、缅甸等地区，并在湖南浏阳成立了手机整机制造基地。

和传音、基伍有所不同，另一个深圳手机品牌一加有着特立独行的味道。一加选择从高端入手，第一款手机就盯着欧美市场的中端空缺，而且选择了少有的“邀请购机”销售模式。

一加手机（OnePlus）创始人刘作虎，是OPPO前副总经理。刘作虎从1998年起在OPPO工作，2008年曾担任OPPO蓝光事业部总经理，并带领OPPO蓝光DVD在欧美高端蓝光播放器市场打败索尼和天龙。2012年，他开始接手OPPO手机业务从传统手机转向互联网手机的工作，在主导Find5、N1等几款大热机型上市后，于2013年11月正式宣布离职OPPO，并在2013年12月宣布创立一加科技，着手打造一加手机。无论是刘作虎还是一加，实质上都从来没有离开过OPPO。OPPO是一加控股方，一加产品也依赖于OPPO提供的供应链。

让刘作虎在业内知名的，是坚持“不将就”的产品理念，坚持“让好产品说话”。2014年4月，一加手机发布了第一款产品OnePlus1，5月在国内首销的同时，在北美、欧洲和亚洲等各地17个国家以“邀请制”的模式同步销售。截至当年10月份，一加的海外论坛已积累了28万论坛注册用户，37万Facebook粉丝，14万Twitter粉丝，超过300万YouTube浏览量，而在亚马逊、硅谷等地方，已经有超过2000名员工购买了OnePlus1，一加的加油聚会也在伦敦、曼彻斯特、香港、旧金山等城市和地区成功举办。OnePlus1出货量达到了150万台，其中海外销量占到了60%以上。成立四年间，一加只推出了6款产品，有的好评如潮，也有的设计平平。

2014年12月，一加手机与印度最大的电商平台亚马逊联合举办发布会，宣布正式进军印度市场，印度正式成为一加海外市场的第18个国家。2017发布的新品OnePlus5，在海外销量也是持续走高。印度《经济时报》报道称，一加已经超越三星，凭借32%的市场份额位列印度高端机第二，仅次于苹果。刘作虎更是发微博表示，仅仅发布了半年的OnePlus5，就已经卖到断货。不过也有质疑的声音。海外科技媒体The Verge在对OnePlus5进行评测时，用上了“The me-too phone”这样具讽刺意味的词，意指设计近似iPhone。

手机链条上的中国女首富

手机的起起伏伏，造就了一波又一波的创富故事。在手机产业链上，也有着相同的经历。

2015 年，周群飞和蓝思科技风头无两。周群飞的身上，有着中国女首富的头衔，也有着“深圳打工妹”的背景，还有着“豪门恩怨”的剧情；而蓝思科技，与此相关的却是“苹果概念股”“手机玻璃第一股”。

2015 年 3 月 18 日，蓝思科技上市，创下主营收、净利润、总资产等多项创业板第一，此后连续 12 个交易日涨停，股价最高升至 151.59 元，总市值一度超过 900 亿元。在蓝思科技第九个涨停板时，手持 5.92 亿股的周群飞便以高达 420.2 亿元的市值，成为中国女首富。

周群飞的经历，是中国打工妹的励志故事。1971 年，周群飞出生在湖南湘乡一个山村，父亲因为做炸药两根手指被炸残，五岁时母亲离世，一家人靠父亲的编竹背篮手艺养活。16 岁那年，周群飞说服舅舅带自己来广东韶关打工，随后前往深圳打工，她进了一家在深圳大学附近做手表玻璃的小工厂，并很快成为丝网印刷部的主管，从打工妹变成了一名小主管。

1993 年，周群飞辞职创业，八个亲戚在深圳西乡钟屋村租下三室一厅，成立了恒生玻璃表面厂。第一次转机来自 2001 年 TCL 的手机订单，这款手机便是万明坚的得意之作“宝石手机”。那个时候，手机面板使用的是有机玻璃，周群飞成功将手表玻璃技术移植到了手机上。

2003 年，周群飞成立蓝思科技公司，专注手机防护视窗玻璃的研发、生产和销售。按照周群飞的说法，蓝思是镜片，英文 lens 的音译，目的是方便海外客户搜索。这一年，蓝思拿到了摩托罗拉的订单。这款由玻璃打造的摩托罗拉手机，正是其经典机型 Razr V3。Razr V3 手机累计售出 1 亿部，蓝思科技由此地位陡升，HTC、诺基亚、三星、爱立信等一线手机厂商均成为蓝思科技的客户。

2006 年，蓝思科技和苹果相遇。苹果希望凭借多点触控技术改写智能手机的行业规则，而蓝思给出了解决方案。为了解决产能，周群飞开始将蓝思搬回家乡，浏阳的生产基地在 2009 年投产。iPhone 手机的成功，将蓝思科技推到了一个全新的高度。2009 年，蓝思的销售收入仅为 8.9 亿元，六年后的数字猛增至 172 亿元。业界有这样一个说法，2010 年 7 月，苹果公司推出 iPhone4，但是在售货架上，白色的手机一直缺货。苹果公司声明称，由于白色版本 iPhone4 的生产“遇到了意料之外的挑战”，供货需要等到当月后半段才能实现。这一消息，牵扯出了为苹果手机提供大部分视窗玻璃的“隐形大王”蓝思科技。由于这家企业当时尚未完全克服生产难题，导致白色版本的 iPhone4 全球缺货。

在“苹果”和“蓝宝石”的双重概念驱动下，蓝思科技上市之初受到资本市场热捧，上市三个月之后便推出定增计划，其中 33 亿元用于蓝宝石项目。但资本市场对蓝宝石项目的热度，随着苹果放弃在 iPone6 上使用蓝宝石玻璃面板逐渐消退，而中国股市也在这年出现“股灾”。在 2016 年 9 月 12 日，蓝思科技报收 23.31 元，距离它的发行价 22.99 元已不遥远。2018 年 3 月，蓝思股价仍未升回 40 元。

蓝思的上市，也让周群飞的情感纠葛成为社会八卦。周群飞早年打工的澳亚光学，是伯恩光学的家族企业，而且周的前夫也被传是伯恩光学老板杨建文之兄。情感纠葛没有公开信息印证，但蓝思科技和伯恩光学却是业内的死对头。在媒体的公开报道里，可以查到彼此互相挖角的新闻。常被当作佐证的事例是：2014 年 10 月，伯恩光学工厂副厂长张显波因涉嫌非公职人员行贿并侵犯商业秘密罪，在深圳被湖南警方带走。张显波曾在伯恩光学担任副厂长，2011 年被蓝思科技挖走任厂长，后又于 2014 年 5 月离开蓝思科技重回伯恩光学。2014 年 8 月，蓝思科技向湖南警方报案称，张显波向公司员工行贿 2.7 万元，试图盗窃公司商业机密。

和蓝思科技的曝光度相比，伯恩光学相当低调。2016 年，伯恩光学声称启动上市，但媒体发现这家企业至今没有开设官方网站。在有限的公开报道里，杨建文称伯恩光学 2015 年营业收入为 300 多亿元，2016 年营业收入有望突破 400 亿元。根据媒体估算，杨建文身家可能超过百亿美元，在香港富豪中可以跻身前 10 位。

公开资料显示，伯恩光学成立于 1986 年，为港资私人企业，前身为富士光学有限公司及伯恩光学有限公司，两者在 2010 年正式整合为伯恩光学有限公司，目前是全球最大的玻璃面板生产商，占全球份额超过 60%，深圳和惠州两大生产基地的年总产值超过 300 亿元。杨建文也透露："伯恩光学在深圳、惠州两地的总厂房面积超过 120 万平方米，两地合计员工超过 10 万人。"

2016 年 5 月 18 日，新华社播发一条电稿，题目叫《伯恩光学：一家港资"巨企"的珠三角坚守记》。文章称，从 1987 年在深圳搭建铁皮棚屋开始来料加工算起，这位香港企业家（杨建文）已经在广东奋斗了近 30 年。自 2008 年 6 月注册起，伯恩光学（惠州）有限公司也已经走过七个年头，累计投资超过 200 亿港元，成为全球光学行业的领头羊之一。文章还称，眼下，三星手机屏幕的约七成、苹果手机屏幕的约六成，都出自伯恩光学。同时，我国本土品牌华为、小米、vivo、魅族等企业也是伯恩光学的重要客户，而且随着本土智能手机出货量的持续提升，它们在伯恩光学产量中占据的比重也在不断上升。

有业内人士称，“伯恩光学想上市，可能是为了应对蓝思科技上市带来的竞争”。但在上市公司露笑科技的公告里，伯恩光学早已联手，一直加码蓝宝石晶体新材料方面的投入。

尽管中国是电脑、手机这些高技产品的最大生产国，但**在集电路方面始终处在“缺粮”状态“芯”路漫漫。**深圳工业的主奠基人马福元一直有个遗憾，和超大集成电路项目有关，**引了后工序，却争不来前工序。**兴通信的侯为贵南下深圳，始不忘钱学森的教诲：**中国一定搞半导体。**

第四章 芯路漫漫

细数世界上最具实力的高科技公司，不难发现他们大多都带着半导体的背景，比如英特尔、德州仪器，比如三星、苹果，还比如高通、博通。

建立在半导体之上的集成电路，被称为“工业粮食”。尽管中国是电脑、手机这些高科技产品的最大生产国，但在集成电路方面始终处在“缺粮”状态。

“芯”路漫漫。深圳工业的主要奠基人马福元一直有个遗憾，就和超大集成电路项目有关，引进了后工序，却争不来前工序。中兴通信的侯为贵南下深圳，始终不忘钱学森的教诲：中国一定要搞半导体。

芯片被称为现代工业粮食

2014年，《国家集成电路产业发展推进纲要》正式发布，中国半导体产业由此进入一波大景气周期。在中国前10大集成电路设计企业中，深圳占据4席；而在世界半导体公司排名中，华为旗下的海思半导体是最有机会跻身20强的国内企业。

中国缺“芯”

1942年在美国诞生的世界上第一台电子计算机，是一个庞然大物：占地150平方米，重达30吨，里面的电路使用了17468只电子管、7200只电阻、10000只电容、50万条线，耗电量150千瓦。

英国科学家达默在1952年提出了集成电路（IC）的构想：把电子线路中的分立元器件，集中制作在一块半导体晶片上，一小块晶片就是一个完整电路。七年后，锗集成电路和硅集成电路相继诞生，开启了微电

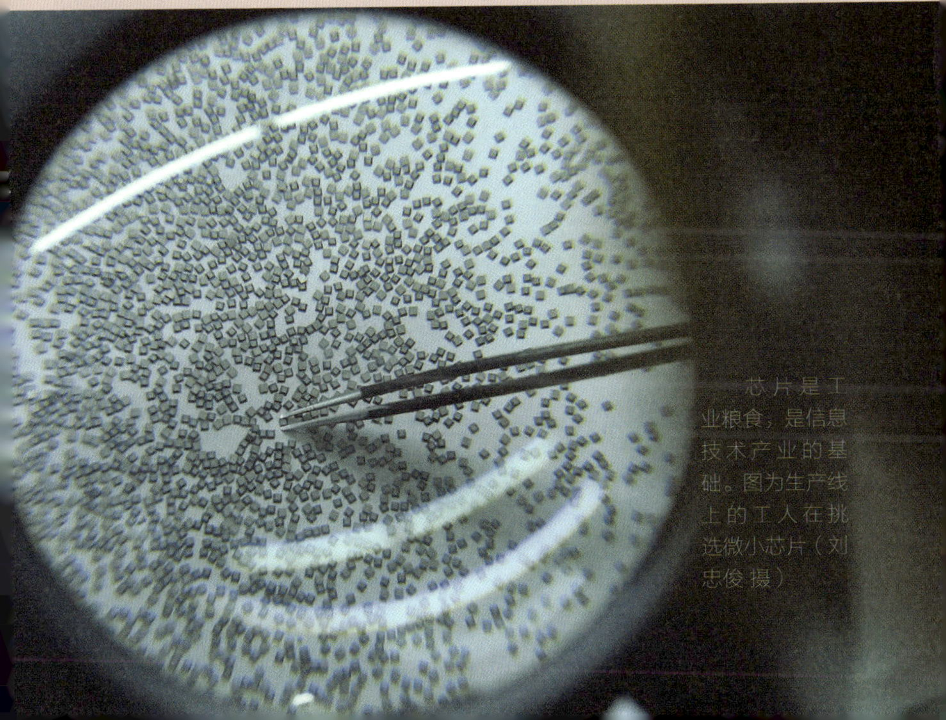

芯片是工业粮食，是信息技术产业的基础。图为生产线上的工人在挑选微小芯片（刘忠俊 摄）

“十二五”期间集成电路
产业年均增长18%(刘君凤 摄)

子时代。晶体管集成度每18个月增加一倍，摩尔定律描述的正是集成电路的发展：功能越来越强，体积越来越小。

日常表述里的集成电路，和芯片基本一致。半导体是一类材料的总称，集成电路是用半导体材料制成的电路的大型集合，芯片是由不同类型的集成电路或者单一类型集成电路形成的产品。对应成大家好理解的日常用品，半导体是各种做纸的纤维，集成电路是一沓子纸，芯片是书或者本子。目前半导体行业为了提高产品技术水平正在努力的方向无非分为三种：一是找新的纤维，做出更好的阅读载体；二是用现有的造纸技术让纸越来越便宜、越来越白、越来越薄等；三在书或者本子中间使用彩印、铜版纸等方法，让书或者本子有更好的使用体验。

半导体厂商的全球版图，其实就是高科技的全球版图。半导体权威研究机构 IC Insights 的 2016 全球半导体厂商 TOP20 排名中，美国有八家入榜，欧洲三家，日本三家，韩国两家，中国台湾地区三家，最后一家是新加坡资本背景的美国博通。美国势力包括英特尔、高通、美光、德州仪器、苹果、格罗方德、英伟达、安森美，划入新加坡的博通其实也是一家美国公司。东亚势力中，日本有东芝、索尼、瑞萨三家，韩国有三星和 SK 海力士，台湾地区则有台积电、联电两家代工巨人以及联发科。欧洲势力则是恩智浦、英飞凌和意法半导体三家。在前 20 大半导体中，有三家为纯代工厂（台积电、格罗方德和联电）和五家 IC 设计公司（高通、博通、联发科、苹果、英伟达）。若将台积电、格罗方德与台联电等三大纯晶圆代工厂排除，美国 AMD、中国海思与日本夏普依序将可入围。此外，高通 2017 年完成对恩智浦收购以后，必将有一家 20 名之外的公司进入，保持着高速增长的海思，有很大的可能性跻身。

英特尔的个人电脑处理器芯片，有一个传神的中文译名——奔腾

谈到中国制造的窘境，过去有个词叫“缺芯少屏”。屏最初是彩管，后来是指液晶面板，中国的进口额在很长一段时间里高达 500 亿美元。随着京东方、华星光电的崛起，“少屏”不仅成为历史，中国还有

望成为世界最大的面板生产基地。但是集成电路“缺芯”的局面，这些年却是一直在扩大：2010 年进口 1569.9 亿美元，出口 292.5 亿美元，逆差 1277.4 亿美元；2016 年进口 2271 亿美元，出口 613.8 亿美元，逆差 1657.2 亿美元。可能很少人会想到，芯片这个“小东西”竟是中国最大的进口商品。单以进口金额来算，集成电路是第二名汽车及零配件的三倍，更是远超石油。更为严重的是，“缺芯”不仅扼住了中国产业的要害，而且危及国家信息安全。

胡启立著作《“芯”路历程》

中国集成电路产业诞生于 20 世纪 60 年代，改革开放以前以计算机和军工配套为目标，以开发逻辑电路为主要产品，初步建立工业基础，1990 年前主要引进美国二手设备，改善集成电路装备水平，以消费类整机作为配套重点，一个突出成绩就是较好地解决了彩电集成电路的国产化。1990 年以后，国家启动了 908 工程、909 工程，全力提升集成电路水平。“908”工程于 1990 年 8 月启动，是“八五”期间实施的发展微电子产业的重点工程，主体企业是由 742 厂和永川半导体研究所无锡分所合并成立的中国华晶电子集团公司。1995 年开始建设 6 英寸生产线，1998 年 1 月华晶项目通过对外合同验收。该项目的建成投产使国内集成电路生产技术水平由 2 ~ 3 微米提高到 0.8 ~ 1 微米。由于审批时间过长，工程从开

英特尔新研制的电脑芯片（井韦 摄）

始立项到真正投产历时七年之久，因此建成投产时技术水平已落后于国际主流技术。1996 年 3 月，国家对建设大规模集成电路芯片生产线的项目正式批复立项，这就是业界俗称的“909 工程”。项目注册资金 40 亿人民币，由国务院和上海市财政按 6 ∶ 4 出资拨款，国务院在 1996 年决定由中央财政再增加拨款 1 亿美元。“909”工程的主体承担单位上海华虹微电子有限公司正式成立。

“909”工程是电子工业有史以来投资规模最大的国家项目，当时党和国家的领导人迫切希望提高我国集成电路水平。在 2006 年出版的《“芯”路历程》一书中披露了“909”工程的大量细节：朱镕基曾严肃地说，“这是国务院动用财政赤字给你办企业，你可要还给我呀！”。

英特尔抢占中国与国内业者合产芯片（安东 摄）

在“909”工程之前，中国在自主发展集成电路产业的道路上先后发起了四次冲击。第一次是20世纪70年代初，我国从日本全套引进7条半导体生产设备；第二次是在70年代末，引进了24条二手生产半导体生产线；第三次是80年代中期，引进设备的同时引进技术、软件乃至外资及其管理方法，诞生了华晶、首钢NEC、上海贝岭、上海飞利浦等四家半导体企业；第四次是90年代中期，实施华晶“908”工程以及上海飞利浦先进半导体、首钢NEC、上海贝岭的技术升级，同时在浙江绍兴引进一条微米级半导体生产线。

《“芯”路历程》写道，我国对半导体的四次冲击虽然取得一些成绩，但不能说已经取得成功。因为大生产线始终未能进入良性循环，集成电路产业链也远没有形成。总结了前四次冲击的误区：第一，把芯片工厂的建设简单地当成一条生产线的引进，以为有了设备就能生产；第二，单纯追求技术的先进性，不从市场需求出发，误认为集成电路的线宽越细越好；第三，认为只要有钱就能搞半导体。回忆起“909”工程的曲折过程：立了项，但迟迟找不到合作伙伴，外国人嘲讽说“中国人以为有了钱就能搞半导体”，搞“错位”了；工程开始建设了，恰逢半导体市场低迷；和日本NEC谈成了，却又招来批评；有人说，“中国人买个炮仗让日本人放”……

华虹成立之前，中国SIM卡芯片全部进口，平均价格82元；华虹出现后，打破垄断，2004年平均价格降低到8.1元。从2001年到2004年，消费者共节约60多亿元。

《“芯”路历程》也总结了“909”工程的经验：第一，高科技产业发展必须坚持引进、消化、吸收、创新同步发展的战略，“真正的核心技术很难通过市场交换得来，引进不是目的，目的是发展自己，为我所用，最终实现自主创新，走自己的路”。第二，始终坚持以市场为导向，“如果与市场不合拍，即使技术水平再高，也得不到市场的回报，就会被淘汰出局”。第三，牢牢抓住人才这个高科技企业发展的核心，优秀人才是创新的主力和中坚。

“超大”两年原地踏步

在国家“908”“909”项目启动的同时，深圳也迎来了一次千载难逢的机会，那就是简称为“超大”的超大规模集成电路项目。

1990 年 4 月，国务委员宋健到广东考察，分别向广东省及深圳市政府部门提议承接更大、更为艰巨的任务，就是办超大规模集成电路。超大规模集成电路是微电子技术的一次飞跃，大大推动了电子技术的进步，从而带动了军事技术和民用技术的发展。超大集成电路已成为衡量一个国家科学技术和工业水平的重要标志，也是世界主要工业国家，特别是美国和日本竞争最激烈的一个领域。深圳的电子业取得了很大的成绩，但没有超大集成电路的设计与生产业，成为赶超世界先进水平的一大瓶颈。这一瓶颈如果不突破，包括深圳在内的广东的电子工业始终落后于世界先进水平。时任深圳市市长的李灏接受了这一提议，指示深圳赛格集团董事长马福元牵头调研并拿出可行性方案。批示指出：“搞大规模集成电路项目，无论对深圳，还是全国都是必要的。我主张大胆闯闯，当然困难不少，如何筹措资金就是个大关。”

赛格集团接受国务院的重托，成为这一重大项目的牵头单位，首先组织国内外的知名专家进行论证。专家们认为，深圳赛格集团如能利用香港良好的投资环境和在国际政治格局中的特殊地位，引进世界水平的亚微米级的集成电路技术，是值得一试的途径。

1990 年 10 月，赛格集团董事长马福元和深圳市计划局局长姜贵、总工程师叶鲁率代表团九人，分别访问了香港工业署、美国驻香港总领事馆与英国驻香港商务署等机构。访问的结果是出乎意料，香港当局不仅没有加以阻挠，反而表态支持。香港工业署首席顾问黎伟至先生表示，香港特区政府乐于以任何可能的方式支持该项目。美国是“巴统”组织的领头羊，如果美国方面出面阻挠，大规模集成电路的技术也不可能落户在香港。谁知美国驻香港总领事馆的李奇先生没有阻挠，而是表态支持。为了表示诚意，美国商务部驻香港官员还与深圳赛格集团签署了书面声明。书面声明中表示，在香港引进亚微米集成电路技术将不受“巴统”的限制，美国驻香港总领事馆将支持在香港建设该项目。1991 年，深圳赛格集团在香港大埔工业村购地 3.4 万平方米，预付了定金 463 万港元。

深圳赛格集团于 1990 年 6 月将项目正式上报给国家计委，国家计委的外资司将论证报告交给中国国际咨询工程公司进行评估，还提出评估要“特事特办，超前处理”，对项目的评估只用了 13 天。国务院对这一项目非常重视，副总理两次听取深圳市的汇报，同意立项。1991 年 6 月

2015年7月，高通骁龙系列智能手机芯片展位亮相信息产业展会。在智能手机产业，高通是最大的芯片供应者（安东摄）

国家计委同意立项，还安排6000万美元境外贷款指标给深圳。

这一项目引起了广东省政府重视。1992年7月，时任省长朱森林听取了深圳市的汇报后指出："这个项目是广东省赶超'亚洲四小龙'的最重要的基础项目，要集中全省力量促进这个项目的实现。"他还指出："中国电子工业如不突破这一点就肯定还要落后，所以一定要搞，不突破不行。现在有了客观条件，国务院支持，深圳市重视，赛格集团的积极性很高，我们更应大力支持，集中财力与物力将这一项目搞上去。"他又指出："我赞同全省联合起来搞。这个项目也可办一个全省性的集团公司。高新产业的核心是超大规模集成电路，广东省该考虑这个问题。"

于是，广东省政府把这个项目作为全省赶超"亚洲四小龙"的龙头项目，享受一切有关高科技企业的优惠待遇。广州、惠州、珠海三市以及粤海集团等企业都要求参与投资。深圳市委书记李灏在汇报书上批示："省里支持，搞好这个项目就更有把握了。"

1992年8月，赛格集团就这一项目正式组建了广东赛格微电子（集团）股份有限公司。到了1992年9月，广东省政府组成了"超大规模集成电路"领导小组，副省长卢钟鹤任组长，广东省科委主任梁湘、深圳赛格集团董事长马福元等任副组长，共同筹建中方投资公司。公司总股本2亿美元，由7家股东组成。1993年1月，广东省政府向国家计委提出将这一项目由深港合作项目转为粤港合作项目，承办单位由深圳赛格集团转为广东赛格集团。

另一方的国外投资方，也就是高技术的输出方，广东赛格集团选择了意法半导体公司（ST Microelectronics）。这家公司是意大利SGS微电子公司和法国汤姆逊半导体合并后的企业，是当时全球第五大集成电路公司，总部在瑞士日内瓦。1993年2月，马福元率团赴意大利，与意法半导体公司签署了合资兴建大规模集成电路的意向书，意在突破"巴统"的封锁，将"超大"的前工序放在香港，将后工序封装放在深圳。

2011 年 3 月，受日本地震影响，中国内地市场部分日产电子数码产品芯片涨价（刘君凤 摄）

在这个关键问题上，意法半导体公司的态度并不明朗，为项目的成功带来了变数。与此同时，广东方面却发生了变化。本来举全省之力办“超大”项目，有着多方面的优越性，但是相应的问题也随之产生，大股东越多纷争越多。参股的地方政府，个个想办“超大”，人人想举这面大旗，尤其是珠海的态度最为坚决。珠海方面提出，决定划出 1 平方公里的土地作为建设用地，价格优惠到每平方米 200 元人民币。在资金方面，准备投资 5000 万至 6000 万美元，占全部投资的 70%，如果其他城市投资有困难，则愿意承担剩余的 30%。深圳市是“超大”项目的最早发起者与前期工作的主要组织者，面对珠海的竞争也是态度鲜明，即坚持要将后工序放在深圳。时任市长厉有为签发了市政府呈省政府的请示报告，说明该项目的历史情况和深圳市已做的大量工作，并申诉了后工序放在深圳的理由，还呈报了意法半导体公司确认后工序选在福田保税区的函件，提出深圳占投资总额的50%。

这样，“超大”就形成了珠海与深圳二龙相争的局面。超大项目的七大股东是在省政府撮合下产生的，面对珠海愿一家承担总投资的局面，阵容很快分化。广东省华侨投资信托公司与东莞市电子工业总公司，表示退出不再参股。广东省科技开发公司及广东省投资开发公司等股东，态度模棱两可，对深圳和珠海均不得罪，表示听从省政府安排。只有广东科技信托投资公司，表示支持珠海，表态说如后工序放在珠海就愿意参股，如放在深圳则不拟参股。这样，七个股东分裂，举全省之力办超大的计划，就形成四分五裂的局面。省“超大领导小组”对此进行协调，意见是将后工序放在珠海，理由是参股的股东支持珠海的较多，而且珠海市的决心很大，措施也较有力。但是，国外投资方——意法半导体公司却明确将后工序放在深圳福田保税区，而不是放在珠海。

国务院外国专家局专家马俊如是这一项目的热心支持者，曾组织外国专家参与论证，见到这种状况，写了一个报告给国家领导人。马俊如在报告中说：“‘超大’项目的发展状况并不乐观，遇到了重大障碍，问题不是出在合作的外方，而是出在广东，广东与深圳一会儿争着要大干快上，一会儿又冷下来丢在一边。最近又听说要把在香港已购买的厂房用地转为他用，这个情况真使人焦急万分。为中华民族力争在世界高科技竞争中占一席之地的信念，促使我经反复考虑后决心向最高领导反映上述情况。建议授权国家计委负责人限期处理好此事，希望广东、深圳市领导立足在民族大业高度，团结起来，选派得力人才使这个具有战略性的项目抓紧对外谈判。把失去的时间追回来，尽快实施。”

考虑到该项目的历史情况及深圳市申诉的理由，广东省政府再次研究并做出决定，同意将后工序放在深圳福田保税区，但深圳要独立承担中方投资 1.12 亿美元的任务。如深圳同意此方案，广东省计委可以单独或和深圳市联合，上报国家计委，依旧恢复该项目为深港合作项目，外汇指标依旧划归深圳，由深圳负责筹建整个项目。就这样，七家股东组成的广东赛格微电子（集团）股份有限公司无疾而终，“超大”项目经过两年多的旅行，重新回到了深圳。

前工序争取 10 年仍被拒

集成电路大体可分为设计、制造和封装测试三个环节，其中设计和制造是前工序，封装测试是后工序。按照深圳的构想，超大项目本该是前后工序形成一条龙，但在实际运行中，“超大”项目只引进了后工序。为此，马福元一直称是最大的遗憾。

1993 年，在“超大”方面取得重大突破的只是几个发达国家，比如曾经的诺基亚公司，用的芯片是向美国德州仪器公司买的，一年多达 1.5 亿只。国家曾集中力量办过几家超大集成电路厂，但是成果还停留在后

工序阶段，前工序并没有取得突破性的进展。这一年，我国实行现代企业制度，深圳市政府对“超大”项目不再直接投资，而是在政策方面予以支持。深圳赛格集团要上“超大”项目，就要承担投资的重任，实行独立核算，自负盈亏。同年，赛格集团的两大项目“赛格日立”与“中康玻璃”投产不久，处于还贷期，资金方面力不从心。合资方意法半导体也有着自己的想法，并不想将尖端的制造技术带到深圳，只打算建一家后工序企业。意法半导体对深圳的期望婉言推托，说深圳的市场条件还不成熟，等到市场成熟了，再上前工序，至于何时上前工序，只是留了一个口头许诺，并没有一个切实具体的时间表。

于是，深圳对“超大”项目作了重大调整，一是这一项目不再是跨越深圳与香港两地的项目，而是深圳赛

2017年9月华为北斗芯片亮相暨首届卫星应用国际博览会（陈文摄）

格集团与意法微电子公司的合资项目。二是“超大”先做后工序，而不是前后工序的一条龙。1994 年，深圳赛格高技术投资股份有限公司成立，注册资本为 3 亿元，意法半导体投资 60%，赛格集团投资 40%，合资公司名为赛意法微电子公司，公司选址于深圳市的福田保税区。1995 年 1 月，深圳赛意法微电子公司召开第一届董事会，意法半导体副董事长索莫基任董事长，同年 1 月 15 日举行厂房奠基典礼。1997 年，赛意法公司试生产，当年检测与封装各种芯片 1.28 亿只。这样，深圳的“超大”项目历时六年，终于开始运作。

深圳赛意法公司由外资方经营，1999 年派来一位热爱中国文化的韩国人金在一出任总经理，深圳赛意法的生产蒸蒸日上，2005 年产量达到 34 亿只，年进出口额超过 16 亿美元。公司成为我国大陆地区最大的芯片封测厂，占了意法微电子公司总产量的 38%，除了英特尔的几种芯片以外，其他的产品应有尽有。到 2006 年，金在一拿到了深圳第一张“外国人永久居留证”，是深圳首批获得“绿卡”的外籍友人之一。2007 年 7 月，法国驻广州的总领事专程来到深圳福田保税区，向金在一颁发了由法国总统授予的“国家爵士勋章”，以表彰他对法国对华投资所做的贡献。自 1998 年正式投产以来，赛意法微电子公司连年盈利。2009 年，公司日产量超过了 2200 万只，最高日产量达到了 2500 万只，成为全球最大的集成电路封装测试工厂之一。

深圳赛意法有后工序封装，而没有前工序设计与生产。如果建成从前工序到后工序的一条龙，形成一个完整的大规模集成电路生产企业，将填补国家的一大空白。深圳一直没有放弃努力。公司投产后，深圳方每年都与意法半导体高层接触，希望前工序尽快上马，意法半导体的高层在口头上都没有拒绝，但一直没有实际行动。为了开拓意法半导体产品在中国的市场，深圳赛格高科技投资公司开始代理销售其产品，所开发出的高清接收机和多媒体显示器用的就是意法的解码芯片。为提升意法半导体投资前工序的信心，2001 年初，赛格方面聘请了赛意法公司首任董事长索莫基先生为前工序筹建的高级顾问。他多次考察深圳并与意法半导体继任董事长皮斯托里奥交流，并促成皮斯托里奥于 2001 年 2 月中旬对深圳的访问。皮斯托里奥与深圳方面初步约定在 2001 年第三季度讨论前工序。然而，美国“9 · 11”事件以及世界经济的走势，导致意法半导体中断了前工序的计划。2002 年 10 月，意法半导体副总裁马奇先生来深圳，谈到如果深圳方面先建厂房，意法半导体有可能将前工序的时间提前。这给深圳“超大”的前工序带来了一丝希望。为此，赛格高技术公司筹措 2 亿至 3 亿美元，还委托美国的一家专业工业设计公司，针对意法半导体的前工序要求，在龙岗区的宝龙工业园设计了一座高水准微电子工业园。在芯片设计与生产方面，双方签订了战略合作意向书，

2017 年 9 月华为北斗芯片亮相暨首届卫星应用国际博览会（陈文 摄）

对数字电视的芯片进行研发，共同拓展数字电视芯片的市场。这仅仅是个意向书，双方还没有到“谈婚论嫁”的地步。2004 年 6 月，意法半导体的副总裁杜泰尔考察了宝龙工业园的微电子工业园，表示很满意。深圳市市长李鸿忠还专门到香港，与意法半导体董事长皮斯托里奥会面，深圳“超大”前工序问题的希望又有所增加。然而，皮斯托里奥在 2005 年 5 月退休，一度升温的前工序又冷却下来。

2006 年 2 月，意法半导体总裁卡罗·伯佐提在深圳举行新闻发布会，对深圳争取了 10 年的“前工序”终于有了一个回应。他说，意法半导体为扩大在中国的销售，总部成立了大中国区，同时再投入 5 亿美元，兴建一座大型后工序封装厂，地点在深圳的宝龙工业区。这一家工厂由意法半导体独资经营，年产量 70 亿只芯片。这样，意法半导体在深圳就投资了两家芯片封装测试厂，连厂名也是基本相同，前一家叫“赛意法微电子公司”，后一家叫“意法微电子公司”，深圳成为意法半导体在全球最大的后工序生产基地。然而，意法半导体实际上是拒绝了深圳对“前工序”长达 10 年的请求，这也说明了世界级的大企业对核心技术是何等重视，并不想通过合资的方式与人分享。

意法半导体的保守，是深圳的遗憾，也是其自身的损失。和此形成对比的企业，是美国英特尔公司。就在第二家意法封装厂建设的同期，英特尔公司开始在中国建立从设计、制造到封装的产业链。2007 年，英特尔宣布在大连市投资 25 亿美元，建立一家生产 12 英寸晶圆的工厂，这是英特尔在亚洲投建的第一家晶圆厂，也是英特尔 15 年来第一次在全新的地点兴建晶圆厂。到 2010 年，英特尔半导体（大连）公司投产，一年的销售额高达 120 亿元人民币，成为中国当时的第二大集成电路制造厂，仅次于韩国三星在江苏无锡建的海力士半导体（中国）公司。此外，英特尔还在四川成都建立了大型的集成电路封装测试厂，年销售额高达 188 亿元人民币，约为深圳赛意法的 5 倍，成为中国最大的封装测试厂。

海思引领闪亮“深圳芯”

引进意法半导体，深圳明确的产业意图就是借外援之力发展集成电路前工序。遭遇婉拒的同时，深圳却在 20 年间成长为中国最重要的芯片设计基地。尤其是海思半导体，成为中国芯片行业的领军者，最有可能跻身世界半导体 TOP20。

根据中国半导体行业协会统计，2016 年中国集成电路产业销售额达到 4335 亿元，同比增长 20%。其中，设计业继续保持高速增长，销售额为 1644 亿元，同比增长 24%；制造业受到国内芯片生产线满产以及扩产的带动，2016 年同比增长 25%，销售额 1127 亿元；封装测试业销售额 1564 亿元，同比增长 13%。

谈起深圳芯片制造业，目前有深爱半导体的一条 5 英寸线和方正的两条 6 英寸线以及中芯国际的 8 英寸线。尽管和当下主流的 12 英寸线有着差距，但在普通领域仍具有独特优势，而且在深圳 IC 历史上具有重要的地位。

深爱半导体公司是深圳最早的集成电路生产企业，成立于 1988 年，是赛格集团与美国 IBDT 亚洲公司合资的企业。然而公司成立后，生产任务不足，又没有核心技术，一直亏损到 1996 年，美方投资者也宣布放弃投资。1996 年 12 月，赛格集团主导的一期技术改造共投入 1800 万元，盘活了 4400 多万元的闲置固定资产，将原设计前工序 4 英寸芯片月产 4000 只扩大到 12000 只，后工序晶体管封装月产 200 万只扩展到 1200 万只。到 2000 年，深爱半导体的生产能力达到了预定的水平，前工序月产能 2 万只，后工序年产 2 亿只。2001 年完成技术改造的第三期工程，前工序月产达到只万，后工序年产达 3 亿只，成为深圳当时唯一的半导体芯片生产企业。

2003 年底，深圳北大方正微电子公司成立，投资方是北大方正集团公司与深圳市深超科技投资有限公司。2006 年投产后，建成深圳第一条 6 英寸芯片生产线。据说，有位市领导怕被“忽悠”，对是否出席投产典礼举棋不定。这是因为在之前上海交大爆出“汉芯门”，所谓的国产芯片其实就是给美国芯片装了件外套，打磨过的芯片连商标都没清除。方正的 6 英寸晶圆是货真价实的深圳造，这位负责人打消顾虑出席了开工典礼。

2008 年 6 月，中芯国际集成电路制造（深圳）有限公司成立。“中芯深圳”投资达 15.8 亿美元，建设集成电路技术研究开发中心和 8 英寸芯片、12 英寸芯片生产线各一条。“中芯国际”领军人物是张汝京，在台湾被称为“半导体强人”。1999 年，他离开台湾，带着 300 名工程师来到上海创业，成立了中芯国际，此后在上海、北京、天津与武汉兴建的制造厂多达八家，总投资超过 100 亿美元。“中芯深圳”是“中芯国际”在祖国大陆兴建的第九家芯片厂，2014 年正式投产后成为华南地区第一条 8 英寸生产线。2016 年 11 月，中芯国际正式启动中芯深圳的 12 英寸生产线，这将是华南地区第一条 12 英寸集成电路生产线，投产日期为 2017 年底。

2016 年，深圳市 IC 产业规模首次突破 500 亿元，增速达到了 30%。其中 IC 设计产业销售收入达到 493.5 亿元，同比增长 29.6%，连续五年位列国内各大城市首位。深圳已成为国内 IC 产品的消费、集散和设计中心。在中国半导体行业协会发布的“2016 年中国集成电路设计 10 大企业”榜单上，海思、紫光展锐、中兴微电子成为前三，后七名分别是华大半导体、北京南瑞智芯微电子、汇顶科技、杭州士兰微电子、大唐半导体、

华为海思芯片

敦泰科技、北京中星微电子。这当中，海思、中兴微电子、汇顶科技、敦泰科技都是深圳企业。

国家集成电路设计深圳产业化基地是中国八个国家级 IC 设计产业化基地之一。在深圳 IC 基地发布的报告里，一直强调深圳 IC 设计企业发展迅速，新产品、新技术不断涌现，产业发展亮点纷呈。其中，海思半导体多款通信芯片达到世界领先水平，“麒麟”应用处理器芯片性能与高通“骁龙”相当；汇顶自主研发的活体指纹识别芯片问世，为移动支付提供安全保障；敦泰持续引领内嵌式触控技术潮流，领先业界推出触控显示整合单芯片（IDC），IDC 芯片出货量国内排名第一。

深圳 IC 基地成立于 2001 年。此前的 2000 年，国务院发布《鼓励软件产业和集成电路产业发展的若干政策》，制定全面鼓励优惠政策。2011 年，国务院颁布《进一步鼓励软件产业和集成电路产业发展的若干政策》，提出了从八个方面给予集成电路系统性扶持。在这 10 多年间，深圳芯片设计伴随着电子信息产业得到充足发展。

谈起电信制造巨头，华为排名世界第一，中兴排名世界第四。在芯片设计领域，华为旗下的海思是中国第一，而中兴旗下的中兴微电子则是中国第三。科思特尔发布的《芯片行业专利分析及专利组合质量评估》

报告显示，中国近 10 年芯片专利增长惊人，已成为芯片专利申请第一大国。在全球芯片专利前 30 位专利权人中，来自深圳的中兴、华为分别位居第 23 位、27 位。

2016 年，海思销售额为 303 亿元人民币，距入围世界半导体公司 TOP20 仅有一步之遥，差距约为 500 万美元。海思前身是创建于 1991 年的华为集成电路设计中心，在 2004 年升格为海思半导体。海思在北京、上海、美国的硅谷与瑞典设有分部，从业人员达 4000 多人，是深圳规模最大、人员最多、产值最高的集成电路设计公司。海思的产品覆盖了无

从 2008 年发布首款手机芯片，至 2017 年发布麒麟 970，
麒麟芯片走过自主芯片进化 10 年（图片来自公开报道）

线网络、固定网络、数字多媒体芯片的解决方案，成功地应用在 100 多个国家和地区。

让海思声名大显的是麒麟芯片。华为由此成为全球第三个可以制造手机处理器的手机企业，而前两位则是苹果和三星。2017 年 9 月的柏林消费电子展，华为正式推出全球首款移动人工智能芯片——麒麟 970。华为消费者业务 CEO 余承东介绍，麒麟 970 采用创新 HiAI 移动计算架构，其中的 NPU 是一款基于深度学习的芯片，运用在人脸识别上最高能达到 98% 的准确分辨率，超过了人眼的识别率。

至于深圳的另一个通信巨人中兴，旗下的深圳中兴微电子成立于2003年，其前身是成立于1996年的中兴通讯IC设计部。低调的中兴微电子，一直承担着对内技术支撑服务，2016年销售额为56亿元，产品涵盖手机产品、多媒体产品、有线产品以及无线产品。在芯片设计领域，还有一家企业有着中兴血统，那就是“国民技术”。国民技术成立于2000年，由中兴通讯与国投电子公司共同组建，任务是承担国家“909工程”集成电路设计。国民技术的产品，和普通民众生活关系极为密切，一个是网上银行采用的U盾，另一个则是使用了RCC支付技术的深圳通。

排在中国IC设计第四名的华大半导体，隶属于中国电子信息产业集团，是国内唯一涵盖半导体电路完整产业链的企业。这个强大的“国家队”，已经在深圳有所布局。2017年9月，中国正式发布全球首个支持新一代北斗三号信号体制的高精度导航定位芯片，研发者正是落户龙岗的华大北斗科技。

2017年9月25日，华为首个人工智能移动计算平台——麒麟970首次亮相（图片来自公开报道）

深圳华强电子产业研究所的研究报告称，经过多年发展，深圳在通信、移动多媒体、数字电视、显示及照明驱动与触控、数据存储、信息安全、物联网与感知计算、智能电网和智能仪器仪表、生命健康与医疗电子、汽车电子、先进制造和数字装备、智能家居、航空航天与军工等 13 大应用领域，或已经积累了一定的优势，或有机会抓住产业爆发增长的机会。

扶持集成电路产业发展，国家成立了被称为“大基金”的集成电路产业投资基金。截至 2016 年，基金决策投资 43 个项目，覆盖设计、制造、封装测试、装备、材料等芯片全产业链，累计项目承诺投资额达到 818 亿元，实际出资超过 560 亿元。在“大基金”的视野里，深圳芯片企业是值得关注的种子选手。2017 年 11 月 23 日，沪深两市大幅下跌，深圳汇顶科技却逆势涨停。原因是在前一晚，汇顶科技获“大基金”举牌，持股比例达 6.65%。成立于 2002 年的汇顶科技，2016 年销售额达 30 亿元，在指纹识别芯片领域已经做到世界第二。

中国创客出现在同一时期。矽科技创始人潘昊是中国最早的客之一。在他的讲述里，**深圳土创客的开端是一段孤独的记忆**因为“最开始 99.9% 的用户和伴都来自国外”。而且，“创客”们虽已开展活动，却未正式得名**直到 2011 年，深圳创客张浩将“Maker”翻译成了眼下的“客”。**

第五章 创客之城

创，是开始。

可以是从无到有，可以是从小到大，可以是从旧到新，可以是从弱到强。与“创”有关的词汇，都蕴含着旺盛的生命力。

无论是创新、创造，还是创意、创业，深圳和“创”一同起长。2015 年，一个叫“创客”的新名词从深圳走出，不仅“闯入”了总理当年的《政府工作报告》，还成为“大众创业、万众创新”的象征。《咬文嚼字》杂志发布的 2015 年度“十大流行语”中，创客排名第五。

深圳，也由此多了一张国际名片——“创客之城”。

"创客"从小众变大众

"创客"一词，来自英文 Maker，是指不以赢利为目标，努力把各种创意转变为现实的人。简单地说，创客就是一群玩创新的人。

Maker 的出现，和 Fab Lab（微观装配实验室）有着直接关系，这是美国麻省理工学院比特与原子研究中心发起的一项新颖的实验——建立一个拥有几乎可以制造任何产品和工具的小型的工厂。该中心主任 Gershenfeld 教授认为，迄今为止，数字革命的发展已经经历了两个重要的阶段，分别是个人通信和个人计算。以移动技术为代表的普适计算通过上述两个阶段的发展，无所不在的个人通信网络及个人计算已经形成。目前，人类正处于第三次数字革命的前夕，在这次以"个人制造"为核心的革命中，相关的材料技术和信息技术已经露出苗头。

Fab Lab 的最初灵感来源于课堂。1998 年，Gershenfeld 教授开设一门课程，叫作"如何能够创造任何东西"，这很快成为麻省理工学院最受欢迎的一门课。没有技术经验的学生们在课堂上创造出很多令人印象深刻的产品，比如为鹦鹉制作的网络浏览器、收集尖叫的盒子，以及保护女性人身安全的配有传感器和防御性毛刺的裙子等等。Gershenfeld 教授认为，与其让人们接受科学知识，不如给他们装备、相关的知识以及工具让他们自己来发现科学。随后，第一个 Fab Lab 于 2001 年在波士顿建立，由美国国家科学基金会拨款建造，旨在提供完成低成本制造实验的所需环境。

2006 年，国际顶级学术期刊 *Nature* 对 Fab Lab 理念进行了专题报道，并引发了一场讨论。这使得小众的"Maker"迈出重要一步。Fab Lab 的核心理念是，发明创造将不只发生在拥有昂贵实验设备的大学或研究机构，也将不仅仅属于少数专业科研人员，而有机会在任何地方由任何人完成。同样在 2006 年，创客们最重要的活动 Maker Faire 第一次亮相加利福尼亚。

中国创客出现在同一时期。矽递科技创始人潘昊是中国最早的创客之一。在他的讲述里，深圳本土创客的开端是一段孤独的记忆，因为"最开始 99.9% 的用户和伙伴都来自国外"。而且，"创客"们虽已开展活动，却未正式得名。直到 2011 年，深圳创客张浩才将"Maker"翻译成了眼下的"创客"。2010 年，上海成立了国内首家创客空间——新车间，而深圳柴火空间、北京创客空间随后相继出现，中国创客群体正式亮相，呈现三足鼎立之势。

创客运动的兴起，得益于克里斯·安德森的著作。2012 年，《创客：新工业革命》中文版推出，成为创客眼中的启示录。安德森是美国《连线》杂志前主编，被称作数字化时代预言家，《长尾理论》《免费：商业的未来》等作品均出自他的手下，在 2011 年 11 月，他正式加入了一家用 3D 打印技术制造硬件产品的公司。安德森认为"创客运动"的工业化，即数字制造和个人制造的合体，意味着数字世界颠覆实体世界的时代正在到来。

安德森在书中称，新一波"创客运动"中的重大机遇就在于保持小型化与全球化并存的能力：既有手工匠人的原始，又具创新性，实现低成本的高技术。小处开始，大处成长。最重要的是创造出世界需要但尚未了解的产品，虽然这样的产品与旧模式的大众经济学可以说是格格不入。

数字科技、开源硬件、3D 打印、网络众筹，这些都是"创客运动"的关键词。在书中，安德森点出创客的创业模式："开源的另一个核心方面是，用户可以自行制造产品，无须向你支付任何费用。这对于用户库中 0.1% 的人来说是件大好事，而他们通常也是产品新创意与创新的最佳源泉。但事实是另外那 99.9% 的用户宁愿付钱给专业人士，确保产品能够使用。那才是公司的核心所在。”

2014 年，奥巴马总统在白宫亲自主持 Maker Faire 活动，并确定每年的 6 月 18 日为美国“制造日”。为何如此高看创客运动？安德森在书中有着以下解释：产品开发领域，“创客运动”的天平偏向于最佳创新模式，而非最廉价的劳动力。已经把“联合创造”或基于社区的开发收入囊中的国家肯定会胜出，这些国家在各领域内找到并充分利用最佳人才和主动性更强的人，因此能够立于不败之地。此类国家里，最具活力的网络社区红红火火，最富创新性的网络公司蓬勃发展。这些价值是在 21 世纪市场里获得成功的保证。

安德森对深圳并不陌生，任职《连线》期间曾经长驻香港。接受国内媒体的采访，安德森经常会选择地处深圳车公庙的办公室。在安德森看来，驱动创客运动的各项条件，在珠三角特别是深圳都完全具备。随着硬件领域鼎鼎大名的孵化加速器 Haxlr8r 在 2012 年落户深圳，“硬件硅谷”成为西方媒体报道中国创客运动时对深圳的新称呼。

在深圳创客看来，2015 年的春天是个关键的节点，1 月 4 日李克强总理到访柴火空间，“创客”一词由此全国知晓。总理给出了如此评价：“你们的奇思妙想和丰富成果，充分展示了大众创业、万众创新的活力。这种活力和创造，将会成为中国经济未来增长的不熄引擎。”柴火空间创始人潘昊说，柴火寓意“众人拾柴火焰高”，为此邀请总理成为荣誉会员。总理欣然应许：“好，我再为你们添把柴，让更多的人走进‘创客’行列！”

总理添的不是一把柴，而是点起了一把迅速席卷大江南北的“双创”之火。这年 2 月，国务院常务会议确定支持发展“众创空间”的政策措施，为创业创新搭建新平台。一个月后的《政府工作报告》里，第一次出现了“创客”的字眼，而且成为“大众创业、万众创新”的象征。

2016 年 10 月，第二届“全国大众创业万众创新活动周暨第二届深圳国际创客周”在深圳湾创业广场正式启动。出席活动的李克强总理来到腾讯展台，兴致勃勃地通过网络向创业者发放创业红包，蜜蜂停车创始人佘志登抢到了第一个红包。总理提到，“创业与创新结合，会使发展动力更加强劲”。尤其在当今“互联网 +”蓬勃发展的时代，万众创新可以把千千万万“个脑”连接成创造力强大的“群脑”，在智慧碰撞中催生创意奇妙、能更好满足多样化需求的供给，这正是中国发展的巨大潜力所在。

2017 年全国两会的总理记者招待会，总理再次就“双创”作答。巧合的是，提问者来自《深圳特区报》。“双创”是一场改革，因为它抓住了“人”这个生产力当中最重要的因素，让人的聪明才智和活力充分展现出来，让大家有改变命运、获得纵向上升的平等机会。中国有 1.7 亿受过高等教育和拥有高技能的人才，与近 8 亿的劳动力结合起来，能创造的财富，激发的能量是难以估算的，也会给市场，包括世界市场带来巨大的机遇。

国际创客叫响了“硬件硅谷”

谁第一个把深圳称为“硬件硅谷”？公认的说法是硬件孵化加速器 Haxlr8r 创始人 Ebersweiler。在接受外媒采访时，Ebersweiler 首先提出：“深圳华强北是硬件的硅谷。”

Haxlr8r 在 2012 年落户深圳，形成了特有的“深圳－旧金山”模式：面向全球接受入驻申请，每年从 1000 余份申请中选出 30 个团队，然后把他们带来深圳，Haxlr8r 为他们提供种子资金、免费办公空间、全职员工和顾问、专家导师，每周对团队进行一对一指导。利用深圳本地完善的供应、销售体系，Haxlr8r 在 111 天内帮助他们联系工厂做出原型产品，最后再带到硅谷面向投资人举行 Demo Day（演示日）。项目结束后，一部分团队可能会以登上众筹网站 Kickstarter 作为新的起点，而另一部分团队可能会走向消费市场。只有极少数中国人能够说出 Haxlr8r 的准确发音，所幸的是：这个机构在 2015 年更名为简单明了的“HAX”。

BBC 在 2016 年 6 月播出一档节目，叫作《科技新中国》，第二集的主角便是深圳。出现在镜头里的 HAX 显得有点清静，原因是入驻的创客“正在美国旧金山展现各自的奇思妙想与创意作品”。HAX 创始人 Ebersweiler 说，这几年已经投资孵化约 145 家公司，来深圳的主要原因是这里能够更好地与供应商直接合作，推出更完善的产品。接受采访的 HAX 创客们也表示：深圳不乏生产加工及零售资源，有成百上千家加工中心，他们高效廉价，而且随时保持通信畅通，回应快速，能在最短时间内完成工作，还不会太贵。

对于中国创客而言，Haxlr8r 给出了清晰的硬件创业路线图。不过，在 Haxlr8r 成为国际媒体关注对象的那一刻，只有少数两三个中国创客项目进入这个国际孵化加速器。2013 年 3 月，《深圳商报》刊出一篇题为《深圳，离创客天堂还有多远》的报道，Haxlr8r 便是主要报道对象。在报道中出现的 Zach 是 Haxlr8r 的项目总监。Zach 说："对于硬件创业者来说，深圳就是天堂。这里不仅有完善的电子产业链、低廉的人力和设备成本，而且所有资源都集中在方圆几十公里的区域。对于一个创客来说，深圳的成本只是纽约的十分之一，旧金山的四分之一。失败了也能够接受，也可以多试几次。"

此前的 2012 年，Zach 刚刚退出 3D 打印机公司 Makerbot。作为 Makerbot 的联合创始人，纽约创客 Zach 在 2011 年第一次来深圳，目的就是为 Makerbot 挑选供应商。诞生于纽约创客空间的 Makerbot 于 2012 年被收购，一个版本是卖了 4 亿多美元，另一个版本是 6 亿美元。Zach 决定留在深圳继续自己的创客生涯，先在车公庙当了个独立创客，然后再到 Haxlr8r 成为项目总监。Zach 每天的日常生活，就是骑着一辆电动自行车，穿梭在华强北的办公室以及各个电子市场之间。

在国际创客圈子里，Zach 经常是以向导的身份出现。2014 年下半年，两位前互联网创业者共同创建的博客 Hack Things 记录了"华强北一日游"：想象这样一家跟 Costco 超市一样大的仓库，里面堆满了全球电子供应链中你能想象到的任一部件，接着想象一栋六层大楼，每层都是这样，接着想象 10 栋这样的大楼。好，你开始明白深圳华强北电子市场大致是如何模样了，几百个摊位各自装备了成百种零部件，供你挑选，也许你从没见过一盘 PCB 组件装载的场景，但在华强北你每天都能看到。

文章引用 Zach 的话说："在深圳鼓捣硬件，就像在一间有整个城市那么大的工作坊里肆意折腾。"文章坦言：如果你还认为中国在硬件生产领域最大的优势是人工便宜的话，那就太天真了。居于供应链中心的核心优势就是你可以有足够快的迭代速度，快到其他地方，包括硅谷都无法想象。需要给特定机壳配一个特定部件？烧了块主板需要找一个替换？某个部件想找同系列的变种来测试？走过门口这条街，去拿就是了。就算你在硅谷最核心地段的一家硬件工作坊里，也不可能像在深圳这么方便。想找个分段 LED 显示屏？要不要现在就来从一个满载 75 种不同样式的配件盒中找找看？如果你不确定生产中需要哪种的话，直接跟工厂代表聊啊，或者直接开车来生产线看吧。

在 2014 年众多的文章中，美国《赫芬顿邮报》网站的报道影响最为广泛，记者 Sheehan 发自深圳的报道称，数码业经历了 20 年的迅猛发展后，一些企业家和工程师开始回归现实世界，他们谈论可穿戴科技、机器人、智能医疗设备，其中许多都如潮水般涌向深圳这座毗邻香港的内地城市。

文章采访了从 Haxlr8r 中脱颖而出的 Open Trons 公司创始人 Canine。Canine 说："若你作为一名工程师，突然想出了一个创意，但要等五天甚至两个星期才付诸行动，那就已经不是创新了。如果你富有创造力，就希望马上能试试这一想法；然后尝试另一个想法，再继续下一个想法。这种活力在美国是看不到的，只有在深圳才能看到。" Haxlr8r 将帮助 Open Trons 公司制造第一个产品 OT.One，一款公开源代码的液体传送机器人，创始人希望通过该科技极大减少生物科技研究者用于运输液体的时间。Open Trons 的团队在美国西海岸碰面，然后在中国南部用低成本高效地组装即将面市的机器人。文章称，深圳长期被视为大型低端制造业的理想去处，这座城市拥有强大的生产力、丰富的工程人才与高效的物流支持。这些优势使深圳成为新兴硬件公司从研发到生产的基地。深圳传奇式的电子市场与在线零售商催生对零部件的巨大需求，不断更新换代也不断推进创新。生产商称在深圳一周的工作量相当于在美国一个月的工作量。

文章里，浮现出一年后深圳国际创客周的口号“Made with Shenzhen”。研究中国制造与制造商文化的密歇根大学教授 Lindtner 在文章中表示，“在西方人们普遍认为，硅谷高端的工作室设计出产品原型，运往中国，而后者只负责生产。但实际情况是，在中国的工厂里很多设计需要再调整，一些再设计就在工厂中进行。”Lindtner 表示，这已经足够重要到将“中国制造（Made in China）”这一标签改为“与中国共同制造（Made with China）”。

Lindtner 更对深圳赞赏有加：“深圳有很多人用行动努力回答这样的问题：我们能采取什么措施避免重蹈美国中西部覆辙？我们应该怎样成为创新之都？”在这篇报道里频繁出现的 Eric Pan，就是潘昊。他认为：“深圳正从一个单纯的制造工厂向具有科技创新和文化的工厂转变。深圳这座城市的氛围正在改变。”

在海外媒体越来越关注硬件硅谷之时，深圳的创客文化也在萌发。《深圳商报》2013 年的报道中，Zach 接受《纽约时报》采访时说：“绝大多数创业者都在美国起步，开放的教育环境、活跃的社区和鼓励创新的文化能让创客们不断迸发新想法、打磨新点子。其中，活跃的社区正是深圳尤为欠缺的地方。”创办“柴火空间”的潘昊也说，和依靠捐助的美国创客空间不同，“柴火”一直没能从深圳当地企业得到过什么帮助。就像 Haxlr8r 是来自美国一样，深圳大量的创投资金几乎还没有注意到创客运动可能会对深圳制造业、对中国制造业产生如何深远的影响。

谁也不会想到的是，一切很快就将改变。

深圳创客的关键词都和他相关

柴火创客空间内，创客在交流（钟华登 摄）

2015 年新年之后，华侨城东部工业区内的柴火空间成了国内知名度最高的创客平台，以致入驻的创客会笑言："几乎成了一个旅游景点。"

柴火空间之所以火起来，得归功于李克强总理。2015 年 1 月 4 日，总理莅临考察，欣然应邀成为荣誉会员。向总理发出邀请的人，名叫潘昊。

柴火创客空间创始人潘浩（钟华登 摄）

回忆当初的一幕，潘昊笑言总理不是再添了一把柴，简直就是加了“核燃料”。

柴火空间的网站这样介绍自己的创始人：潘昊，创客和骑行者。于2008年7月成立Seeed Studio提供开源硬件和敏捷制造，帮助各种创意成长为与众不同的硬件产品。努力促进创客的跨国交流和跨界合作，2011年创建深圳第一家创客空间（柴火创客空间），2012年将Maker Faire引入深圳，与Ebersweiler成立硬件加速器Haxlr8r。2013年作为封面人物入选中文版《福布斯》杂志评选的中国年度30位30岁以下企业家。

看着这份介绍，不难发现深圳创客的四个关键词都和潘昊息息相关：矽递科技Seeed Studio是世界三大开源硬件提供商之一，柴火创客空间是中国最早一批创客空间，制汇节Maker Faire是全球最知名的创客盛会，Haxlr8r是全球知名的硬件加速器。

潘昊出生于四川雅安，自称从小就爱折腾，把家里能拆的东西都拆了一遍，然后重新组装。大学就读电

2016 年 深圳制汇节上的机器人格斗赛（钟华登 摄）

子工程专业，潘昊参加了各种竞赛，然后进入了英特尔的成都公司。工作一年多，潘昊选择了骑行中国，到了北京入职一家外贸公司。在 2008 年北京的一次多媒体艺术展中，潘昊第一次接触到了开源硬件，发现开源硬件能够帮助非技术背景的艺术家们快速实现自有的创意，对此他产生了浓厚的兴趣。在对开源硬件深入了解之后，他毅然决定开创自己的事业。这年，潘昊南下深圳，在华强北转悠了三个月后，创办了 Seeed Studio。在一次座谈中，潘昊称“自己到了华强北就不想走了”“像一个厨师到了一个超级市场，这个超级市场有全世界所有的食材，这个厨师就感觉做所有的菜，这里都有资源”。在他看来，华强北的每一个柜台，都连接到某一个工厂，可以看到消费电子背后的工艺，“到了这个市场马上就可以获得全深圳、甚至整个珠三角供应链的接口，感觉到和一个庞大生产系统的对接”。

根据潘昊的解释，Seeed 源自英文 Seed，意即种子，多出的那个“e”，是电子。音译成中文“矽递”。矽，是元素硅的旧称。在台湾的表述里，“硅谷”的名字叫“矽谷”。成立矽递科技，潘昊决定要为创新者提供两方面的服务：一是提供开源硬件的模块让他们能够迅速搭建出产品原型，二是提供小批量制造的服务为创客的项目进行快速打样和小批量量产并推向市场。他说：“我们的产品，是要加速硬件创业者从 Idea（创意）到 Prototype（原型 ）的过程。”在 2014 年报道里，矽递科技年销售额 5000 万元人民币。在 2016 年的采访中，潘昊自己估算已经服务了全球约 200 万创客。

95% 的客户来自国外，矽递科技为此还曾做过一张深圳创客地图。这张地图的中心是华强北，几乎所有的建筑物都取了英文名字，比如移动设备大楼、LED 大楼、传感器大楼等，详细标明了在华强北采购各种元器件的地理位置。经过多年的发展，每一个开源硬件网站都会有一张“深圳创客地图”。《南方日报》2017 年就曾报道，国际创客手持地图走进华强北。报道中的澳大利亚创客 Mike，对于华强北的初步认知来源于美国开源硬件网站的博客板块，为创客提供专业而有价值的硬件创新信息，关于华强北的介绍更是其中的重头戏，创客可以找到的信息包括如何在华强北开一家公司、如何用更便宜的方式运货等等。

2011 年，柴火创客空间成立，这是深圳首个创客空间。在此后的六年里，空间已举办了超过 300 期分享会，200 场工作坊，吸引注册会员超过 5000 人，活动人流总数超过 10 万人。柴火的最大动作，便是 2012 年在国内首度引入 Maker Faire。Maker Faire 是全世界最大的创客聚会。

落户在其他城市的Maker Faire，一般都直译为创客嘉年华，唯独落户深圳的 Maker Faire 有一个亲切而富有创意的中文名——制汇节。第一届制汇节并未见诸媒体，仅有的记录也只是称来自世界各地的 100 多位创客在深圳宝安 F518 时尚创意园集结。2017 年的第六届制汇节走进深圳深职院，结束之际急雨骤降，在场的潘昊深有感慨地称：“默默举办第一次 Maker Faire 时，也是风雨交加。”

2016 年深圳制汇节，小朋友和家长在体验日本创客带来的“放大脸”（钟华登 摄）

对于刚刚起步的中国创客，深圳制汇节提供了一个展示创意、创新与创造的舞台，也打

留学生们到访柴火空间（钟华登 摄）

造了一个宣扬创客文化的庆典。在此后的制汇节上，英特尔、微软、德州仪器等大厂商纷纷加入，展示专为创客设计的芯片、套件。2015 年的制汇节，更是成为全国双创周活动的“活动主会场”，共有来自 30 个国家的 250 个创客团队参加，活动人次也达到了 20 万。

对于创客的认识，中国创客和国际创客有着微妙的差异。在 2014 年制汇节的报道里，曾经提到了一场被比喻为“布道会”的论坛，演讲者包括 Arduino 联合创始人 Tom Lgoe、《创客：新工业革命》作者安德森以及《Make》杂志创办人 Dougherty。报道称，在这些外国创客眼中，“把想法付诸现实”是最重要的事情。与之相反，他们并没有对创客背景的关注，而在于这样的想法如何实现。“创客很少来自大公司，更多是用户需求的驱动，”Dougherty 表示，“创客不需要大量资本、基础设施或是很强的专业性。”然而，对在座的大部分中国创客来说，他们最终的结果往往是商业化的创业。中国的创客们实际上很少有单纯的爱好者，更多的是希望成为在这个领域的掘金者。

谈及国内外创客的区别，潘昊也认为，最大的区别是国外的团队更自信，敢于做自己的东西，“因为喜欢，所以任性”；而中国创客则要把好的创意变成产品，因此创新的步子相对比较小。

眼下，柴火空间定位于创客创新教育的支持平台，提供从课程体系规划、校园创客空间规划、创客师资培训到活动和比赛规划。深圳福田区荔园小学是柴火空间的合作者，学校的学生 2016 年参加全国计算机表演赛总决赛，凭借“防近视纠坐姿节能阅读灯”获得了一等奖，这一作品此后举行了创新项目孵化发布会，正式投入量产，成了真正的产品。潘昊在 2017 年下半年一次活动中谈道：“作为创客界的先行者，我们一方面为全民对创新创业的关注感到兴奋，但另一方面我们又观察到大量空间其实出现了闲置现象，以至于我们内部经常开玩笑说，现在创客空间比创客还多。”

为什么重视创客教育？潘昊给出的说法是：如果我们把人才梯度比作一个漏斗的话，我们都习惯去关注那些漏斗漏出来的“成果”，关注那些出成绩的“创业者”，资源也都给了他们。但漏斗底部，基数最大的创新者，却鲜有人问津。这也就导致我们在大谈创新创业时，才发现我们的人才储备是不够的。

Make with ShenZhen

“为什么只有深圳成为创客眼中的唯一，答案绝非是简单的华强北。”一篇关于深圳创客的博文这样写道。身为深圳创客的一员，王建军认为“深圳的产业环境，特别适合做一些硬件相关的创新”。这位“创客工厂”科技有限公司的创始人，2010 年大学毕业后选择深圳作为自己“创客”的起点，而他的公司也是深圳创客平台重要一员。2017 年 5 月，王建军所在的 Makeblock 举办了一项面向青年人的机器人竞赛 MakeX。根据介绍，Makeblock 2016 年的年度销售额为 1.26 亿元，举办 MakeX 的全程综合耗资超过 2000 万。按照 Makeblock 的设想，未来也会随时偶遇一场酣畅淋漓的机器人赛事。

在深圳这座创客之城，王建军和 Makeblock 是走向市场的创客和创客企业，更多的创客们仍然在奋斗当中。“Make with ShenZhen”，2015 年 3 月，纽约时代广场，“国际创客周”向世界发出了“与深圳共同创造”的邀请。时任深圳市市长许勤在接受人民网访谈时透露，深圳已经明确提出打造国际创客中心的目标，“深圳将是全球创客能实践自己想法的强大硬件平台”。稍早前的 1 月，深圳更是以城市之名在旧金山推广“创客之城”。

“国际创客周”的构想，诞生于 2014 年 6 月的陈嘉庚青年科学奖获奖者座谈会。矽递科技创始人潘昊当场建议，深圳应该办个“国际创客周”，出席座谈的许勤当场接受。关于创客，科技背景深厚的许勤有过许多表述，比如“要给有志创新的青年提供‘折腾’的环境、‘嘚瑟’的舞台”，还比如“创客运动的推进，使大众创新成为可能”，他甚至直言：“我认为今天年轻人的创新（企业），可能就是我们未来的华为、未来的中兴通讯。”对于创客发展的环境，许勤自信地认为深圳可以提供全国最好的环境，没有之一。

中国创客的首次亮相，也是在深圳。2013 年的高交会，深圳会展中心七号馆，特意开辟了“创客中国”展区，上海李大维的新车间、北京王盛林的创客空间、深圳潘昊的柴火空间以及成都、南京的创客空间悉数参展。2014 年高交会，更是直接开设了“创客之夜”，深圳也响亮地喊出建设“创客之城”。这年的 11 月，深圳国际开放创新圆桌会议聚焦“创客之城”建设，一群国际知名创客发布了《全球创客深圳宣言》。《宣言》称：“我们坚信，创客将为互联网和制造业融合发展的新工业革命打开大门，迎接个人创造和智能制造时代的到来，推动人人创业、万众创新。我们认同深圳开放包容的城市创业文化，创新驱动和质量引领的发展理念，完备的创新生态链体系，强大的产业配套和工业设计力量，这里将是全球创客的乐园。”

2015 年初，总理到访柴火空间，不仅给创客添了一把柴，也给深圳提出了要求：“全民创新，万众创业，深圳能不能起一个表率作用？”谈起当年 6 月的首个国际创客周， 2015 年初深圳市市长许勤接受《南方日报》采访时表示，支持大众创新、草根创新、小微创新和创客发展，是深圳创新驱动发展非常重要的方面。深圳积极把握世界范围内创客活动兴起的新趋势，从政策支持上更多把目光关注到青年创新、学生创新、创客活动等，目的就是为中小微创新企业和创客搭建更多的平台，使得深圳的创新生态更为完善，创新土壤更加适合全民创新、全面创新。

创客的价值在哪里？新华社当年这样写道：创客完成的是从 0 到 1 的一步，创业者需要实现的是从 1 到 100、10000 乃至……如果说过去更多关注的是后者，那么，今天我们意识到——没有这个“1”，后面多少个“0”都没有意义。

“创客可以被视为最小的创新单元。最基层的创客，构成了最原始的驱动力。过去政府一般扶持大企业，但现在更多地意识到金字塔需要一个底端，需要更多小微企业来支撑。”柴火空间的创始人潘昊认为，政府之所以关注创客，是因为创客的创新行为有助于更多微小企业成长起来，对于深圳产业升级，对于更多制造企业成为品牌性企业有所帮助，对提升深圳国际地位和形象也是大有裨益。在2014年底，深圳出台了《深圳市机器人、可穿戴设备和智能装备产业发展规划（2014-2020年）》。规划显示，深圳市将连续七年每年安排5亿元，设立产业发展专项资金。对于深圳创客而言，这是政策利好，因为创客所从事的智能硬件创新，无疑正是智能产业的金字塔基。

如何建设国际创客之城？深圳在2015年3月底开了一次座谈会，邀请10名深圳创客和市长许勤直接对话。这些创客包括潘昊、张浩、王建军，还包括开放制造空间创始人尚松、中科创客学院院长薛静萍、工业设计行业协会秘书长封昌红、乐美客创客团队联合创始人刘兴华、开源创客坊创始人卢青。受邀参会的还有但非，他是SZDIY创客社区创始人之一。最后一位参加者是深圳大学2011届毕业生沈沾俊，毕业当年入驻学校创业园获得10万元资助创立思路飞扬信息技术有限公司，四年后在龙岗设有500平方米研发中心，营业额超过千万。媒体对此的报道传递了很多信息，比如深圳将出台促进创客三年发展行动计划，制定支持创客发展政策措施，不仅将深圳创新型产业用房拿出一部分作为孵化创客、服务创客的空间，而且将设立青少年创新支持基金，把创客文化植入教育。许勤在座谈中表示：“大众创业、万众创新，是创新驱动发展战略的重要组成内容，深圳正在打造的创新生态链条上，创客代表的微创新活动也是十分重要的一个层次。”“深圳将围绕创客们的‘需求链’构建‘政策链’，为创客营造更好的环境和平台，让大家一到深圳就能闻到创客的‘味道’，一到深圳就充满创新的激情！”

此后公布的三年发展行动计划，更是提出了明确指标：从 2015 年开始，全市每年新增 50 个创客空间。到 2017 年底，全市创客空间数量达到 200 个。从 2015 年开始，每年新增 10 个创客服务平台。到 2017 年，全市创客服务平台数量达到 50 个。

深圳市科创委相关人士解读称，深圳创客群体总体分为两大类，即 Zero-to-Maker（入门级创客）和 Maker-to-Market（进入市场的创客）。入门级创客是创意阶段的爱好者，执着于一个兴趣并寻求创意实现的指导和资源；创业型创客，其目标是实现创意的产品化、产品的市场化。深圳坚持厘清有形之手与无形之手的边界，将创客文化定位为创新生态的一部分，扶持创客是营造整体生态，绝非挑选种子选手。科创委的官员表示：“支持创客的发展，也支持创客向创业的发展，但政府的目的是鼓励创新创业。创客并不希望政府来打扰，而年轻人将来玩出多大的成就，其实我们并不在意，我们需要的是培育这种方式、这种文化。”

在 2017 年全国双创周和深圳国际创客周的新闻发布会，深圳亮出了三年行动的部分收获，不仅每年安排 5 亿元创客专项资金，还实施了科技创新券制度和创客专项计划，更是引进了全球首个微观装配实验室 2.0 升级版 Fab Lab，设立了硅谷直通车大赛，建设前海深圳青年梦工场。在企业层面，出现了华强集团的华强北国际创客中心、赛格创业汇有限公司创客空间、富士康“云之咖啡”创客大本营、华讯方舟创客空间等知名创客空间；在高校层面，中科创客学院、深圳大学中英科技创新孵化器、北京大学深圳研究生院筑底空间、清华大学深圳研究生院 i-Space 创业空间、哈工大深圳研究生院创客空间以及深职院创客创业园都各具特色。

汪滔（钟华登 摄）

创客汪滔与创客大疆

这几年的岁末，大疆总会成为社会新闻的主角。原因无他，年终奖。在报纸的摄影报道里，大疆拿出了 10 台奔驰，随后是 30 辆特斯拉，再往后则有奥迪、宝马，还有保时捷。在这背后，是大疆惊人的成长速度。2010 年，大疆产值不过 300 万；2014 年，数字到了 40 亿；而在 2016 年，数字到了 100 亿。在深圳的独角兽企业中，大疆科技以过百亿美元的估值成为领跑者。

2016 年 9 月，大疆科技创始人汪滔荣获深圳市长奖，以 36 岁的年纪成为最年轻的获奖者。在当天的深圳科技创新大会上，汪滔在致辞中如此说："我常常想，这一群初出茅庐的年轻人，不用去阿谀奉承、投机取巧，就可以在踏实做事的埋头苦干当中，达到创业之巅，这样的故事恐怕只有深圳才可以实现。"

"10 年前，我怀揣技术谋求创业的时候，首先就想到了深圳。因为这里宽容失败，鼓励创新。"汪滔的发言，把时间拉到了 2006 年。彼时，汪滔和同伴在大学宿舍里开始了创业，然后在深圳莲花北小区的一间民房里创立了大疆。

1980 年，汪滔出生在浙江杭州，从小喜欢航模的他曾从父亲那里得到过一架遥控直升机。在汪滔日后的讲述里，可以看到无人机的"种子"：直升机在想象中应该是一个可以随意操控的精灵，能悬停在空中不动，但实际上操控难度很高的直升机起飞不久就掉了下来，飞速旋转的螺旋桨还在手上留下了一个疤痕，"那时我想做一个能够自动控制直升机飞行的东西出来”。读完高中，汪滔考入华东师范大学电子系。大三时，汪滔选择退学，并向斯坦福和麻省理工等世界一流大学递上申请。最终，只有香港科技大学发来了录取通知书，他就读于电子及计算机工程学系。

2004和2005年读书期间，汪滔曾连续两年参加了RoboCon比赛，表现不俗。因为参加比赛，他主导开发出一套直升机飞行控制系统，这也是他随后成立大疆的根基。汪滔说过：“我觉得自己的性格里有天真的成分，从小喜欢一个东西，就是希望把它变成现实。”2005年，汪滔决定把遥控直升机的飞行控制系统作为自己的毕业设计题目，需要解决的核心问题仍然源自童年的梦想——让航模能够自由地悬停。拿着学校给的1.8万元港币经费，汪滔和两位同学忙乎了大半年，在最终的演示阶段，本应悬停在空中的飞机却掉了下来，失败的毕业设计得了一个C。

在导师李泽湘教授的眼里，汪滔不是一个学霸，但是有着超强的动手能力。在深圳高交会的一场论坛上，李泽湘现场回忆了汪滔的创业经历。他说，自己以前只招成绩最好的学生，但这些学生在创业过程中的表现并不一定跟他的成绩所匹配，所以他对课程进行了改革，通过参加机器人大赛，让学生合作设计机器人，然后再到深圳采购零部件和加工制造。汪滔，就是从这门课程中脱颖而出。于是，汪滔在香港科技大学继续攻读研究生课程，同时也开始了创业。

大疆的起步并不顺利，也曾遇到“黎明前的黑暗”。直到2008年，大疆第一款较为成熟的直升机飞行控制系统XP3.1面市。因为不是量产，成本很高，最困难的时候公司账面上只剩下几万块钱。汪滔跑到北京给一个客户做飞行演示，成功获得了20套XP3.1订单。成立两年多来，这是大疆首次卖出去产品。汪滔发现，无人机的用户集中在航模发烧友领域，市场非常有限。如果不通过产品去拓展用户群，产品做得再好也没有市场。2013年1月，大疆发布“大疆精灵”，这是第一款随时可以起飞的预装四旋翼飞行器。得益于简洁和易用的特性，“大疆精灵”撬动了非

大疆展示无人机产品（钟华登 摄）

专业无人机市场。2014 年，大疆售出了大约 40 万架无人机。《华尔街日报》称，大疆是“首个在全球主要的科技消费产品领域成为先锋者的中国企业”。在 2009 年和 2014 年间，大疆的销售额以每年两到三倍的速度增长，跻身全球增速最快的公司行列。以产品类别划分，目前大疆的八成收入来自消费级无人机，另两成来自行业无人机。以地域划分，大疆的消费级无人机大约 80% 的收入来自境外的市场；行业无人机方面，我国大陆地区与境外其他市场都刚刚起步，但保持了齐头并进的态势。

在科技创新大会的发言中，汪滔表示：创业公司和创新城市可以相互成就。大疆设于深圳，依托深圳等珠三角（城市）成熟的产业链和人才储备的发展创新，成为行业的领军企业，而大疆率先发展和突破，也为深圳集聚了大量的无人机专门人才和成熟产业链。他坦言：大疆离不开深圳，因为深圳大概有世界上最好的硬件创新环境。

谈起大疆，深圳市前副市长唐杰经常会说起“三个问题”。那是2014年初，时任香港特首梁振英向汪滔提了三个问题：香港科大做了什么？深圳做了什么？大疆会不会回香港？

汪滔第一个问题的回答是，他是香港科大的本科生和硕士生，考试成绩只是一般，但在本校与香港几所大学的机器人大赛中成绩一直优异。香港科技大学在大疆公司发展中，始终充当了辅导者的角色并将辅导创业作为大学全程教育的一部分。

关于第二个问题，汪滔想了想说不知道。但是对于第三个问题，回答直截了当——大疆回不了香港。因为香港不具备深圳这样发达的分工配套条件。大疆公司只是创新研发，并不生产，所有产品都是在互联网上发标，征求竞标的制造者。唐杰特别提到，竞标不是生产一款无人机，而是按一个组件、一个模块、一个零部件，甚至螺丝钉发标，5个、10个或者更多的公司参与竞标。

汪滔创业之时，“创客”之名并未叫响。但在创客的眼中，大疆是学生创客创业的模板。成功后的汪滔，并不圆滑世故。这个常常被称为“另类”的创业者，在网络上留下了一段被广泛转载的话：“我常常在想，皇帝穿着所谓最美的新衣游街，却只有孩子敢指出真相。而现在的社会有那么多的问题，却连敢大声指责的孩子都没有了。事实上，没有不需要埋头苦干就能获得的成功，没有只靠PPT就能得到的财富，没有从天而降的高科技。追求卓越，需要无数苦思冥想的深夜，需要连续工作72小时的执著，更需要敢于大声说出真相的勇气。”

大疆主办的 RoboMaster 机甲大师赛已经举办了三届。汪滔早在 2013 年便尝试举办了小型的机器人比赛，以夏令营的形式为理工科学生和机器人爱好者量身打造暑期科研活动。在媒体报道里，还有这样一个故事：2014 年，红杉全球的合伙人莫里茨访问大疆，客套地问了句，大疆有什么需要红杉帮忙的。汪滔的答案令人大吃一惊：我想做一个全球最有影响力的机器人比赛，红杉怎么看？ 2015 年的 7 月，一场名为“RoboMasters2015 全国大学生机器人大赛”在深圳落幕，前后共有 111 支战队参与角逐。相关报道称，单纯用“激烈”来形容它似乎不够，因为它更是一种“情怀”，为了这场比赛，大疆准备了两年，耗资 5000 万元。在大疆的工作人员的解释里，这个比赛不以任何盈利为目的，最单纯的起因就是想办一项酷炫的比赛，让工程师有个成为明星的舞台。

华为、华大基因、华侨城、华强科技、华南城，**这五个以“华”开头的企业成了参观的热点，最终形成了“五华”之说。**并称“五华”是一种偶合，有民企、有外资、有央企、有国企，**更多元的“五华”**显示出共同的**“深圳基因”**：在市场竞争中脱颖而出，具备强大的创新能力，长于学习国际先进经验。

第六章 硅洲新故事

2017 年的深圳，多了一个美丽的名字：硅洲（Silicon Delta）。

出现在国际舞台上的深圳，标志物不再是流水线上的女工，而是可以媲美硅谷的创新乐土。这并不是《经济学人》杂志第一次褒扬深圳。两年前，《经济学人》对全球 4300 个经济特区进行了比较，坦言深圳是最为成功的那一个。

经济特区的由来源远流长，但真正开始流行起来却是在 1980 年中国成立深圳经济特区之后。目前，全球四分之三的国家至少都成立过一个经济特区，这股经济特区热也让人误以为，只要祭出税收和关税优惠，简化通关和监管，就是救经济的特效药。深圳的成功在哪里？《经济学人》的文章坦言，深圳模式的成功在强化竞争力和减少贸易壁垒，而且这种模式要能在全国进行改革转型，经济特区才有真正的影响力。

关于深圳，国际上现在有一本新书，名字就叫作《向深圳学习》（Learning From Shenzhen）。

比肩北上广，深圳靠什么

一线城市“北上广深”的说法从何而来？2013年底，网站“知乎”上的一则问答，引发热议。北京，政治文化中心；上海，经济金融中心；广州，商业贸易中心；深圳，科技创新中心。按照作答者“君临”的说法，这就是四座城市之所以成为一线城市的原因所在。

2016年全国双创周主会场启动仪式现场（钟华登 摄）

2016年全国双创周开幕式上的科技表演（钟华登 摄）

历史最短，面积最小，深圳何以比肩北上广？这才是争议所在。

在“北上广深”出现之前，提起中国城市往往是京津沪并列。京津沪三大直辖市，很长一段时间都是我国大陆地区大城市的代表。改革开放之后，“京津沪”的说法让位于“北上广”。在天涯论坛上，一位网友如此解释，广东是改革开放的发源地，经济总量一直雄居全国第一，“北上广”中的“广”是指广东，至于此后的“北上广深”，无非是将“广”进一步细分成了广州和深圳。“北上广深”的说法来源多变，但这种排名本身就表明了这四个城市在我国大陆地区城市中的实力地位。事实上，有细心网友比较了 30 多项社会发展指标，北上广深在绝大多数选项中均位列前四。

“北上广深说”最早来自房地产市场，这一说法得到较多认同。从搜索结果来看，“北上广深”出现于 2007 年左右，那也是我国楼价飞升的开始。此后，这四座城市的中心城区一直领跑全国，“北上广深”是一个并无多少异议的房价排名。“北上广深”大热于 2010 年左右。由于大城市房价上涨迅猛，不少年轻人选择回家乡发展，逃离“北上广深”成了热门搭配。

“君临”在网文中也提到深圳房价的倒逼，这位广州的互联网从业者直言不讳：“如果你从事的是纺织、五金、电子这些低端加工业，你将永远没有机会出头，最好的办法就是回到内陆，那里有更好的机会等着你。”对于那些正在奔赴深圳路上的年轻人，“君临”给出的建议是：“如果你是适合深圳科技创新产业的人，那你就来吧，这里有很多优越的工作机会等着你，你会获得与你的付出和努力相适应的优厚薪水，锻炼技能，积累人脉，数年之后机会到来之时开创自己的新事业。房子，会在这个过程中水到渠成。”

和“北上广深”同时出现的，还有一二线城市之分，这种划分更多来自跨国公司对中国市场的区分。跨国公司进入中国之后，往往是依据一个城市的市场规模有多大，消费力、购买力有多强来区分，在业务布局上分出一线、二线的先后顺序。综合研究开发院副院长郭万达表示，“北上广深”的说法，一是跟这些年房地产市场的涨幅有关系；二是跟市场规模、经济总量、人口规模有关联。深圳在跨国公司看来，当然属于一线城市，它的经济总量、市场规模、消费力都处在领先地位，而这些领先因素又是深圳房价上涨比较快的原因，两者之间是相辅相成的关系。

学者们认为，“北上广深”的排名是对深圳经济中心城市地位的认可。

体验研究3D眼镜（钟华登 摄）

在大陆地区定位经济中心城市，“北上广深”显然处在第一梯队。考察深圳的城市定位，经历过几次明显的变化：特区成立之初，深圳的定位不过是一个边境城市，1990年的定位也只提到“现代化城市”；2000年，明确“深圳市是我国的经济特区，华南地区重要的经济中心”。“全国经济中心城市”的定位始于2009年，国务院当年1月通过的《珠江三角洲地区改革发展规划纲要》中，要求深圳“强化全国经济中心城市和国家创新型城市的地位”，国务院2010年8月原则同意修订后的《深圳市城市总体规划（2010-2020年）》，重申了“深圳市是我国的经济特区、全国性经济中心城市和国际化城市”。可以说，“北上广深”的说法，和深圳确定经济中心城市的定位在时间轨迹上基本吻合。

郭万达表示，经济中心城市要有极强的集聚和辐射能力，不仅仅是人口集聚，也包括经济要素集聚。2017年深圳全市年末常住人口1252万。这样一个规模的城市体量，加上深圳本身的经济发达程度，使它已成为一个经济中心城市。无论是网络发帖还是专家分析，无一例外都会提及深圳的两大优势，一是深圳拥有中国自主创新能力最强的一批标杆企业，华为、平安、招商、比亚迪等等都是中国企业国际化的优等生；二是深圳金融支撑能力，这不仅是指深交所、创业板，也指深圳目前已经成为全国性的财富管理中心。

2016年，深圳GDP达到1.95万亿元，位居全国城市第四位。和第三位的广州相差甚微，和一河之隔的香港也缩窄至2500亿左右的差距。由于2017年开始将研发投入纳入GDP统计，深圳2016年的GDP数字最终超过了2万亿元，稍稍领先广州。深圳市软科学研究会副会长王东表示，"北上广深"的排名和GDP有关系，却非决定性关系。单看经济总量，国内其他诸多城市都有机会赶超香港甚至新加坡，但说起城市影响力，这些城市10年甚至20年都难以与香港、新加坡比肩。2000年的统计数据显示，深圳当年GDP为1665亿元，和上海、北京、广州差距明显，但已经领先天津、苏州和重庆。但在此时，"北上广深"的提法并未出现。王东认为："尤其是将深圳定位为中国的科技创新中心，这个标签就是深圳未来的发展方向。在我看来，深圳没有必要和北京、上海去做同质化发展，而是要通过差异化竞争成为世界性的卓越城市。"

"硅谷之所以为美国的科技创新中心，因为这里有苹果的智能手机，谷歌的移动操作系统，特斯拉的电动车。深圳之所以为中国的科技创新中心，因为这里有华为的海思芯片，腾讯的移动社交平台，比亚迪的电动车，它们代表着现代科技产业三大领域——IT硬件创新、移动互联网、新能源智能汽车的最顶尖水平。"在"知乎"网站的回帖中，"君临"并不掩饰对于深圳的喜爱。他还写道："由于深圳的创业风气、创业板的金融支持、在IT制造业领域内的强大产业生态，在迈向产业升级的中国经济地图中，深圳的地位是无可取代的。"

《深圳商报》在2013年底对这个话题进行了报道。创办于2009年的乐逗是国内手机游戏平台的知名企业，也是《愤怒的小鸟》等游戏的

介绍电子基因检测技术（钟华登 摄）

国内代理商。乐逗游戏 CEO 陈湘宇表示：“当初选择在深圳创业，最本质的原因是这个城市的机会是平等的，而且即使失败也不会被人所耻笑。另外一点，这个城市不问出身，不论背景，只看你为用户做了什么，为用户提供了什么，只要你能做出好的产品，你就能得到认可，所以我觉得这一点很重要，自由平等，这是科技创新的必要条件。”

陈湘宇接受采访时表示，对于科技创新产业来说，深圳无疑有着得天独厚的先天优势。为什么最大的互联网公司产生在深圳？最大的通信公司也在深圳？因为这个行业是终端先进步，而在深圳能得到最前沿的信息。至少从互联网行业、移动互联网行业所最看重的用户体验来说，深圳这座以年轻人为主的城市也最适合成为科技创新产品的第一块试验田。在采访中，他一再将深圳和旧金山相比较：“深圳其实和旧金山有很多地方相像。首先是开放，其次是城市的活力、节奏，再次是城市的国际化程度。改革开放以来，深圳就一直被誉为中国走向世界的窗口。仅从这一点，就决定了深圳具有其他城市所无可比拟的创新优势。”王东也认为旧金山是深圳发展可借鉴的模板：“深圳展现的是活力，是不可替代的活力，而旧金山正是一个合适的目标。”

官方的定位，也为民间热议背书。在国家十三五规划中，深圳被确定为科技产业创新中心。在深圳自身的城市定位中，2015 年也加入了“创新型”的前缀。《深圳商报》在 2013 年的报道里写道：“北上广深”约定俗成，这本身就是对深圳城市实力的认可，也是深圳建设国家经济中心城市的成果之一。未来会怎样？“北上广深”的说法会有改变，但定位科技创新中心的深圳无疑会是一座不可替代的卓越城市。正如“君临”在网文中所言：深圳的低端产业在转移，但深圳的创新能力并没有失去。在中国产业创新的大浪潮中，深圳正处于时代的漩涡点。深圳就是中国的科技创新中心，是中国产业脊梁上最重要的一个节点。过去是时代的领先者，未来也将继续保持。

《财富》500 强的特区帮

2017 年年中，深圳官方推出了被民间称为“最牛宣传片”的城市形象广告。片名叫“我在深圳等你”，主角是一群深圳企业和深圳企业家。依次出现的字幕是：1987 年，任正非用两万元在深圳创业，如今华为已是世界最大的电信设备商；1995 年，王传福在一个旧车间起步，今天全世界每三部手机电池就有一块来自比亚迪；1998 年，“小企鹅”在深圳“破壳而出”，今天腾讯已成为全球最有价值的互联网企业之一；2007 年，华大基因落户深圳大鹏湾畔，作为全球最大的基因组学研发机构，数据产出占全球一半以上。

媒体采访腾讯总部（钟华登 摄）

点睛之笔在于尾声：深圳本土培育出了平安、华为、招商银行、正威、万科等五家世界 500 强企业。深圳不仅是“世界级企业家园”，更是“创业公司摇篮”。

严格来说，这是一个“美丽的笔误”。7 月公布的《财富》500 强榜单上，腾讯第一次上榜，深圳本土的世界 500 强变成了六家。另一个容易被忽视的消息是，同样第一次上榜的恒大，低调地将总部迁到深圳。在民间的统计里，深圳的世界 500 强是七家。

对于《财富》500 强，国人渐渐看淡，毕竟比较的是营业额。但是，上榜企业的数量变化却是经济实力的体现。按照统计，美国的最高纪录出现在 2001 年，共有 197 家企业上榜。日本的最高纪录出现在 1995 年，也就是《财富》杂志将工业企业和服务企业合并到同一张榜单上的第一年，这一年共有 149 家日本企业上榜，只比美国少了两家。1995 年，我国大陆地区的上榜企业只有两家，但到了 2017 年，上榜企业已经多达 109 家，保持着连续增长，其中 10 家是首度上榜。如果算上台湾地区的六家企业，中国现在共有 115 家世界 500 强企业。

关于中国的世界《财富》500 强榜单，还有一种“民”间视角解读。这个“民”，是民营企业，也是民族企业。在这种解读里，剔除国字号、中字头之后，深圳依然还是六家企业上榜，而北京的数量变成了三家，杭州、南京、佛山有两家，上海、广州只有一家上榜。

2017 年 8 月，著名财经媒体

人秦朔在《深圳商报》刊发《深圳何以能“量产”伟大企业家》一文。他在文章中说：几十年前谁能想像得到，深圳这个毫无基础的“空摇篮”，竟然造就了那么多伟大的企业。一个能够“量产”伟大企业家的地方，本身就是有着伟大基因的地方。就此而言，年轻的深圳为中国市场经济创造出了宝贵的“遗产”。

一年半之前，秦朔在其微信公众号“秦朔的朋友圈”发表文章《秦朔：未来某一天，深圳能让CES变成ChinaES吗？》，对深圳企业所形成的深圳群落给予高度评价。CES，国际消费类电子产品展览会的简称，是全球各大电子产品企业发布产品信息和展示高科技水平及倡导未来生活方式的窗口。在美国拉斯维加落幕的CES上，深圳参展企业占比超过

腾讯滨海大厦（钟华登 摄）

六分之一，占中国参展商之比超过一半。除了华为、大疆、中兴等耳熟能详的大企业之外，更多参展企业是充满活力的中小企业。秦朔断言："如果沿着深圳之路走下去，或许有一天，CES 的 C，就是中国的 C"。

秦朔在文章中称："我采访了多家深圳企业，有大的也有小的，很感动。我看到的是踏踏实实做产品的人，是聚焦专注不朝三暮四的人，是为了解决用户痛点下苦功夫的人，是在打造自有品牌、形成自有技术方面充满信心、开放而不媚外的人……而他们身上的同一个特点是，无论做什么，都有很长时间的积累，很多已经是十几二十几年。他们不怕竞争，喜欢竞争。不怕周围有很多同类厂商，因为这会逼得你找到自己最独特的价值，持续垒高，建立壁垒。越多人做同类的事，专业分工才能深化，市场规模才能越扩大。他们也不怕在国际市场上竞争，比如美国是'无理由退货'国家，对质量、知识产权都有很高要求，但这会倒逼自已走上苛刻地追求质量、在研发上舍得投资的道路，今天的研发就是明天的竞争力。"

关于深圳基因的寻访，时间可以继续前移。2006 年，秦朔写过一篇《20 世纪看外商，21 世纪看华商》的展望文章，预言"深圳部落"将在未来的全球商业竞争中占有一席之地。在他的笔下，"深圳部落"基本上都走公众公司道路，财富不集于个人或家族，但也不是产权不明晰的传统国企；文化背景是移民文化，是开放文化；毗邻海外，喜欢和全球标准相对照，有很强的学习能力；有优秀的企业家才能，同时兼具良好的团队和公司文化；生于深圳，但是疆域在全国乃至全球；创始人对于技术的乐趣和事业的热爱，胜过对个人财富积累的欲望；大都坚持专业化的战略，不断提高管理能力、创新能力和企业核心竞争力。

2008 年，改革开放 30 周年。《中国企业家》杂志推出了"蛇口基因"报道，力求破解平安、中集、招行、万科、华为体内共同的密码 。文章引用了袁庚在 1988 年的一次讲话："蛇口自出娘胎就先天具有适应国际化市场经济的功能。作为一个企业，如果没有经济效益，没有在国际市场上竞争的能力，是一天也活不下去的。对于蛇口来说，开拓国际市场尤重于国内市场。人民的创造力和自由意志完全是按照国际自由竞争机制和经济规律、价值法则所规范的，而这种创造力和自由意志的充分发挥，则有赖于各种体制的改革。”当时的万科董事长王石为此写了一篇《深圳现象》的文章，认为“解放思想打开了一个口子，使得市场资源、优秀人才从高压的地方向自由的地方迅速流动，涌入深圳，推动城市经济发展，催生了优秀企业群。只有在思想相对解放的地方，才会吸引有创新精神的人群，诞生有市场活力的企业组织”。王石直言：“这应该是深圳优秀企业、企业家‘高产’的最主要原因吧。”

对于深圳基因的追寻，一直是深圳媒体的关注热点。2015 年初，《深圳商报》推出“五华现象”系列报道。报道称，华为、华大基因、华侨城、华强科技、华南城，这五个以“华”开头的企业成了参观的热点，最终形成了“五华”之说。并称“五华”是一种偶合，有民企、有外资、有央企、有国企，更多元的“五华”显示出共同的“深圳基因”：在市场竞争中脱颖而出，具备强大的创新能力，长于学习国际先进经验。可以说，“五华”的出现，生于改革，源于开放，成于创新。

王石说过，因为共同的企业家精神，中国企业有一个“特区帮”。由此映射到《财富》500 强榜单上，不难看到一个“特区帮”正在崛起。这些受人尊敬的企业，都是在市场经济条件下成长壮大，并不依靠资源的垄断以及政策的扶持。解读深圳，秦朔更是表示，深圳几十年的历史再次证明了经济发展中颠扑不破的道理，也证明只要坚持“让市场在资源配置中发挥决定性作用和政府更好地发挥作用”，中国就能创造出可堪媲美世界上任何地方的奇迹。

深圳下一个 500 强会是谁？这个问题早在 2015 年就已出现。当年的深圳市委全会提出，2020 年争取出现 8 至 10 家世界 500 强。这个被评论界一度认为是“放卫星”的目标，却在一步步变成现实，眼下甚至只差一位上榜者。当年，深圳媒体曾经做过一次筛选：2015 年榜单的入围线是 237 亿美元，而 万科 2014 年营收为 1463.9 亿元人民币，仅有一步之遥。至于热门的种子选手，腾讯与中兴通讯更是排在前列。此后的两年，万科和腾讯先后上榜。按照增长速度，跨过 1400 亿年收这道入门线，中兴通讯、比亚迪以及中集都曾是热门的“白马”。

在学者的解读里，更看好“黑马”的出现，因为深圳市场化竞争环境良好，政府干预比较少，很多企业默默无闻地发展。横空出世的正威，正是抓住了全球金融危机进行扩张，从而成为有色金属全产业链的巨头。在这张“黑马”榜单上，科技创新型企业尤被看好，比如大疆，比如华大基因，还比如光启科学。

在展厅感受华为的家底

2017年的《财富》500强榜单上，华为以785亿美元营收位居第83位，较上年的第129位大幅提升46位。至于华为的主要竞争对手，诺基亚以261亿美元营收位居第415位，爱立信以260亿美元位居第419位。

从发布的年报来看，华为近10年一直保持着高速增长。2009年的营收是1466亿元人民币，2011年是2039亿元，2013年营销收入实现2390亿元，华为第一次在体量上超越爱立信，成为通信制造业的世界第一。此后，华为的营收有着显著提速。2016年年报显示，营收同比增长34%，达到5216亿元，净利润371亿元人民币。在2018年的新年贺词中，华为透露2017年营收超过6000亿元。

华为有着很多光环，比如销售收入位居行业世界第一，比如被称为国际化程度最高的中国企业，还比如被誉为技术创新的世界级领跑者。正是因为华为和同城对手中兴通讯的存在，通信制造业成为中国制造屈指可数的世界级领先产业。《经济学人》称它是"欧美跨国公司的灾难",《时代》杂志称它是"所有电信产业巨头最危险的竞争对手"。爱立信全球总裁卫翰思说："它是我们最尊敬的敌人。"思科执行长钱伯斯在回答《华尔街日报》提问时说："25年前我就知道我们最强的对手一定来自中国。"

观察华为，不妨选择企业展厅这个特殊切口，感受华为的家底。华为亮相最多的展厅有3个，最重要的是华为总部的F1展厅，另一个明星是上海研究所的MBB展厅，此外还有被视为新增长点的G区企业业务展厅。

落日余晖中的深圳华为基地（来自华为官网）

落成于 2008 年的 F1 展厅，得名与赛车无关，按照华为的建筑排序，主展厅的位置恰好是 F 区的一号楼。在一份华为内刊中，任正非对于展厅的要求是不讲历史，只讲未来。因此，在这个 3000 平方米的展厅里，没有企业大事记，没有领导视察留影，没有荣誉墙光荣榜，只有业务展示，华为要展现的是和客户共同创造的未来。经常跟随党政代表团前去参观的时政记者都会感慨，展厅的变化太快，不经意间就有着新发现，或者是数据的增长，或者是业务的诞生。这里也是华为人的加油站，甚至是市场开发人员的必修课，不同肤色的外籍员工都需要在此进行“镀金”。在华为人看来，展厅里的表述就是要抓住客户的“痛点”。任正非说过：“我们公司的最佳表达是什么？我们的展示应该从哪个地方切入？我认为应该是从客户的痛点去切入。我们要搞清楚客户的痛点在哪里，我们怎么帮助客户解决他的痛点。抓住客户的痛点进行表达，才能打动客户，让客户认可我们。”

2017 年西班牙马德里 HUAWEI OPEN FAMILY DAY（来自华为官网）

这几年，5G 技术一直是华为展厅的明星。在华为 F1 展厅和上研所的 MBB 展厅，5G 应用是重点，甚至连未来 5G 基站的外形设计都在两三年前有了样本。华为是业界最早投入 5G 研发的厂商，同时也是投入力度最大的一员。2009 年华为就开始了 5G 研究，并于 2012 年在巴塞罗那通信展上展示了 5G 原型机。华为还将为 2018 年世界杯场馆提供 5G 网络覆盖，并与阿联酋最大的综合电信运营商合作，为 2020 年世博会场馆提供 5G 网络保障。在华为的 2016 年年报里，可以看到以下表述：未来 5G 技术将会大规模地应用于各行各业，因此必须构建一个开放、合作、共赢的全球生态系统，才可能推动全球 5G 产业健康发展。华为携手 3GPP 伙伴，共同推进 5G 标准化，加速 5G 的商用，华为参与研究与创新的 Polar 码，被 3GPP 确定为 5G eMBB（增强移动宽带）

场景的控制信道编码方案。为持续推动5G产业联盟的建立与发展，2016年9月，华为联合奥迪、宝马、戴姆勒、爱立信、英特尔、诺基亚及高通宣布成立“5G汽车联盟”，共同推进全球车联网统一标准的孵化。

回顾通信行业的技术升级，如果说中国企业2G时代是跟随者，那么在3G时代成为追赶者，4G时代则成为领军者和标准创立者，而华为正是主力。2014年11月，华为无线网络产品线首席营销官杨超斌接受采访透露，华为的LTE技术研究在2002年已经起步，两年后开始了标准化工作，六年后推出了第一款可商用产品，2009年更是应用于全球第一个4G商用网络。华为无线网络业务LTE产品线总裁王军是这样形容华为在LTE行业的地位：“从挪威全球最北端（北极圈内）、德国农村区域、纳米比亚沙漠地带、菲律宾热带雨林、俄罗斯冰天雪地到澳大利亚全球最南端，华为LTE的足迹覆盖了全球六大洲。”“华为在2G、3G时代都是给别人交钱的，但是到了LTE时代反过来别人要给我们交钱。”华为在3GPP报告者有八个，主席副主席有九个，王军说：“在一个标准组织的核心成员有这么多人，这些人真正能够代表华为、代表中国在整个行业发声，能够真正体现我们的思路和意志，这些真正是软实力的体现。”华为的年报显露，截至2016年底，华为加入了360多个标准组织、产业联盟或者开源社区，担任300多个重要职位，仅在2016年就提交提案超过6000篇，累计提交提案49000余篇。

从2016年开始，华为的年报中多了一个扉页，是三个问题：华为是谁？华为给世界带来了什么？我们坚持什么？关于第三个问题，华为的答案是：华为十几万人，29年坚持聚焦在主航道，抵制一切诱惑；坚持不走捷径，拒绝机会主义，踏踏实实，长期投入，厚积薄发；坚持以客户为中心，以奋斗者为本，长期艰苦奋斗，自我批判。

2001年初，华为创始人任正非在内部刊物上发表了《华为的冬天》一文。文章这样写道：网络股的暴跌，必将对二三年后的建设预期产生影响，那时制造业就惯性进入了收缩。眼前的繁荣是前几年网络股大涨的惯性结果。记住一句话，“物极必反”，这一场网络设备供应的冬天，也会像它热得人们不理解一样，冷得出奇。没有预见，没有预防，就会冻死。那时，谁有棉衣，谁就活下来了。在 2013 年的华为年报寄语中，任正非回顾了 2002 年“华为的冬天”：“2002 年开干部大会是在 IT 泡沫破灭，华为濒于破产、信心低下的时候召开的，董事会强调在冬天里面改变格局，而且选择了鸡肋战略，在别人削减投资的领域，加大了投资，从后十几位追上来。那时世界处在困难时期，而华为处在困难的困难时期，没有那时的勇于转变，就没有今天。”那一年，华为的海外销售收入为 5.5 亿美元，而 2013 年的数字则是超过 256 亿美元，两者相差近 46 倍。

《冬天》一文面世后的几年间，排名在华为之前的行业巨头有的选择了合并，有的没能挨过冬天，但追赶者华为却变成了领跑者。倒下的当中，就包括曾经的巨头北电。在中国电信史上，加拿大北方电讯公司扮演着重要角色。1972 年，美国总统尼克松访问北京，中美正式建交。当时中国没有网络传输设备，是北电把设备销给中国，协助传送了毛泽东主席与尼克松总统历史性会晤的画面。就在华为成立的同期，北京通讯广播局与加拿大北方电讯公司 1988 年在深圳建立了合资企业，这是中国在程控交换机领域的第一家中外合资企业。合资企业最初投资额为 1350 万美元，1995 年增加到 1.8 亿美元，此后赢得了中国电信、中国联通、中国网通等主要电信运营商的 20 多个高性能光纤网络合同。在全盛时期，北电总股值高达 3400 亿加元，然而并没有挺过冬天，2009 年不得不宣布破产。

从 2011 年开始，通信行业增长放缓的趋势明显，包括爱立信在内的巨头们又一次迎来艰难时刻。面对更加激烈的行业竞争，华为的应对还是自身转型升级。从这年开始，华为从原来主要面向运营商，转为发力运营商、企业业务、终端三大市场。2013 年，华为运营商网络业务实现销售收入1665亿元人民币，为公司贡献了近七成的收入；企业业务销售收入达152亿元人民币，同比增长约32%。华为消费者业务销售收入达570亿元人民币，同比增长约18%。在2016年年报里，运营商业务为2905亿元，同比增长23.6%；企业业务406亿元，同比增长47.3%；消费者业务增长1798亿元，同比增长43.6%。

华为是从代理商起步，却很快选择了转型。任正非后来的解释是："外国人到中国是为赚钱来的，他们不会把核心技术教给中国人，而指望我们引进、引进、再引进，企业始终也没能独立。以市场换技术，市场丢光了，却没有哪样技术被真正掌握了。而企业最核心的竞争力，其实就是技术。"在媒体2014年的报道里，曾经提到华为企业业务展厅的一张显示屏。这张显示屏少有地亮出了华为的技术家底：7万研发员工，这意味华为约一半的员工从事研发；超过总收入10%的研发投入比例，2013年是307亿元人民币。2016年，任正非少有地接受了新华社的采访，报道的标题是：28年只对着一个城墙口冲锋。

最新的年报显示，华为技术家底有着显著增长：2016年，从事研究与开发的人员约8万名，约占公司总人数的45%；研发费用支出为人民币763亿元，占总收入的14.6%。近10年累计投入的研发费用超过人民币3130亿元。统计数据显示，世界上只有六家企业的年度研发投入超过百亿美元，依次是三星、英特尔、谷歌、微软、华为、苹果；如果比较投入比，华为的14.6%在各大科技公司中排名第五，高通和英特尔均高于20%，华为略低于Facebook和甲骨文。

转型的答案与崛起的硅洲

2006年8月21日出版的《时代》周刊，用较大篇幅刊载《深圳的诞生与再度辉煌》一文。作者迈克尔·舒曼称：深圳今天面对的转型问题，整个中国经济也将会遇到；深圳目前正在做着中国也必须做的事情；深圳的转型或许“将再次给整个中国提供答案”。

文章称，是年早些时候，政府的一项政策公告中说，深圳目前正处于一个非常关键的战略转折点，我们不能再浪费时间和机会，我们必须建立一个新型的、依靠高科技的发展战略！那个时间，深圳正式提出从“速度深圳”转向“效益深圳”。

“深圳出台的新的规划可能对全球都有影响。”文章说，如果深圳能够从那些低级的、简单的产品装配、低工资、低素质劳动者中跳出来，培养出更多高素质、高工资的人才，那么，这对中国其他地区将是一个示范作用。中国的企业必须依靠自己的品牌、设计、技术来与美国、日本、欧洲的企业竞争。

从1980年到2004年，深圳年平均经济增长率达28%，2005年深圳出口总量达到1015亿美元，占中国出口总量的13%。目前中国大多数主要电子设备生产商都在深圳安家落户，比如“华为”“中兴”。既然如此，为什么深圳还要开始一个新的改革呢？文章说，因为深圳发现，那些曾经带给深圳成功的全球化的力量同样可以扼杀深圳。城市发展了，劳动力成本就会上升，其他成本也会增长。根据中国政府的统计，深圳的年工资水平在2000年至2004年间已经剧增了40%，达到了4000美元。越来越高的成本正在削减着那些劳动密集型企业的利润。文章最后称：“也许，深圳这个勤劳、永远快速变化的城市，将再次给整个中国提供答案。”

在这篇文章里，马化腾是亮相的深圳企业家之一。文章说，深圳是中国工业革命的摇篮。互联网精英马化腾“预示着深圳的未来”。马化腾说：“在深圳，我们必须沿着正确的方向更快地发展。”文章介绍说，马化腾那年34岁，由于在1998年创立了自己的互联网企业“腾讯”，如今已经有了近5亿美元的财富。公司总部就像风景美丽的校园一样，这里聚集着来自北京、上海等高校最好的毕业生。他们穿着牛仔裤上班，其中有一些研发部门的软件工程师月薪高达5000美元。

2017年11月，马化腾在福布斯中国富豪榜上的身家是422亿美元，排在第二位。就在同一个月，腾讯股价冲破400港元，总市值超过4万亿港元。香港《南华早报》11月15日报道，腾讯距离成为中国首家市值达到5000亿美元的科技公司，加入由苹果、Alphabet、Facebook和微软领衔的精英俱乐部只有咫尺之遥。在媒体的报道里，称2017年注定是港股的“腾讯年”。六天后，腾讯股价收报于430港元，市值首度超过Facebook，达到5229亿美元，成为全球市值第五高的公司。

11月29日，腾讯全球新总部大楼滨海大厦正式投入使用，这是腾讯20年来第四次大搬家。在媒体的报道里，腾讯应用前沿科技，让滨海大厦成为探索物联网解决方案和人工智能的“超级试验场”。在紧盯利润以及“王者荣耀”游戏的同时，公众的目光很容易忽视腾讯的“小动作”：2017年3月，腾讯斥资18亿美元收购电动汽车公司特斯拉5%股份，收购消息应用Snapchat母公司Snap 12%股份。更值得一提的是，腾讯离职员工有一个共同平台——“单飞企鹅俱乐部”，超过1.5万名“单飞企鹅”成为深圳创新创业大军。截至2015年下半年，腾讯离职员工创立的公司中，已有30家企业估值超过1亿元。据说，腾讯的元老热衷于成为企鹅系的天使投资人，有意离职的员工都愿意先谈一谈梦想，再说一说投资。

马化腾（钟华登 摄）

《时代》周刊2006年预言的“答案”，正在成为事实。中国发展进入“新常态”，深圳一直被视为实现创新驱动的样本。关于深圳的发展，有这样一组数字：2010年前的深圳，外贸、投资、消费分别年均增长37.8%、29.8%和29%，而近五年年均增速分别降至1.7%、11.5%和9.3%，传统“三驾马车”的边际效益明显下降。与此形成对比的是，深圳的GDP从2012年的1.29万亿元人民币稳步提升到2016年的1.95万亿元，始终保持着10%左右的匀速跑。官方对此的解释是：通过优化要素配置和调整生产结构，为提高供给体系质量和效率，不断培育新的增长动力。当中最重要的新动力，便是新兴产业。2012年，深圳确立了新一代信息技术产业、生物、互联网、新材料、文化创意六大战略性新兴产业，随后又增添了节能环保和海洋产业，然后又增加了航空航天、生命健康、机器人、可穿戴设备和智能装备四大未来产业。2016年，这11个新兴产业增加值为7847亿元，占GDP比重超过40%。

在1990年之前是加工，2005年之前是制造，2005年之后开始从“深圳制造”向“深圳创造”跨越。在学者眼里，深圳从以劳动密集型产业为主，逐渐转变为劳动密集型和资本密集型并重，再演进到以技术密集型产业为主的产业升级路径，成功走出了一条内生专业化分工推动深圳转型发展的新路。支撑发展的驱动力，是技术创新，更重要的是制度创新。2015年第一期的《商业周刊》中文版，用了这样一个标题：请叫我深谷。“深谷”和“硅谷”的相同点并非是拥有这样那样的大企业，或者创造这个那个的科技富翁，而是在气质上形成了共同的创新精神，从而拥有了其他地区难以超越的隐性制度优势。“深谷”的优势在哪里？官方的答案是“创新生态圈”。深谷不是硅谷，但是深圳已经显露出硅谷特有的气质，不仅能够持续地实现知识创新，还能有效刺激起民众的参与，更能打造创新驱动的机制。

2017年4月8日的《经济学人》杂志，发表题为《深圳已成为创新

深圳夜景（薛云麾 摄）

温室》的万言特别报道，给了深圳一个比硅谷更为传神的美名——“硅洲”（Silicon Delta）。文章一开头，就以“皇冠上的明珠：欢迎到硅洲”来呼唤人们聚焦深圳。文章称，今天的深圳，正吸引着全球试图以新的方式造出新产品的各类企业家。发明和创新，正把整个珠江三角洲转变成先进的制造业集群。很多跨国公司，都在深圳开设了“观察岗”，密切关注和接近在深圳发生的最新趋势。

发生在深圳的世界 500 强新闻，一是本土企业成功上榜，比如 2017 年的腾讯，另一个则是不断落户的研发中心。2016 年 10 月，空降深圳的苹果公司首席执行官库克宣布，苹果将在深圳设立中国第二家研发中心，他直言：“创新是释放中国和世界经济潜力的关键。”几乎是同时，法国贸易部长费克尔率队来到华强北，宣布成立深圳法国科技中心，并且提出要办成法国海外创新中心的示范点。为什么来深圳？费克尔的理由是：深圳这座城市转型为全球闻名的中国硅谷。一周之后，美国高通公司深圳创新中心正式开业。高通方面称，依托该中心，将整合和强化其在深圳的资源和投入，配备多个实验室，设立美国之外的全球首个无线通信和物联网技术展示中心——展示高通的领先技术和解决方案，覆盖5G、无人机、虚拟现实、机器人、智能家居等领域。

2017年，故事还在继续。5月14日，一件传言很久的大新闻终于尘埃落定：英国ARM公司与中国厚安创新基金在北京签署合作备忘录，计划在深圳成立合资公司，并建设成为国内重要的、由中方控股的集成电路核心知识产权（IP）开发与服务平台。这一消息，被众多科技界人士称为“全球科技市场年度重大事件”。因为，不管你的移动设备是手机还是Kindle，系统是iOS还是Android，都离不开ARM，这是一家主导了世界上几乎所有芯片架构的公司。11月16日，空中客车（中国）创新中心正式落户深圳，这是空客设立的第二家国际创新中心，另一家位于美国硅谷。据说，空客曾经对多个中国城市做过比较，当中就包括上海和天津，但最终还是选择深圳。创新中心负责人表示，未来将吸纳本地高端技术人才，重点从事无人运输、城市空中交通等新兴产业的投资。

2014年，英特尔把全球最富盛名的行业技术盛会——英特尔春季信息技术峰会搬到了深圳。2015年，微软在深圳重启以Windows平台为核心的“Windows硬件工程产业创新峰会”。这两个早已在深圳布局的科技巨头，不断加大在深圳的科研投入。2015年消息称，根据和深圳市政府签署的备忘录，微软亚太研发集团将在深圳设立南方总部。2016年的消息称，英特尔计划未来三年内在深圳建立英特尔中国南方研发中心。南方研发中心的总员工数将超过600名，预计每年研发整体投入将超过5000万美元。高度关注华强北的英特尔CEO科再奇曾这样评价深圳：“深圳有天然的生态系统和多元化的创新形式，我们想加入其中，希望深圳帮我们加速产品投入市场的速度。”

《经济学人》的“硅洲”报道，断言深圳正在改写创新的世界规则。在西方，企业创新一般都是一个隐秘的、自上而下的事情。深圳这个城市的许多工厂，曾经也都是通过对西方商品进行巧妙的模仿而起步的。这导致外国人把本地人视为纯粹的模仿者，也就是中国人说的“山寨”。但是，这是一个错误的认识。出现在报道里的深圳开放创新实验室主任李大维认为，“山寨”已经消失了，已经演变成一个由协同、快速学习供应和工厂组成的强大的生态系统。他说：“任何人都可以到深圳，只要带着一个好的想法，就能很快打出模型，快速地进行测试、制造，然后以比较好的价格投放市场”。他认为，美国硅谷痴迷于富裕世界的问题，但中国的开放创新者，则致力于解决大众获得实惠的问题，比如从医疗保健到污染，再到银行业等所有事情上，都在为大众提供“支付得起”的解决方案。

华强北的硬件“加速器”HAX是必然会出现的采访对象。HAX的合伙人本杰明·乔菲说，美国硅谷的硬件从构想到批量生产的实验周期一般是六到七年，而深圳的效率则更高，周期更短。因此，世界上的大企业，从美国大型医疗保健公司强生到法国名牌企业米其林，都与HAX达成合作关系，以便接近和借鉴深圳明亮的创新火花。文章说，深圳已经做了比内地任何地方更多的工作，来彻底埋葬“山寨中国”的过时神话。目前的深圳，已成为硬件和制造业创新的全球枢纽。在这里，来自世界各国的企业家们，将带出全新的产业。

几十年来，香港一直是珠三角地区投资和增长的催化剂。“硅洲”报道选择了这样一个耐人寻味的结尾：深圳的崛起，对香港将是怎样一种触动？

家伙。回顾深圳彩电的历史，既有康佳、创维、TCL的三足鼎立，也有三强掌门人共同背景形成的“华工三剑客”，最令人感慨的却是技术更迭带来的冲击，曾经的明星黯然落幕，新
全球最大代工企业的地位往往被解读为“微笑曲线的低端”，而“血汗工厂”的指责以及无法回避的“N 连跳”，使得富士康成为转型社会迷失的标本。2017 年，特朗普当选美国总统，
士康会怎样？一个复杂的问题由此抛出。网上流传着一篇名叫《不能让富士康跑了》的文章，直言富士康是中国改革开放以来工业化最扎实的成果。如果富士康不能在中国这片土地上
会有任何异议。2017 年，是手机的怀旧年。这一年，诺基亚重回中国，怀旧情怀的 3310 仍是市场的焦点：2000 年问世的诺基亚 3310 问世，下市前的五年间销量达 1.36 亿台，是最牛的
前开始，多少手机企业无声无息地倒下。统计公报显示，深圳 2016 年共生产了 3.88 亿部手机。和全国 21 亿部的数字相比，深圳的地位似乎有所下降。然而，谈起中国的手机，必定要
集成电路，被称为“工业粮食”。尽管中国是电脑、手机这些高科技产品的最大生产国，但在集体电路方面始终处在“缺粮”状态。“芯”路漫漫。深圳工业的主要奠基人马福元一直有
导体产业由此进入一波大景气周期。在中国前 10 大集成电路设计企业中，深圳占据四席；而在世界半导体公司排名中，华为旗下的海思半导体是最有机会跻身 20 强的国内企业。创，是
创客”的新名词从深圳走出，不仅“闯入”了总理当年的《政府工作报告》，还成为“大众创业、万众创业”的象征。《咬文嚼字》杂志发布的 2015 年度“十大流行语”中，创客排名
。这并不是《经济学人》杂志第一次褒扬深圳。两年前，《经济学人》对全球 4300 个经济特区进行了比较，坦言深圳是最为成功的那一个。　经济特区的由来源远流长，但真正开始流行
成功在哪里？《经济学人》的文章坦言，深圳模式的成功在强化竞争力和减少贸易壁垒，而且这种模式要能在全国进行改革转型，经济特区才有真正的影响力。关于深圳，国际上现在有
彩色电视机为 48 万台，袖珍计算器为 196 万台，电话机为 123 万台。从此，深圳成为中国的彩电生产重镇。在 2016 年的公报里，深圳彩电产量高达 3883.49 万台，坐稳第一。　尽管深
技术更迭带来的冲击，曾经的明星黯然落幕，新的领军者几经磨难奋力向前。屏幕中的连续剧很精彩，彩电制造背后的故事更为富有戏剧性。中国制造的代表？假如把这个称号赋予富士
社会迷失的标本。2017 年，特朗普当选美国总统，郭台铭和富士康成为“美国制造回归计划”的一部分。7 月 26 日，郭台铭和特朗普等人在美国白宫共同宣布，富士康将投资 100 亿美
最扎实的成果。如果富士康不能在中国这片土地上完成升级，一定会在中国之外完成。富士康和大陆的结缘，从深圳开始。不要说中国制造，即使谈起深圳制造，富士康会是那个被有意
世，下市前的五年间销量达 1.36 亿台，是最牛的功能机。这一年，国产第一代手机照例又来了一次生存扫瞄。波导、厦新、科健们的身影已经淡出，但依然活着。这一年，共青城赛龙
似乎有所下降。然而，谈起中国的手机，必定要从深圳谈起，华强北更是行业起起伏伏的见证者。细数世界上最具实力的高科技公司，不难发现他们大多都带着半导体的背景，比如英特
路漫漫。深圳工业的主要奠基人马福元一直有个遗憾，就和超大集成电路项目有关，引进了后工序，却争不来前工序。中兴通信的侯为贵南下深圳，始终不忘钱学森的教诲：中国一定要
半导体是最有机会跻身 20 强的国内企业。创，是开始。可以是从无到有，可以是从小到大，可以是从旧到新，可以是从弱到强。与“创”有关的词汇，都蕴含着旺盛的生命力。无论是
布的 2015 年度“十大流行语”中，创客排名第五。深圳，也由此多了一张国际名片——“创客之城”。 2017 年的深圳，多了一个美丽的名字：硅洲（Silicon Delta）。出现在国际舞台上
　经济特区的由来源远流长，但真正开始流行起来却是在 1980 年中国成立深圳经济特区之后。目前，全球四分之三的国家至少都成立过一个经济特区，这股经济特区热也让人误以为，
区才有真正的影响力。关于深圳，国际上现在有一本新书，名字就叫作《向深圳学习》（Learning From Shenzhen）。1986 年，深圳市统计局第一次发布国民经济与社会发展公报。在
电产量高达 3883.49 万台，坐稳第一。　尽管深圳的收录机最早闯下名头，但是彩电无疑是叫响“深圳制造”品牌的第一个大家伙。回顾深圳彩电的历史，既有康佳、创维、TCL 的三
剧性。中国制造的代表？假如把这个称号赋予富士康，争议不可避免。除了敏感的身份，富士康在公众印象中形象并不高大，全球最大代工企业的地位往往被解读为“微笑曲线的低端”
人在美国白宫共同宣布，富士康将投资 100 亿美元，在美国威斯康星州建立一座占地约四平方公里的液晶面板生产工厂。没有富士康会怎样？一个复杂的问题由此抛出。网上流传着一
制造，即使谈起深圳制造，富士康会是那个被有意无意忽视的名字。但是如果评选对深圳制造影响最大的企业，富士康的入选不会有任何异议。2017 年，是手机的怀旧年。这一年，诺
身影已经淡出，但依然活着。这一年，共青城赛龙的生死沸沸扬扬。在关注营商环境的同时，惨烈的行业旧事又被提起：从五年前开始，多少手机企业无声无息地倒下。统计公报显示
不难发现他们大多都带着半导体的背景，比如英特尔、德州仪器，比如三星、苹果，还比如高通、博通。建立在半导体之上的集成电路，被称为“工业粮食”。尽管中国是电脑、手
的侯为贵南下深圳，始终不忘钱学森的教诲：中国一定要搞半导体。2014 年，《国家集成电路产业发展推进纲要》正式发布，中国半导体产业由此进入一波大景气周期。在中国前 10
与“创”有关的词汇，都蕴含着旺盛的生命力。无论是创新、创造，还是创意、创业，深圳和“创”一同起长。2015 年，一个叫“创客”的新名词从深圳走出，不仅“闯入”了总理当
个美丽的名字：硅洲（Silicon Delta）。出现在国际舞台上的深圳，标志物不再是流水线上的女工，而是可以媲美硅谷的创新乐土。这并不是《经济学人》杂志第一次褒扬深圳。两年前
都成立过一个经济特区，这股经济特区热也让人误以为，只要祭出税收和关税优惠，简化通关和监管，就是救经济的特效药。深圳的成功在哪里？《经济学人》的文章坦言，深圳模式
，深圳市统计局第一次发布国民经济与社会发展公报。在 1985 年的工业产品统计中，收音机的产量为 210 万部，收录机为 324 万台，彩色电视机为 48 万台，袖珍计算器为 196 万台，
家伙。回顾深圳彩电的历史，既有康佳、创维、TCL 的三足鼎立，也有三强掌门人共同背景形成的“华工三剑客”，最令人感慨的却是技术更迭带来的冲击，曾经的明星黯然落幕，新
全球最大代工企业的地位往往被解读为“微笑曲线的低端”，而“血汗工厂”的指责以及无法回避的“N 连跳”，使得富士康成为转型社会迷失的标本。2017 年，特朗普当选美国总统，
士康会怎样？一个复杂的问题由此抛出。网上流传着一篇名叫《不能让富士康跑了》的文章，直言富士康是中国改革开放以来工业化最扎实的成果。如果富士康不能在中国这片土地上
会有任何异议。2017 年，是手机的怀旧年。这一年，诺基亚重回中国，怀旧情怀的 3310 仍是市场的焦点：2000 年问世的诺基亚 3310 问世，下市前的五年间销量达 1.36 亿台，是最牛的
前开始，多少手机企业无声无息地倒下。统计公报显示，深圳 2016 年共生产了 3.88 亿部手机。和全国 21 亿部的数字相比，深圳的地位似乎有所下降。然而，谈起中国的手机，必定要
集成电路，被称为“工业粮食”。尽管中国是电脑、手机这些高科技产品的最大生产国，但在集体电路方面始终处在“缺粮”状态。“芯”路漫漫。深圳工业的主要奠基人马福元一直有
导体产业由此进入一波大景气周期。在中国前 10 大集成电路设计企业中，深圳占据四席；而在世界半导体公司排名中，华为旗下的海思半导体是最有机会跻身 20 强的国内企业。创，
创客”的新名词从深圳走出，不仅“闯入”了总理当年的《政府工作报告》，还成为“大众创业、万众创业”的象征。《咬文嚼字》杂志发布的 2015 年度“十大流行语”中，创客排名
，这并不是《经济学人》杂志第一次褒扬深圳。两年前，《经济学人》对全球 4300 个经济特区进行了比较，坦言深圳是最为成功的那一个。　经济特区的由来源远流长，但真正开始流行
成功在哪里？《经济学人》的文章坦言，深圳模式的成功在强化竞争力和减少贸易壁垒，而且这种模式要能在全国进行改革转型，经济特区才有真正的影响力。关于深圳，国际上现在有
彩色电视机为 48 万台，袖珍计算器为 196 万台，电话机为 123 万台。从此，深圳成为中国的彩电生产重镇。在 2016 年的公报里，深圳彩电产量高达 3883.49 万台，坐稳第一。　尽管深
技术更迭带来的冲击，曾经的明星黯然落幕，新的领军者几经磨难奋力向前。屏幕中的连续剧很精彩，彩电制造背后的故事更为富有戏剧性。中国制造的代表？假如把这个称号赋予富
社会迷失的标本。2017 年，特朗普当选美国总统，郭台铭和富士康成为“美国制造回归计划”的一部分。7 月 26 日，郭台铭和特朗普等人在美国白宫共同宣布，富士康将投资 100 亿美
最扎实的成果。如果富士康不能在中国这片土地上完成升级，一定会在中国之外完成。富士康和大陆的结缘，从深圳开始。不要说中国制造，即使谈起深圳制造，富士康会是那个被有
世，下市前的五年间销量达 1.36 亿台，是最牛的功能机。这一年，国产第一代手机照例又来了一次生存扫瞄。波导、厦新、科健们的身影已经淡出，但依然活着。这一年，共青城赛龙
似乎有所下降。然而，谈起中国的手机，必定要从深圳谈起，华强北更是行业起起伏伏的见证者。细数世界上最具实力的高科技公司，不难发现他们大多都带着半导体的背景，比如英特
路漫漫。深圳工业的主要奠基人马福元一直有个遗憾，就和超大集成电路项目有关，引进了后工序，却争不来前工序。中兴通信的侯为贵南下深圳，始终不忘钱学森的教诲：中国一定
半导体是最有机会跻身 20 强的国内企业。创，是开始。可以是从无到有，可以是从小到大，可以是从旧到新，可以是从弱到强。与“创”有关的词汇，都蕴含着旺盛的生命力。无论是
布的 2015 年度“十大流行语”中，创客排名第五。深圳，也由此多了一张国际名片——“创客之城”。 2017 年的深圳，多了一个美丽的名字：硅洲（Silicon Delta）。出现在国际舞台
　经济特区的由来源远流长，但真正开始流行起来却是在 1980 年中国成立深圳经济特区之后。目前，全球四分之三的国家至少都成立过一个经济特区，这股经济特区热也让人误以为，
区才有真正的影响力。关于深圳，国际上现在有一本新书，名字就叫作《向深圳学习》（Learning From Shenzhen）。1986 年，深圳市统计局第一次发布国民经济与社会发展公报。在
电产量高达 3883.49 万台，坐稳第一。　尽管深圳的收录机最早闯下名头，但是彩电无疑是叫响“深圳制造”品牌的第一个大家伙。回顾深圳彩电的历史，既有康佳、创维、TCL 的三
剧性。中国制造的代表？假如把这个称号赋予富士康，争议不可避免。除了敏感的身份，富士康在公众印象中形象并不高大，全球最大代工企业的地位往往被解读为“微笑曲线的低端
人在美国白宫共同宣布，富士康将投资 100 亿美元，在美国威斯康星州建立一座占地约四平方公里的液晶面板生产工厂。没有富士康会怎样？一个复杂的问题由此抛出。网上流传着一
中国制造，即使谈起深圳制造，富士康会是那个被有意无意忽视的名字。但是如果评选对深圳制造影响最大的企业，富士康的入选不会有任何异议。2017 年，是手机的怀旧年。这一年
的身影已经淡出，但依然活着。这一年，共青城赛龙的生死沸沸扬扬。在关注营商环境的同时，惨烈的行业旧事又被提起：从五年前开始，多少手机企业无声无息地倒下。统计公报显
司，不难发现他们大多都带着半导体的背景，比如英特尔、德州仪器，比如三星、苹果，还比如高通、博通。建立在半导体之上的集成电路，被称为“工业粮食”。尽管中国是电脑
信的侯为贵南下深圳，始终不忘钱学森的教诲：中国一定要搞半导体。2014 年，《国家集成电路产业发展推进纲要》正式发布，中国半导体产业由此进入一波大景气周期。在中国前

相关文献

1
深圳：深圳报业集团出版社
钱汉江·《深圳电子三十年（1980—2010）》

2
武汉：武汉出版社
董滨，高小林·《突破——中国特区启示录》

3
广州：花城出版社
陈禹山，陈少京·《袁庚之谜》

4
北京：中信出版社
吴晓波·《激荡三十年》

5
北京：中信出版社
徐明天·《春天的故事——深圳创业史》

6
北京：中国文史出版社
深圳市政协文化文史和学习委员会·《深圳四大支柱产业的崛起（高新技术）》

7
深圳：海天出版社
深圳市史志办公室·《深圳改革开放纪事 1978–2009》

8
广州：广东科技出版社
深圳市福田区委区政府·《解码深圳·华强北》

9
北京：社会科学文献出版社
陶庆·《福街的现代『商人部落』》

10
北京：中信出版社
徐明天·《郭台铭与富士康》

11
广州：广东经济出版社
李连和·《深圳第一经济增长点》

大家伙。回顾深圳彩电的历史，既有康佳、创维、TCL的三足鼎立，也有三强掌门人共同背景形成的“华工三剑客”，最令人感慨的却是技术更迭带来的冲击，曾经的明星黯然落幕，新
全球最大代工企业的地位往往被解读为“微笑曲线的低端”，而“血汗工厂”的指责以及无法回避的“N连跳”，使得富士康成为转型社会迷失的标本。2017年，特朗普当选美国总统
富士康会怎样？一个复杂的问题由此抛出。网上流传着一篇名叫《不能让富士康跑了》的文章，直言富士康是中国改革开放以来工业化最扎实的成果。如果富士康不能在中国这片土地上
不会有任何异议。2017年，是手机的怀旧年。这一年，诺基亚重回中国，怀旧情怀的3310仍是市场的焦点：2000年问世的诺基亚3310问世，下市前的五年间销量达1.36亿台，是最牛的
年前开始，多少手机企业无声无息地倒下。统计公报显示，深圳2016年共生产了3.88亿部手机。和全国21亿部的数字相比，深圳的地位似乎有所下降。然而，谈起中国的手机，必定要
的集成电路，被称为“工业粮食”。尽管中国是电脑、手机这些高科技产品的最大生产国，但在集体电路方面始终处在“缺粮”状态。“芯”路漫漫。深圳工业的主要奠基人马福元一直有
半导体产业由此进入一波大景气周期。在中国前10大集成电路设计企业中，深圳占据四席；而在世界半导体公司排名中，华为旗下的海思半导体是最有机会跻身20强的国内企业。创，
“创客”的新名词从深圳走出，不仅“闯入”了总理当年的《政府工作报告》，还成为“大众创业、万众创业”的象征。《咬文嚼字》杂志发布的2015年度“十大流行语”中，创客排名
土。这并不是《经济学人》杂志第一次褒扬深圳。两年前，《经济学人》对全球4300个经济特区进行了比较，坦言深圳是最为成功的那一个。　　经济特区的由来源远流长，但真正开始流行
的成功在哪里？《经济学人》的文章坦言，深圳模式的成功在强化竞争力和减少贸易壁垒，而且这种模式要能在全国进行改革转型，经济特区才有真正的影响力。关于深圳，国际上现在
彩色电视机为48万台，袖珍计算器为196万台，电话机为123万台。从此，深圳成为中国的彩电生产重镇。在2016年的公报里，深圳彩电产量高达3883.49万台，坐稳第一。　　尽管深
是技术更迭带来的冲击，曾经的明星黯然落幕，新的领军者几经磨难奋力向前。屏幕中的连续剧很精彩，彩电制造背后的故事更为富有戏剧性。中国制造的代表？假如把这个称号赋予富
型社会迷失的标本。2017年，特朗普当选美国总统，郭台铭和富士康成为“美国制造回归计划”的一部分。7月26日，郭台铭和特朗普等人在美国白宫共同宣布，富士康将投资100亿美
化最扎实的成果。如果富士康不能在中国这片土地上完成升级，一定会在中国之外完成。富士康和大陆的结缘，从深圳开始。不要说中国制造，即使谈起深圳制造，富士康会是那个被有意
问世，下市前的五年间销量达1.36亿台，是最牛的功能机。这一年，国产第一代手机照例又来了一次生存扫瞄。波导、厦新、科健们的身影已经淡出，但依然活着。这一年，共青城赛龙
位似乎有所下降。然而，谈起中国的手机，必定要从深圳谈起，华强北更是行业起起伏伏的见证者。细数世界上最具实力的高科技公司，不难发现他们大多都带着半导体的背景，比如英特
路漫漫。深圳工业的主要奠基人马福元一直有个遗憾，就和超大集成电路项目有关，引进了后工序，却争不来前工序。中兴通讯的侯为贵南下深圳，始终不忘钱学森的教诲：中国一定
思半导体是最有机会跻身20强的国内企业。创，是开始。可以是从无到有，可以是从小到大，可以是从旧到新，可以是从弱到强。与“创”有关的词汇，都蕴含着旺盛的生命力。无论是
发布的2015年度“十大流行语”中，创客排名第五。深圳，也由此多了一张国际名片——“创客之城”。 2017年的深圳，多了一个美丽的名字：硅洲（Silicon Delta）。出现在国际舞台
　　经济特区的由来源远流长，但真正开始流行起来却是在1980年中国成立深圳经济特区之后。目前，全球四分之三的国家至少都成立过一个经济特区，这股经济特区热也让人误以为，
特区才有真正的影响力。关于深圳，国际上现在有一本新书，名字就叫作《向深圳学习》（Learning From Shenzhen）。1986年，深圳市统计局第一次发布国民经济与社会发展公报。在
彩电产量高达3883.49万台，坐稳第一。　　尽管深圳的收录机最早闯下名头，但是彩电无疑是叫响“深圳制造”品牌的第一个大家伙。回顾深圳彩电的历史，既有康佳、创维、TCL的三
戏剧性。中国制造的代表？假如把这个称号赋予富士康，争议不可避免。除了敏感的身份，富士康在公众印象中形象并不高大，全球最大代工企业的地位往往被解读为“微笑曲线的低端
等人在美国白宫共同宣布，富士康将投资100亿美元，在美国威斯康星州建立一座占地约四平方公里的液晶面板生产工厂。没有富士康会怎样？一个复杂的问题由此抛出。网上流传着一
国制造，即使谈起深圳制造，富士康会是那个被有意无意忽视的名字。但是如果评选对深圳制造影响最大的企业，富士康的入选不会有任何异议。2017年，是手机的怀旧年。这一年，诺
的身影已经淡出，但依然活着。这一年，共青城赛龙的生死沸沸扬扬。在关注营商环境的同时，惨烈的行业旧事又被提起：从五年前开始，多少手机企业无声无息地倒下。统计公报显示
司，不难发现他们大多都带着半导体的背景，比如英特尔、德州仪器，比如三星、苹果，还比如高通、博通。建立在半导体之上的集成电路，被称为“工业粮食”。尽管中国是电脑、手
的侯为贵南下深圳，始终不忘钱学森的教诲：中国一定要搞半导体。2014年，《国家集成电路产业发展推进纲要》正式发布，中国半导体产业由此进入一波大景气周期。在中国前10
强。与“创”有关的词汇，都蕴含着旺盛的生命力。无论是创新、创造，还是创意、创业，深圳和“创”一同起长。2015年，一个叫“创客”的新名词从深圳走出，不仅“闯入”了总理
个美丽的名字：硅洲（Silicon Delta）。出现在国际舞台上的深圳，标志物不再是流水线上的女工，而是可以媲美硅谷的创新乐土。这并不是《经济学人》杂志第一次褒扬深圳。两年前
少都成立过一个经济特区，这股经济特区热也让人误以为，只要祭出税收和关税优惠，简化通关和监管，就是救经济的特效药。深圳的成功在哪里？《经济学人》的文章坦言，深圳模
年，深圳市统计局第一次发布国民经济与社会发展公报。在1985年的工业产品统计中，收音机的产量为210万部，收录机为324万台，彩色电视机为48万台，袖珍计算器为196万台，
大家伙。回顾深圳彩电的历史，既有康佳、创维、TCL的三足鼎立，也有三强掌门人共同背景形成的“华工三剑客”，最令人感慨的却是技术更迭带来的冲击，曾经的明星黯然落幕，
全球最大代工企业的地位往往被解读为“微笑曲线的低端”，而“血汗工厂”的指责以及无法回避的“N连跳”，使得富士康成为转型社会迷失的标本。2017年，特朗普当选美国总统
富士康会怎样？一个复杂的问题由此抛出。网上流传着一篇名叫《不能让富士康跑了》的文章，直言富士康是中国改革开放以来工业化最扎实的成果。如果富士康不能在中国这片土地上
不会有任何异议。2017年，是手机的怀旧年。这一年，诺基亚重回中国，怀旧情怀的3310仍是市场的焦点：2000年问世的诺基亚3310问世，下市前的五年间销量达1.36亿台，是最牛
年前开始，多少手机企业无声无息地倒下。统计公报显示，深圳2016年共生产了3.88亿部手机。和全国21亿部的数字相比，深圳的地位似乎有所下降。然而，谈起中国的手机，必定要
的集成电路，被称为“工业粮食”。尽管中国是电脑、手机这些高科技产品的最大生产国，但在集体电路方面始终处在“缺粮”状态。“芯”路漫漫。深圳工业的主要奠基人马福元一直有
半导体产业由此进入一波大景气周期。在中国前10大集成电路设计企业中，深圳占据四席；而在世界半导体公司排名中，华为旗下的海思半导体是最有机会跻身20强的国内企业。创，
“创客”的新名词从深圳走出，不仅“闯入”了总理当年的《政府工作报告》，还成为“大众创业、万众创业”的象征。《咬文嚼字》杂志发布的2015年度“十大流行语”中，创客排
土。这并不是《经济学人》杂志第一次褒扬深圳。两年前，《经济学人》对全球4300个经济特区进行了比较，坦言深圳是最为成功的那一个。　　经济特区的由来源远流长，但真正开始流
的成功在哪里？《经济学人》的文章坦言，深圳模式的成功在强化竞争力和减少贸易壁垒，而且这种模式要能在全国进行改革转型，经济特区才有真正的影响力。关于深圳，国际上现在
彩色电视机为48万台，袖珍计算器为196万台，电话机为123万台。从此，深圳成为中国的彩电生产重镇。在2016年的公报里，深圳彩电产量高达3883.49万台，坐稳第一。　　尽管
是技术更迭带来的冲击，曾经的明星黯然落幕，新的领军者几经磨难奋力向前。屏幕中的连续剧很精彩，彩电制造背后的故事更为富有戏剧性。中国制造的代表？假如把这个称号赋予富
型社会迷失的标本。2017年，特朗普当选美国总统，郭台铭和富士康成为“美国制造回归计划”的一部分。7月26日，郭台铭和特朗普等人在美国白宫共同宣布，富士康将投资100亿
化最扎实的成果。如果富士康不能在中国这片土地上完成升级，一定会在中国之外完成。富士康和大陆的结缘，从深圳开始。不要说中国制造，即使谈起深圳制造，富士康会是那个被有
问世，下市前的五年间销量达1.36亿台，是最牛的功能机。这一年，国产第一代手机照例又来了一次生存扫瞄。波导、厦新、科健们的身影已经淡出，但依然活着。这一年，共青城赛
位似乎有所下降。然而，谈起中国的手机，必定要从深圳谈起，华强北更是行业起起伏伏的见证者。细数世界上最具实力的高科技公司，不难发现他们大多都带着半导体的背景，比如英
路漫漫。深圳工业的主要奠基人马福元一直有个遗憾，就和超大集成电路项目有关，引进了后工序，却争不来前工序。中兴通讯的侯为贵南下深圳，始终不忘钱学森的教诲：中国一定
思半导体是最有机会跻身20强的国内企业。创，是开始。可以是从无到有，可以是从小到大，可以是从旧到新，可以是从弱到强。与“创”有关的词汇，都蕴含着旺盛的生命力。无论
发布的2015年度“十大流行语”中，创客排名第五。深圳，也由此多了一张国际名片——“创客之城”。 2017年的深圳，多了一个美丽的名字：硅洲（Silicon Delta）。出现在国际舞台
　　经济特区的由来源远流长，但真正开始流行起来却是在1980年中国成立深圳经济特区之后。目前，全球四分之三的国家至少都成立过一个经济特区，这股经济特区热也让人误以为
特区才有真正的影响力。关于深圳，国际上现在有一本新书，名字就叫作《向深圳学习》（Learning From Shenzhen）。1986年，深圳市统计局第一次发布国民经济与社会发展公报。
彩电产量高达3883.49万台，坐稳第一。　　尽管深圳的收录机最早闯下名头，但是彩电无疑是叫响“深圳制造”品牌的第一个大家伙。回顾深圳彩电的历史，既有康佳、创维、TCL的
戏剧性。中国制造的代表？假如把这个称号赋予富士康，争议不可避免。除了敏感的身份，富士康在公众印象中形象并不高大，全球最大代工企业的地位往往被解读为“微笑曲线的低
等人在美国白宫共同宣布，富士康将投资100亿美元，在美国威斯康星州建立一座占地约四平方公里的液晶面板生产工厂。没有富士康会怎样？一个复杂的问题由此抛出。网上流传着
说中国制造，即使谈起深圳制造，富士康会是那个被有意无意忽视的名字。但是如果评选对深圳制造影响最大的企业，富士康的入选不会有任何异议。2017年，是手机的怀旧年。这一
们的身影已经淡出，但依然活着。这一年，共青城赛龙的生死沸沸扬扬。在关注营商环境的同时，惨烈的行业旧事又被提起：从五年前开始，多少手机企业无声无息地倒下。统计公报
公司，不难发现他们大多都带着半导体的背景，比如英特尔、德州仪器，比如三星、苹果，还比如高通、博通。建立在半导体之上的集成电路，被称为“工业粮食”。尽管中国是电脑
通信的侯为贵南下深圳，始终不忘钱学森的教诲：中国一定要搞半导体。2014年，《国家集成电路产业发展推进纲要》正式发布，中国半导体产业由此进入一波大景气周期。在中国前

相关附录

创客：深圳的新城市名片

“我感觉自己正在和整个中国一起创新。”作为深圳创客的代表性人物，柴火空间创始人潘昊坦言曾经的孤独感正在远去。

从小众到大众，从个体到整体，创客的崛起意味着创新文化的被认可，也燃起社会创业激情。在更高的国家战略层面，以创客为代表的大众创业、万众创新已被纳入创新驱动的路线图。今年“两会”期间，国务院印发的《关于发展众创空间推进大众创新创业的指导意见》，更是直接催生地方政府有关创客政策的密集出台。先行一步的深圳，吸引着来自全国的目光。

创客就是从 0 到 1 的那一步

创客为什么会火起来？科技部部长万钢认为，创客现象诞生于互联网时代的土壤，“创业活动通过互联网、开源软件和开源硬件以及 3D 打印等新技术的应用，降低了创业的边际成本，促进了更多创业者的加入”。

在大众创业、万众创新的大背景下，不难发现创客的价值所在。新华社 4 月份的一篇报道这样写道：

创客完成的是从 0 到 1 的一步，创业者需要实现的是从 1 到 100、10000 乃至……如果说过去更多关注的是后者，那么，今天我们意识到——没有这个“1”，后面多少个“0”都没有意义。

全国两会审议今年的政府工作报告，身为全国人大代表的许勤市长多次谈起创客：“要给有志创新的青年提供‘折腾’的环境、‘嘚瑟’的舞台。”在去年 11 月的高交会新闻发布会上，深圳市市长许勤表示：“创客运动的推进，使大众创新成为可能。”在今年 2 月的广东省“两会”上，许勤更是鼓励：“我认为今天年轻人的创新（企业），可能就是我们未来的华为、未来的中兴通讯。”

深圳市科技创新委主任陆健表示，深圳实际上已经把创客的本来含义拓展为创新创业的空间，从去年开始就已经有一部分经费专门划拨给创客，今年将继续抓好财政科研资金投入方式的改革。他在接受本报记者采访时表示，政府正在寻找场地成立一个创客空间，将备齐 3D 打印机等工具，整个投入将在千万元以上，要给创客提供一种“孵化器加实验室”的服务。

深圳市科创委相关人士接受本报采访时也表示，深圳创客群体总体分为两大类，即 Zero-to-Maker（入门级创客）和 Maker-to-Market（进入市场的创客）。入门级创客是创意阶段的爱好者，执着于一个兴趣并寻求创意实现的指导和资源；创业型创客，其目标是实现创意的产品化、产品的市场化。梳理深圳的创客平台，目前大体可以分为以下两类：一类是主角派，围绕一个灵魂人物建成一个平台，比如柴火空间的重要经济来源就是潘昊自己的矽递科技；另一类是院校派，深圳大学以及清华、北大、哈工大深圳研究生院的高校团体中冒出不少创客团队，而中科院深圳先进院的国际创客中心也成为生力军。

值得关注的是，大企业也开始对创客活动进行投资。且不说阿里系的创客计划，深圳目前已有一批包括 TCL 在内的知名企业扶持创客团队，试图用较低的成本来进行科研攻关。潘昊对此就表示："创客可以被视为最小的创新单元。最基层的创客，构成了最原始的驱动力。现在社会意识到金字塔需要一个底端，需要更多小微企业来支撑。"

不是选种子而是造生态

先行一步的深圳坚持厘清有形之手与无形之手的边界，决策层将创客文化定位为创新生态的一部分，扶持创客是营造整体生态，绝非挑选种子选手。深圳市科创委主任陆健表示："支持创客的发展，也支持创客向创业的发展，但政府的目的是鼓励创新创业。"他进一步表示："创客并不希望政府来打扰，而年轻人将来玩出多大的成就，其实我们并不在意，我们需要的是培育这种方式、这种文化。"

"他们看重的，是深圳在全球都无与伦比的硬件配套能力。"柴火空间创始人潘昊认为，深圳是国内"创客"产业链最完整的城市，因此吸引了国内外"玩家"来此创业，是产业基础让创客们自发地聚集在深圳。在深圳扎根的纽约创客 Zach 在美国媒体上这样说："如果你还认为中国在硬件生产领域最大的优势是人工便宜的话，那就太天真了。居于供应链中心的核心优势就是你可以有足够快的迭代速度，快到其他地方，包括硅谷都无法想象。"

"为什么只有深圳成为创客眼中的唯一，答案绝非简单的华强北。"一篇关于深圳创客的博文这样写道。身为深圳创客的一员，王建军认为"深圳的产业环境，特别适合做一些硬件相关的创新"。这位"创客工厂"科技有限公司的创始人，2010 年大学毕业后选择深圳作为起点，而自己的公司也是深圳创客平台重要一员。

在华南理工大学的创客团队"牛犊"眼里，深圳的吸引力还有更多。"牛犊"的公司主打手势控制的感应灯，他们还没有毕业就选择在深圳成立了公司。其联合创始人丁耿佳认为，深圳实施商事制度改革后，"软环境"得到进一步优化，是"创客"创业的首选地，因为深圳一元就能注册公司的优惠政策，对大学生"创客"具有强大的吸引力。

钱飞鸣 谢静，《深圳商报》，2015 年 4 月 27 日

华为的展厅藏着多少家底？

没有企业大事记，没有领导视察留影，没有荣誉墙光荣榜。按照华为总裁任正非的说法，华为的展厅“只展示未来，不展示历史”，甚至那些“世界第一”也只能在低调的表述以及简单的数字里细细发现。在这里，一个数字意味着龙头的易主，一个展示意味着技术的突破，一个产品意味着行业的创新。成为“全球第一大通信设备商”，华为的展厅低调地显示着自己的底气。

没有标注世界第一，也没有任何比较，甚至连讲解员都没有进行阐释，但是在《财富》杂志 2013 年的世界 500 强排名中，营销收入实现 2390 亿元人民币的华为第一次在体量上超越爱立信，成为通信制造业的世界第一。

华为的展厅里究竟藏着多少第一？讲解员对此无法提供答案，公关部门也直言华为没有统计，但是他们一致认为，展厅的变化太快，时时都得做好内容更新的准备，或者是季度数据的增长，或者是产品业务的诞生，不经意间就有着新发现。和 11 月 12 日的初次探访只是相隔三个星期，《深圳商报》记者就在企业展厅发现了一项新的第一：“德甲豪门”多特蒙德的主场是新鲜货，细看发现华为为这个八万人球场提供了高速 WiFi 解决方案，创造了目前业界最高密度的WiFi覆盖。

和绝大多数的企业展厅不同，《深圳商报》记者在探访的三个展厅里找不到一张领导视察的照片，也找不到华为决策者的只言片语，甚至关于企业的发展历程也只有概括性表述。“我们现在应该给客户展示未来，我们不展示历史，”华为总裁任正非2013年曾在“F1展厅整改工作交流座谈会”上说，“客户只是不知道未来会是什么样子，我们也不知道客户的未来是什么样子。我们要知道客户到这个地方来他关心什么？人家是来研究人家自己看不到的未来。我们从一开始就要共同去探讨，让客户看到未来，认同这个未来，只有当客户深刻地认识和理解了我们，他才知道我们这个战略伙伴和别人有什么不一样，才会买我们的设备，我们才能活下来。”

展厅为谁服务？当然是客户。华为总裁任正非曾表示：“我们公司的最佳表达是什么？我们的展示应该从哪个地方切入？我认为应该是从客户的痛点去切入。我们要搞清楚客户的痛点在哪里，我们怎么帮助客户解决他的痛点。抓住客户的痛点进行表达，才能打动客户，让客户认可我们。”于是，华为的企业展厅播出惊险的“反恐片”：模拟一个美国城市遇到炸弹威胁，但是有着平安城市系统的帮助，警方迅速锁定嫌疑人，还通过行车记录分析找到了第二枚炸弹。华为的技术需要专业评估，但华为的价值表述直接明了。让不懂技术的客户看懂华为，这也正是华为总部为企业业务设立单独展厅的初衷。

在2012年年报寄语中，华为总裁任正非谈道，华为之所以可以进入世界强手之列，就是因为20多年来始终坚持“力出一孔”的理念。聚集在一个目标上持续奋斗，从未动摇过，从而产生今天这么大的成就。“力出一孔”如何形容？就是水在高压下从一个小孔中喷出来，力量大到可以切割钢板；就是气流从一个叫拉法尔喷管的小孔中喷出，可以把火箭推向太空。七万研发员工，研发投入占销售收入比超10%，平淡的表述背后正是“力出一孔”的决然。

2013年，华为研发费用支出为307亿元人民币，占收入的12.8%。近10年以来，华为投入的研发费用超过1510亿元人民币。在中国企业里，这样的大手笔仅此一家。307亿意味着什么？不妨做一个直接的比较：深圳当年研发投入比为4%，总额在600亿元左右，华为的研发投入相当于半个深圳的投入，放眼全国更是超过绝大多数省会城市。

“力出一孔”的持续创新，才奠定了华为的全球第一。华为在今年11月首度披露的4G业务数据显示，截至今年上半年，华为已与全球运营商签订300多个LTE商用合同，开通了150多张LTE商用网络，位列业界第一。华为无线网络业务LTE产品线总裁王军如此形容：“从挪威全球最北端（北极圈内北纬78度13分）、德国农村区域、纳米比亚沙漠地带、菲律宾热带雨林、俄罗斯冰天雪地到澳大利亚全球最南端，华为LTE的足迹覆盖了全球六大洲。”

做一个全球化的公司，华为的理解绝非只是市场。

到现在为止，华为的产品和解决方案服务全球 170 多个国家，而在五年前，华为开始建立全球化的运营架构，目前华为在全球150个国家的员工总数已达到15万人。但华为更看重的是，把全球最好的人才为华为所用，在全球设立了 16 个研发中心、28 个联合创新中心和 45 个培训中心。例如，华为目前的算法研究主要在俄罗斯，微波研究在欧洲，而华为的上海研发中心，超过一万名工程师正投身开发解决无线网络技术方面的各种难题。华为提供的数据显示，目前华为外籍员工总数接近三万人，来自全球 160 个国家和地区，大量高端科学家都是外籍人才。《华为基本法》第 13 条中更是这样写道：“机会、人才、技术和产品是公司成长的主要牵引力。机会牵引人才，人才牵引技术，技术牵引产品，产品牵引更多更大的机会。加大这四种力量的牵引力度，促进它们之间的良性循环，就会加快公司的成长。”

国际化程度最高的中国企业是拼出来的，华为的展厅讲述的正是中国制造升级中国创造的艰辛历程，客户第一的市场意识推动华为走向海外成为世界品牌，持续创新的技术积累让华为从追赶者变成领跑者。用一次非专业的“数第一”，《深圳商报》试图通过展厅这个特殊的窗口，对华为的家底来一次小小的发现。有着强烈的市场意识，有着深厚的研发实力，华为的展厅必然还将不断涌现新的第一；明确创新驱动，定位全球竞争，华为的身边必然也会出现更多深圳企业的身影，呈现中国企业的群像。

钱飞鸣 陈姝，《深圳商报》，2014 年 12 月 11 日

深圳何以成为世界“硅洲”？

近期，英国《经济学人》杂志发表特别报道《深圳已成为创新温室》，就深圳为何成为世界创新和发明的“皇冠上的明珠”、如何改写世界创新规则、怎样培育创新型企业集群进行了系统而生动的分析，并给深圳起了一个比硅谷更为传神的美名——“硅洲”（Silicon Delta）。作为全球创新中心的后起之秀，深圳正在领跑世界创新潮流，并引起世界的广泛关注。

汇聚科技创新企业

有人说，深圳是企业家和创业者的天堂，在大众创业、万众创新的时代，要引领潮流，就非来深圳不可。一批批创新人才之所以选择深圳，正是因为这里得天独厚的创业环境、极高的生产效率和相对低廉的成本。以硬件生产和供应为例，一个在欧洲要卖到300欧元的零件，在这里只要1/3的价格，而且欧洲要花几周做好的东西，这里几天就能做好。外媒认为深圳已经从“世界工厂”转变为“世界创新工厂”。

在这片点石成金的土地上，汇聚了120多家上市公司，市值合计近3万亿元，近8000家注册企业，其中年产值过亿元企业 429 家、超百亿元年产值企业过 10 家。深圳企业密度和产值数量已不亚于美国硅谷，尤其是深圳湾超级总部基地发展迅速，恒大、招商、万科、华润、百度、阿里、腾讯等知名企业纷纷入驻。这无疑为粤港澳大湾区的崛起提供了有力支撑。

强化国际专利优势

改革开放以来，深圳经济快速发展。1980 年至 2016 年，深圳实际 GDP 年均增长 22%，目前已接近 2 万亿元人民币。经济快速发展极大地提高了民众的物质生活水平，作为科技强区的南山区人均收入比香港还要高。同时，深圳不断加大研发投入力度，在研发上的支出超过 GDP 的 4%，是国内平均水平的两倍，其中南山区在研发上的支出超过 GDP 的 6%，大部分资金来自民营企业。

深圳企业拥有数量众多的国际专利，其中大多是高质量的专利。目前，深圳一个城市所获得的国际专利，已超过了法国和英国。

数据显示，在国内发明专利申请前 10 强企业中，深圳企业连续三年占据 6 个席位，专利申请量占前 10 强企业申请总量的 80% 左右。华为、中兴、富士康、比亚迪、朗科、腾讯、大族激光、燕加隆等一批创新型企业建立了各具特色的知识产权管理制度，让技术转化成专利，使专利转化成标准，让深圳企业在运用知识产权提高核心竞争力方面优势明显，在国际化创新大潮中崭露头角。以华为为例，截至 2013 年底，华为在欧洲的专利数量已经达到7300项，跻身欧洲专利局前15位，成为欧洲专利申请的领航者之一。

激发创新创业潜力

从2008年的全国首个创新型城市试点，到2014年的国家自主创新示范区试点，深圳创新发展始终走在全国前列，并出台了很多有关创新的政策文件，如国家创新型城市建设“1+4”文件、全国首部国家创新型城市总体规划、促进科技创新的地方性法规等。通过不断完善科技创新体制机制，深圳最大限度地释放了创新潜力。

可以说，深圳是一座充满创新活力的现代化国际化城市。深圳高度重视在政策、资金、人才等方面不断优化创新创业环境，积极探索与国际接轨的科研组织模式和教育模式，着力打造世界科技、产业创新中心。深圳对创新创业者、初创企业出台了一系列激励政策，尤其是在贷款、税收等方面对初创企业实行大幅优惠政策。例如，为了扶持高科技企业上市，深圳将增值税中属于地方的部分返还了一半。

企业是创新的主体。以创新增强供给能力，以质量提升供给水平，以转型升级优化供给结构，深圳充分发挥企业在科技创新活动中的主力军作用，逐步形成了大企业“顶天立地”、小企业“铺天盖地”的发展格局。事实上，这也是深圳闻名全国的“六个90%”的写照，即90%的创新型企业是本土企业、90%的研发人员在企业、90%的科研投入来源于企业、

90% 的专利生产于企业、90% 的研发机构建在企业、90% 以上的重大科技项目发明专利来源于龙头企业。

坚持创新发展战略

在引进来的同时，深圳着重培育当地的“创新土壤”，一批创新型企业快速崛起，特别是民营高科技企业迎来快速发展期。华为、腾讯、中兴、比亚迪以及柔宇、大疆、研祥、大族激光等企业，带动一个个民营企业纷纷加入深圳联盟：百度在深圳设立了国际总部，阿里巴巴在深圳设立了国际运营总部，乐视和恒大把总部迁到了深圳，迈瑞在深圳安了家。

深圳还扶持拥有自主知识产权集成电路企业加快发展，在加大知识产权保护、提升科技创新层次和水平、鼓励企业全球配置创新资源等方面，助推深圳企业创新不断向上攀升。同时，深圳以构建区域协同创新体系为抓手，促进国内外创新资源互联互通，实现硅谷与深圳的直通交流。由此看，深圳已成为中国最具创新活力的城市之一，创新发展战略初见成效。

目前，深圳已成为硬件和制造业创新的全球枢纽，正释放出产业转型升级的强大驱动力，引领珠江三角洲强身健体，提高国际竞争能力。今天的深圳，活力迸发，魅力四射。很多跨国公司都密切关注在深圳发生的最新趋势。深圳正在改写世界创新规则，已经被世人认可的“硅洲”还将进一步加快创新步伐。

《人民日报》海外版，2017 年 6 月 1 日

后记

本书的出版，是一次再发现。

2017年，父亲出版了《深圳电子三十年》一书。深圳报业集团出版社的责任编辑有一个想法，认为书中有不少精彩片段，可以讲述一段深圳40年创新的故事。

父亲是深圳的第一代报人，1982年来到《深圳特区报》，最初是一名工业线的记者。他和深圳工业的奠基人马福元有着多年友谊，见证了赛格的诞生与成长。马福元曾经对他说："如果办不成赛格，就去开一间饺子馆。"谈起深圳的今天，大家都会想起深二代马化腾，其实深圳的开始，是一群体制内的"不安分者"寻路的结果。

1994年，我大学毕业后成为一名记者。其时，父亲因为年龄淡出了采访第一线，而我的职业起点，恰好见证了深圳高新技术产业的崛起。和父亲商议之后，我们决定以两代记者的视角，以华强北这个特殊窗口，说一说深圳改革开放 40 年的创新故事。

这，便是本书的由来。

感谢深圳报业集团出版社，让我们有机会完成了一次接力。

感谢《深圳电子三十年》的幕后功臣，尤其是为该书提供素材的徐明天、杨柳纯等同事，贡献了许多宝贵的亲身经历。

感谢《深圳商报》的同事。在我任职深度报道部和经济新闻部主任期间，可以从他们的报道中知悉深圳企业的最新动向，本书中的“啃苹果”“创客地图”等细节，源头都是同事的发现。感谢深圳报业集团的诸多前辈以及同行，为本书提供了大量珍贵照片。

—— 钱飞鸣